U0071225

胡適評議

張耀杰——著

卷三：胡適與蔣介石之憲政博弈

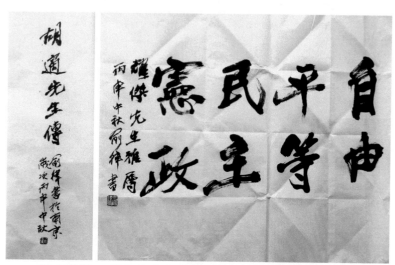

2016年中秋節，我和南京朋友蘇南等人一起去看望年過九旬的文史前輩俞律老人，老人揮毫為我題寫了本書的書名《胡適先生傳》，並且題寫了我所概括的文明價值四要素：自由、平等、民主、憲政。儘管書名有所調整，俞律老人的珍貴墨寶依然值得附錄於此。

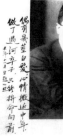

上左：1914年在美國康乃爾大學讀書時的胡適
　中：1920年3月14日（從左至右）蔣夢麟、蔡元培、胡適、李
　　　大釗在北京西山臥佛寺合影
　右：1930年胡適與妻子江冬秀的合影
下左：1938年胡適任駐美大使時攝
　中：1958年4月10日，胡適與蔣中正於中央研究院
　右：1958年，胡適任中央研究院院長

北大教授胡適

胡適在美國演講

胡適與蔣介石

自序
我的家史與思想史

　　2006年，我在廣西師範大學出版社出版第一本關於民國時期之文史隨筆集《歷史背後：政學兩界的人和事》，主編馮克力先生要我為該書加寫一篇自序，我就大著膽子寫作了這篇《以不惑之思面對歷史（自序）》，在1989年之後的公開出版物中第一次以受害者家屬身分提到1959年前後所謂「自然災害」中的「非正常死亡」，比《炎黃春秋》的相關文章和楊繼繩先生的《墓碑》都要早。這篇自序還以《我的家史與思想史》為標題，刊登於《西湖》2007年第4期。2008年又錄入由我本人為青島出版社編選的「思想者文叢」之《私人記憶》。考慮到這篇自序專門提到閱讀胡適對於我個人的思想演變之決定性影響，我把它移用過來並稍加補充，作為這部三卷本的《胡適評議——政學兩界人和事》之序言。

1.我爺爺的「非正常死亡」

　　我是一個有「歷史癖」的讀書人，這種「歷史癖」的養成，根源於少年時代老輩人的講古和自己的亂翻書，成熟於閱讀英文讀本以及胡適的中文著作。

　　1964年，我出生於河南省禹縣梁北公社大席店大隊。據歷史

傳說，堯舜時期，這裡是以大禹為首的夏部族的聚居地。西元前2208年，大禹的兒子夏啟，就是在這裡建立了中國歷史上第一個「父傳子，家天下」的夏王朝。夏啟當年召見天下諸侯的古鈞台，就建築在村子西邊幾公里處的三峰山下、呂梁江邊。

到了西元1232年，蒙古軍隊擊潰大金朝軍隊的決定性戰役三峰山之戰，同樣是在這裡發生的。蒙古大汗窩闊台的弟弟拖雷繞過金朝的軍事重鎮潼關，越過秦嶺從南往北直奔汴京（開封），與大金朝將領完顏合達、完顏陳和尚率領的15萬大軍在三峰山展開會戰。由於天氣突變，大雪紛飛，來自北方的蒙古軍隊越戰越勇，以3萬兵力擊敗金軍精銳主力。大金朝從此一蹶不振，1234年，大金朝徹底滅亡。

我所出生的大席店村，據說當初就是三峰山下、呂梁江邊用來招待客人的一個草席大棚，相當於今天的民宿客棧。朱元璋時代強制山西臨汾洪洞縣周邊的農民在村頭大槐樹下集合，然後被武裝押運到河南中原地區墾荒殖民，才有了後來的大席店村以及周邊的諸多村落。

1975年春天的清明節過後，正在讀小學五年級的11歲的我，跟著大人們「農業學大寨」，每天在村子北邊的丘陵坡地上深挖土地，一米多深的土壤裡面密密麻麻地堆著兩三層的人骨殘骸，比較調皮的幾個同班同學，專門找出完整一些的人頭骨，像皮球一樣四處亂踢。

由此可見，4000多年來，我的出生地一直是中國大陸最適宜於人類居住的區域。然而，留在我童年記憶中的卻只有「飢餓」兩個字。

聽村裡的老人講，我的爺爺張天霖和大爺爺張木霖，是在

1959年端午節前後「非正常死亡」的。我的父親從來沒有給我談到過爺爺的事情。

我們老張家在太爺一輩絕了後，太爺是從十里開外的黃榆店抱來的外姓人，當地的民間土著，把從別人家裡抱來用於傳宗接代的養子叫做「買官兒」。我太爺雖說是個「買官兒」，卻一直嬌生慣養，長大後抽鴉片賣掉了全部的土地房屋。我爺爺和大爺爺十三、四歲便一人一條扁擔走村串鎮，靠著當挑夫貨郎贖回了房產，後來才有了我的父親，再後來也就有了我。

我爺爺和大爺爺是著名的孝子。我的精明強幹的姥姥即曾祖母，經常要從兩兄弟手中勒索一些血汗錢供她的男人即我的太爺抽鴉片。稍不如意，她就要在村子裡撒潑罵街，公開斥責我的未成年的爺爺和大爺爺不孝順，直到我爺爺和大爺爺乖乖地交出血汗錢。

1949年前後的所謂「土地改革」（簡稱土改）時期，已經在縣城經營小錢莊的我爺爺，因為捨不下自己用血汗錢在鄉下置買的一點田產，回到村子裡參加「土改」，並且再一次挑起了童叟無欺的貨郎擔。他萬萬沒有想到，自己選擇的是一條死路。

我的爺爺、奶奶都是信仰一貫道的善男信女，為一貫道捐獻了許多銀錢，我的伯父張文義在縣城讀書畢業後，還在本縣的一貫道組織裡面充當了帳房先生一類的角色。隨著一貫道等民間會道門組織被清洗鎮壓，我的伯父被判處死刑緩期的重刑，在「土改」中由於及時把土地送給鄰村的姪女而被僥倖認定為「上中農」的我爺爺，因此成了可以被村民隨意揪鬥批判的「反革命家屬」。1959年端午節前後的麥收季節，我爺爺白天餓著肚子下地幹活，晚上還要忍受遊手好閒的地痞流氓集體狂歡式的揪鬥批

判，參與揪鬥別人的美其名曰「積極分子」的地痞流氓，可以得到多吃一個饅頭的獎勵。

據村裡的老人回憶，我爺爺是「笑著」餓死的。他餓得當眾扒開老舊草房上的老牆土吃，吃了幾口就沒有力氣了，臨死前給旁邊的我的大爺爺說了最後一句話：「哥，我不行了。」由於餓死的人極度痛苦，面部表情抽搐得像是在獰笑。

幾天之後，我的大爺爺去十里地外的梁北村看望剛剛出嫁的大孫女也就是我的大堂姐，回家途中在鄰村的麥田裡隨手撿到一顆收割後遺留的麥穗，就被餓瘋了的鄰村村民毒打一頓，回到家裡便倒地死亡。

這些血腥的事實告訴我，無論任何時候，都不要相信和同情最底層的窮人尤其是傳統農耕社會聚族而居的農民，一個人的文明程度大抵上是和他創造財富的能力成正比。

我爺爺從小就勤勞健壯，有較強的消化功能，比起村子裡遊手好閒的地痞流氓來更加禁不起飢餓，於是成了村子裡最早被鬥死餓死的一個人。我的從小讀書的伯父張文義被關了15年的監獄後減刑釋放，竟然活著走出了監獄。由此可知，監獄並不是最可怕的地方，被當權者蓄意煽動起來相互鬥爭的暴民，比監獄裡面的軍警要更加邪惡和恐怖。

在我的童年記憶裡，伴隨無休無止的飢餓的，是隨時隨地的鬥人狂歡。習慣於集體生活的農村人喜歡蹲在街上吃飯聊天。那些晚飯只能喝上一大碗稀湯而且娶不到老婆的壯漢們，晚飯後把飯碗就地一扔，高喊一聲「鬥人啦」，就可以衝到所謂「地富反壞右分子」──地主、富農、反革命壞分子、右派分子之簡稱──的家裡去揪人開批鬥會。我的從監獄裡面勞改釋放的伯父張

文義，就是經常被揪鬥的主要對象，每次開批鬥會，舉著拳頭帶頭高喊「打倒張文義」的，總是擔任生產隊會計的我的大堂兄，也就是我大伯父家的兒子張玉申。

童年時代玩「扯羊尾巴」遊戲時，唱過一首「日頭落，狼下坡，老人小孩跑不脫」的宗教讖語式的童謠，據說是從1950年土改時期流傳下來的。與這首童謠一起陪伴我的童年生活的，還有詛咒惡霸村幹部的另一首童謠：「孩兒，孩兒，快點長，長大當個大隊長，穿皮鞋，披大氅，抓著喇叭哇哇響。」

所謂「扯羊尾巴」，在有些地方叫「老鷹抓小雞」，無論是狼吃羊還是鷹吃雞，都是由最弱勢無助的成員來充當犧牲品的。「日頭落」隱含的意思是國民黨的青天白日落下了，共產黨的「解放軍」下山了，村子裡的老人小孩弱勢人等所面臨的，是難以逃脫的死亡命運。

在「社會主義改造」初期，為了抗拒私家財產的共產充公，許多農戶流著眼淚殺死了自家的牲畜，然後聚在一塊偷吃牛肉，他們邊吃邊說：「這也許是最後一次吃牛肉了。」而在事實上，牲畜被大批宰殺和農具被大量破壞，以及隨之而來的大躍進和大煉鋼鐵，直接導致大批農村人口的「非正常死亡」。

2.我的父親母親

我的父親張文欽和母親李素香，是1949年之後的第一屆禹縣師範畢業生。我的母親是禹州城裡的大家閨秀，她的哥哥即我的二舅曾是國民黨政府的一名官僚，當年是可以追隨蔣介石逃亡臺灣的，只是為了照顧數十口內親外眷才留在了大陸。1952年的「三反」運動（反貪汙、浪費、官僚主義）和「五反」運動（反

行賄、偷稅漏稅、盜騙國家財產、偷工減料、盜竊國家經濟情報）中，他在東北某大學副校長任上被鎮壓，像後來的儲安平一樣不知所終。

禹縣師範畢業後到褚河鄉擔任中心小學校長的我父親，一直是在各種政治運動中「爭上游」的積極分子，他在1957年的「反右」運動中，理直氣壯地把一名據說是「作風」不好的女同事打成了「右派」。在1962年的下放運動中，他自己遭受當地教師的打擊報復，被強行列入下放名單之中，連累妻子兒女與他一同操持起中國大陸最為古老也最為下賤的一種營生：種地務農。從此以後，飢餓像沒有盡頭的噩夢，伴隨著我的整個童年。有一年春天青黃不接的時候，我放學回家找不到食物，只好用髒手到鹹菜缸裡偷大頭菜充飢，並因此挨了一頓毒打。

爺爺去世後，我的奶奶哭瞎了雙眼。我的瞎了雙眼的奶奶去世之前總是在重複一句話：「等我死後，每個周年給我燒一塊刀頭肉，就一年不饞了。」

所謂「刀頭肉」，就是從豬的腰部割下來的長方形的肥肉塊，煮熟後可以拿到死人的墳頭去燒紙祭奠，然後再拿回家裡做成豬肉燉粉條之類的美味佳餚，招待前來祭奠的親戚們。一個忍飢挨餓幾十年的瞎眼老人，活在世上吃不上肉，只能把吃肉的希望寄託在死亡之後的陰曹地府。她唯一的寄託與希望，就是想像之中的陰曹地府，會比所謂的「共產主義的人間天堂」更加溫飽和美好。

我小時喜歡說一些不討人喜歡的調皮話，因此經常在家裡挨打挨罵，我挨了打就死命地哭喊。住在同一個院落裡的三伯母說我是「買官兒」，是父親「拉賣煤」時揀來的。

「拉賣煤」是很缺德的一種營生，就是把當地煤窯挖出來的煤炭，摻合上發電廠洗出的細煤碴，用兩個輪胎的架子車拉到東部平原地區當煤炭賣掉，從不能夠分辨煤炭品質的城鄉居民手中騙取一些不義之財。每到冬天，村裡的壯勞力就會成群結隊「拉賣煤」，然後用騙來的不義之財買菜割肉過春節。我從小就知道父親靠「拉賣煤」掙來的血汗錢很不光彩，但是為了爭搶一塊大肥肉，我還是要和哥哥妹妹們哭喊打鬧。後來讀了一些書，才知道其中的道理：「倉廩實而知禮節，衣食足而知榮辱。」

　　1971年，不滿7周歲的我與哥哥一起進入村辦小學春季班讀書。第一堂課是「毛主席萬歲，林副主席是毛主席的接班人」。放學回家，我興高采烈地詢問父親什麼叫接班人。回答是：「等我死了，你就是我的接班人」。我接上話茬說：「毛主席死了，林彪就接毛主席的班——」

　　話音沒落，一記耳光迅雷不及掩耳地打在我的臉上。暈頭轉向之中，我看到的是父親連同當紅衛兵、紅小兵的姐姐、哥哥「同仇敵愾」的眼光。改名為「張革命」的堂兄張玉修，更是露出一臉的殺伐之氣。有了這一次的慘痛遭遇，我開始對毛偉人以及歌頌他的《東方紅》、《大海航行靠舵手》之類的紅色歌曲深惡痛絕。每當有群眾集會，我都會咬緊牙關，用仇恨的眼光死死盯著大人們露出黑黃牙齒高唱紅歌的醜臉。

　　認識幾個字之後，我便於饑寒交迫中自己動手找書讀。其原動力只是父親反復強調的一句老實話：「不好好讀書，長大連媳婦也討不上。」

　　我所生長的大席店村是比周遭的村落更加貧窮落後的光棍村。村裡一位外號「老虎仇」的老光棍，因為討不上媳婦，總是

在自己的寡母面前露出老虎般的一臉凶相，卻偏偏喜歡逗我玩耍。我曾經夢想自己考上大學當上大官，不單自己擁有了漂亮女人，還替「老虎仇」娶來一房媳婦。到了2005年夏天，我帶著妻兒回河南老家時，才得知「老虎仇」已經去世。

3.我的讀書生涯

在「文革」中沒有完全燒掉的父親的存書裡，我找到了孔子的《論語》、胡風的《關於解放以來文藝實踐狀況的報告》、郭沫若的《地下的笑聲》和父親讀師範時的幾種字典和語文課本。我在放羊的時候把一本《論語》讀得滾瓜爛熟，其中感觸最深的是《子路第十三》中的如下對話：「葉公語孔子曰：『吾黨有直躬者，其父攘羊，而子證之。』孔子曰：『吾黨之直者異於是。父為子隱，子為父隱，直在其中矣。』」

明明是人之常情的道德錯位，竟然被孔老夫子強詞奪理地說成是「正直」之「直」。宋明理學的「存天理，去人欲」，在這裡已經呼之欲出。難怪孔夫子他老人家「年五十六，攝行相事，誅少正卯，與聞國政」了。

孔子兩千多年前的生活水準與我的童年時代大體相當，幾隻羊就是一家人安身立命的一種依靠。要是我放養的一隻羊被人偷走，一家人連買鹽打醬油的錢就沒有了著落。孔學儒教為了在天子君王面前取得克己復禮、獨尊儒術的特權地位，不惜把「父為子隱，子為父隱」尤其是「為尊者諱」的低級情感，絕對神聖化為「勞心者治人」的「存天理，去人欲」的愚民圈套，幾千年來一直是以扼殺犧牲民間弱勢者的正當人權和寶貴生命為血淚代價的。

反胡風運動時用馬糞紙印成的《關於解放以來文藝實踐狀況的報告》，使我明白了那些住在大城市裡的政學兩界的寫書人，其實是與傳統儒生一樣爭權奪利且造謠說謊的人間敗類。我自己的餓肚子與這些人的爭權奪利和造謠說謊之間，是存在著某種因果關係的。

1978年，14歲的我離家到鄉辦高中讀書，最好的口糧是帶著幾點蔥花的麥麵餅子，到了青黃不接的時候，我就只能吃死硬的玉米麵饅頭。因為自己矮小瘦弱，每到中午或傍晚開飯的時候，連一個搪瓷缸子的開水都搶不到手，只好用溫水浸泡長滿黑毛的乾糧充飢。半年下來，我開始頭暈眼花，經檢查患上了嚴重的胃病、貧血和近視，只好就近到我沒有出嫁的姐姐的未婚婆婆家裡去寄食。

高中時代的我，是全校的數學、物理、化學的第一、第二名的尖子學生，我當年的高考志向是報考中國科技大學的少年班。1980年7月參加高考時，16歲的我體重只有38公斤。我當年的高考成績過了大學本科的錄取線，由於身體不合格，只能被相當於中專的河南省漯河師範學校像收容垃圾人口一樣招收錄取。儘管如此，我變成了所謂「非農業戶口」的公家人，開始吃上了白饅頭和大米飯。

由於身體瘦弱和情緒低落，我採用各種方式逃避上課，兩年時間基本上是在閱讀中外書籍和睡懶覺中度過的。

1982年春節前夕，我的父親突然遭遇車禍，家庭的重擔一下子壓在我的肩上。半年後我成為一名農村中學教師，為了尋找遠離河南農村的個人出路，18歲的我開始自學英語，幾年後又毛遂自薦當了英語教員，從各種英文讀本中觸摸了解歐美國家的歷史

事件和文明常識，從此養成了更加自覺的「歷史癖」。

4.來自胡適的不惑之光

2000年夏天，我由於投稿的關係，認識了《黃河》雜誌的謝泳。我當時還是魯迅、周作人的崇拜者，在一次爭論中，我堅持認為魯迅、周作人的思想比胡適要深刻得多。謝泳以他特有的誠懇寬厚勸告我：「你說的有道理，不過你還是應該多讀一些胡適。」

謝泳的話語並沒有說服我，他的誠懇寬厚反而觸動了我。隨後我泡在圖書館裡集中閱讀了幾個月胡適，從胡適的〈介紹我自己的思想〉一文中，我找到了足以點亮自己的不惑之思：

> 我的思想受兩個人的影響最大：一個是赫胥黎，一個是杜威先生。赫胥黎教我怎樣懷疑，教我不信任一切沒有充分證據的東西。杜威先生教我怎樣思想，教我處處顧到當前的問題，教我把一切學說理想都看作待證的假設，教我處處顧到思想的結果。……在這些文字裡，我要讀者學得一點科學精神，一點科學態度，一點科學方法。科學精神在於尋求事實，尋求真理。科學態度在於撇開成見，擱起感情，只認得事實，只跟著證據走。科學方法只是「大膽的假設，小心的求證」十個字。沒有證據，只可懸而不斷；證據不夠只可假設，不可武斷；必須等到證實之後，方才奉為定論。少年的朋友們，用這個方法做學問，可以無大差失，用這種態度來做人處事，可以不至於被人蒙著眼睛牽著鼻子走。從前禪宗和尚曾說，「菩提達摩東來，只要尋一個不受人惑的人」。我這裡千言萬語，也只是要

教人一個不受人惑的方法。……我自己決不想牽著誰的鼻子走。我只希望盡我微薄的能力，教我的少年朋友們學一點防身的本領，努力做一個不受人惑的人。

自從被胡適的不惑之思點亮之後，我一直覺得自己有義務去點亮現代中國的歷史盲區和社會盲點，進而點亮更多的朋友和更多的讀者，使他們能夠從鮮活生動的歷史事件和社會現實當中，「學一點防身的本領，努力做一個不受人惑的人」。

在我看來，沒有細節就沒有真實，沒有真實就沒有歷史。世界上沒有無水之源和無根之樹，前生前世的老輩人的悲歡離合，在很大程度上就是當下社會的根源之所在。我所要點亮的政學兩界的人和事，主要偏重於每一位人物和每一例事件的歷史罪錯，或者說是歷史侷限性。這樣做的目的，一方面是要把歷史的本來面目告訴給更多的朋友和讀者，另一方面是為當下社會所存在的一些現實問題，提供一個歷史性解釋。換言之，我所點亮和講述的雖然是老輩人的舊情往事，所要發揚光大的卻是21世紀的生命感悟和公民理性。

5.《胡適評議》的寫作與思考

三卷本的《胡適評議——政學兩界人和事》，是我關於胡適先生的一部較為全面、真實、立體、生動的學術評傳，也是我將近20年來圍繞胡適所展開的相關專題研究之初步集結，其側重點在於展現胡適以及同時代各色人等的思想誤區和歷史罪錯。書稿涉及到民國時期政學兩界知名人物數百名，包括第一批睜眼看世界的蔡元培、梁啟超、嚴復、林紓、吳稚暉、黃遵憲、鄭孝胥、

夏敬觀；與胡適同時代的陳獨秀、錢玄同、劉半農、李大釗、馬敘倫、沈尹默、魯迅、周作人、高一涵、丁文江、王雲五、朱經農、張君勱、馬君武、章士釗、蔣介石、宋美齡、宋子文、蔣廷黻、顧維鈞、王世杰、朱家驊、陳誠、張群、楊杏佛、陳垣、錢穆；以及更加年輕的傅斯年、毛子水、楊亮功、雷震、陶希聖、吳國楨、孫立人、杭立武、陳雪屏、林語堂、殷海光、夏道平、蔣經國、陳之邁、周德偉、蔣碩傑、曾琦、徐復觀、胡秋原、徐高阮、李敖、蕭孟能、曹慎之、胡頌平、林毓生、余英時、周質平等等。全書力求在相關人物的比對碰撞過程中，立體性地展現各個人物的精神樣貌和歷史罪錯。

《胡適評議——政學兩界人和事》是我寫作編著的第29部書稿，我從事學術寫作的主要目標讀者，是大陸方面的中國人，但是，我將近一半的書稿是在臺灣和香港出版的。在已經國際化、資訊化的今天，如此荒誕之事竟然能夠發生在擁有13億人口的號稱是中國的東亞大陸，這不只是我個人的悲劇，同時也是全世界、全人類的一個悲劇。這個悲劇最為直接的罪錯原因，是胡適那一代的讀書人沒有把書讀明白；是蔣介石那一代的軍閥政客，不甘心遵守依法限權、「王在法下」、法律面前人人平等的憲政法理。

長時期的言論出版方面的審查管控，導致我無意識或下意識地帶著鐐銬跳舞的自我設限和精神閹割，隨之而來的是書中內容偏重於敘事性的實證文字，較少理論層面的充分展開和深入探討。儘管如此，貫穿於整部書稿的敘事和考證，是我將近二十年來反復強調並且持續驗證的一套比胡適的相關言論更加系統嚴謹也更加具有生命活力的、「充分世界化」的「健全的個人主義」

之價值要素和價值譜系。

在這部書稿裡面，我一再重複的觀點和結論是：

2000多年前的孔夫子，是把周王朝的愚民專制之術引入民間的始作俑者。打從孔夫子之後，前文明的中國社會逐漸形成了一套極具特色的以所謂天道天理及家國天下為本體本位，一方面在剛性的政權架構之制度設計層面獨尊君權、一方面在柔性的文化思想之意識形態層面獨尊儒術的政教合謀之神聖道統；由此而來的是在公天下、打天下、坐天下、平天下、家天下、私天下的怪圈魔咒和思想牢籠之中格物、致知、誠意、正心、修身、齊家、治國、平天下的貌似全能全知卻從來分不清楚公私群己之權利邊界的人生價值觀。與這樣一種本體論和價值觀相配套的，還有天地君親師、仁義禮智信、忠孝貞節廉恥之類神道設教、君權神授、奉天承運、天命流轉、替天行道、弔民伐罪、天下為公、天誅地滅、改朝換代、一統江山、「存天理，去人欲」的禮教綱常和道德規範。

在沒有個人自由、契約平等、法治民主、限權憲政之制度保障的情況下，持續提倡「充分世界化」的「健全的個人主義」之價值觀念的胡適，只能算得上是半個文明人，其他所有的中國人加在一起，也湊不夠另外半個文明人。歷史長河當中號稱英明偉大的明君賢相、聖人君子、仁人志士，在人類文明的座標系裡，幾乎全部是禍國殃民、倒行逆施的一個個負數。

我得出這樣的一個結論不是出於悲觀，而是出於絕望。個人自由、甲乙平等、法治民主、限權憲政的現代文明價值譜系及制度框架，歸根結底是由自由自治的主體個人及其社會組織創造發明和建設完善的。然而，即使在英美等國已經創立完善了一整套

的現代文明制度規則的情況之下，最擅長於仿造劣質假貨的「中國人」，卻偏偏不願意低下頭來腳踏實地地學習仿造這樣的一套文明制度，就只能歸結於種群基因或文化基因的暗黑敗壞了。

這麼多年來我一直在糾結設問：

假如1860年（清咸豐十年）的英法聯軍，或者1900年（清光緒二十六年）的八國聯軍攻佔北京之後，能夠像野蠻游牧的蒙古人、滿洲人那樣留下不走，現在被稱為「中國」的東亞大陸會是什麼樣子呢？

假如當年的狀元張謇不去依賴本國的官府朝廷，而是直接聯合上海租界當局在南通州的屯墾區域內實施像香港那樣的充分世界化的殖民自治；或者出任淞滬商埠總辦的丁文江，打定主意依託上海租界區的充分世界化的制度優勢和資源優勢，在上海周邊地區實施「一國兩制」的地方自治，會對江浙滬以及整個的東亞大陸，產生什麼樣的示範帶動效應呢？

假如提倡「充分世界化」的「健全的個人主義」的胡適，1945年卸任駐美大使滯留美國期間，能夠像日本的近現代文明先驅福澤諭吉那樣，對於中國傳統的孔孟之道有一種清醒的認識和決絕的態度，並且敢於利用美國社會充分世界化的輿論平臺，以負責任的獨立言論昭告國際社會尤其是中美兩國的政府當局，必須限制甚至剝奪蔣介石的專制獨裁的軍事指揮權，以實現中國軍隊的國家化和世界化，如今的中華民國應該不會成為偏安於臺灣孤島的世界孤兒吧？

假如第二次世界大戰之後的蔣介石，不是極其愚蠢地扛起愛國愛黨、禮義廉恥的民族主義之破爛旗子自我約束、自我捆綁，而是腳踏實地虛心承認自己所把控的中華民國，是一個事實上的

戰敗之國，進而老實認真地順勢搭上美國社會既文明又強大的順風舟船，蘇聯和中共就基本上沒有取得戰爭勝利的可能性。整個中國大陸地區腥風血雨的敗亡淪陷，就有可能被避免。展望未來，假如不久之後的某一天，以美國為首的國際部隊再一次把承載著「充分世界化」的文明之光的強大艦隊駛向東亞大陸，無論如何都不能夠自主推動大陸中國之文明轉型的「中國人」，還會像當年的洪秀全、張之洞、梁啟超、章太炎，尤其是專門躲藏在外國租界裡面優中選劣地從事依附於某一個「帝國主義」而打倒其他「帝國主義」的祕密地下活動的孫中山、陳其美、蔣介石、陳獨秀、李大釗、瞿秋白、周恩來、宋慶齡、魯迅、郭沫若、田漢、潘漢年等人那樣，打著所謂的愛國旗號極力阻止平民大眾搭乘「充分世界化」的順風舟船嗎？！

本書稿斷斷續續寫作了將近20年的時間，當初的一些資料是在圖書館裡用手抄寫下來的，輸入電腦之後幾經拷貝，已經很難找到原始出處。等到事實上並不整全的《胡適全集》出版之後，我的一居室的家中實在擺放不下這套42卷的大書，一直沒有狠下心來花錢購置。本書各個章節的注釋，也就無法保持比較充分的一致性。

十多年來我一直被限制出境，境外尤其是臺灣方面的相關書籍，我只能利用間接管道獲取碎片性的二手資料，真誠希望以後再版時能夠彌補這一缺憾。

作為一個還不具備財富自由的高度近視的糖尿病人，我在這部書稿的寫作過程當中，得到了諸多師友的各種幫助。

范泓先生不僅幫助審閱了部分書稿並提出寶貴意見，還專門提供了他所珍藏的周德偉著《自由哲學與中國聖學》、張忠棟

著《胡適五論》和《胡適・雷震・殷海光——自由主義人物畫像》。張忠棟的兩本書都有作者贈送陶恒生夫婦的親筆簽名，說明是陶希聖的兒子陶恒生於生前贈送給范泓的紀念遺物。范泓著《風雨前行：雷震的一生》、《在歷史的投影中》，也是我寫作相關章節的主要參考書。

筆名席雲舒的席加兵博士，是近年來專注於胡適研究的知名學者，他的學術成果，已經得到國際漢學界的廣泛關注。本書寫作過程中，不僅利用了他的學術成果，還抄錄引用了他從臺灣的胡適紀念館拷貝到的殷海光、林毓生寫給胡適的求助書信的圖片。在相互交流過程中，他一再強調林毓生其實沒有像他的學長李敖那樣認真讀過胡適的書，談胡適基本上是信口開河、血口噴人。江勇振雖然是哈佛博士，卻只懂得佔有史料，而不懂得論從史出。「通篇都是以意揣求、意從己出，末流之學而已。他的書可當作史料集來看，還可以當小說來看。」

智效民先生贈送的《胡適和他的朋友們》、《民主還是獨裁——70年前一場關於現代化的論爭》，邵建先生贈送的《瞧，這人：日記、書信、年譜中的胡適（1891-1927）》，章玉政先生贈送的《光榮與夢想：中國公學往事》，都給了我很大幫助。

2017年春節前後，北京地區大面積嚴重霧霾，我已經做過三次割治手術的老鼻炎再次復發，由於反復出現鼻塞頭暈的過敏症狀，我於無奈之下先去雲南麗江借住在李改亮女士暫時空置的家中，查閱利用了她所珍藏的一套《胡適全集》。隨後，我又到雲南大理借住在師濤先生家裡，基本上完成了這部書稿的整體框架。在此一併表示感謝。

另外需要感謝的師友，還有胡月光、王進、郭學明、蔡霞、

楊帆、馬俊、白森、陳天庸、張巍、田振章、孫建民、聶聖哲、黃澤榮（鐵流）、張貴良、閆偉、張一峽、耿劍、梁鴻、周月、何燕岳、莫國放、蕭崧、關飛進、張釗、張斌、董昊、朱輝、賀順明、王永耀、王雲山、丁長宏、張錦生、施高鴻、戴榮臻、高國傑、周達慧、傅萬秀、包志雯、王麗君、楊玉玲、王鈺琪、于滿意、劉紅、丁桂寧、谷濱、謝海泉、胡振敏、張才拉、丁恒立、張洪偉、閆殿軍、夏雪、王慶、呂挺、李紅兵、賀衛方、趙虹、馬勤、何宏江、李錫軍、謝泳、徐思遠、高蔭平、田丁、瞿虹秋、王岳、王元濤、姚敏、譚培中、張海星、鄒家駒、蒲明、侯歌、李祿麟、劉金和、聶彥超、買永貴、王小明、姜永海、馬連華、吳臻斌、陸根文、周明劍、許宏泉、姜君才、楊申民、李大華、劉海東、朱慰軍、謝小萌、卯丁、魏汝久、王振宇、王愛忠、劉權有、楊建峰、于志成、梁曉峰、張合朋、魏定發、張天戈、董力等等。限於記憶，不可能一一列舉。

2005年11月初稿於北京

2018年1月28日補充改寫

作者的父親張文欽　　　　　　作者的父母和大姐

作者在漯河師範之畢業照,後排左2

第一章
胡適與蔣介石的國難之交

　　胡適大多數時間是站在公共立場上兼顧私人道義的。蔣介石作為國民黨政權的最高掌權者，始終是站在蔣家王朝家天下的私人權位立場上，標榜惟我獨尊、為我所用的所謂愛國主義、民族主義、傳統文化本位主義以及基督教信仰的。在蔣介石的心目之中，他個人專制獨裁的家天下、私天下的絕對權力，是第一位的；與此相關聯的國民黨的一黨訓政，是第二位的；國家、民族的大局利益只能是第三位的。但是，蔣介石從來不敢光明磊落地公開承認這樣子的價值排序；他在公開表述時一直口是心非、自欺欺人地把愛國主義、民族主義、傳統文化本位主義以及基督教信仰，當作擋箭的招牌高高舉起。與蔣介石這種口是心非的價值錯位高度吻合的，是前文明的中國社會以所謂天道天理及家國天下為本體本位，一方面在剛性的政權架構之制度設計層面獨尊君權、一方面在柔性的文化思想之意識形態層面獨尊儒術的政教合謀之神聖道統；以及由此而來的在公天下、打天下、坐天下、平天下、家天下、私天下的怪圈魔咒和思想牢籠之中格物、致知、誠意、正心、修身、齊家、治國、平天下的貌似全能全知卻從來分不清楚公私群己之權利邊界的人生價值觀。與這樣一種本體論和價值觀相配套的，還有天地君親師、仁義禮智信、忠孝貞節廉

恥之類神道設教、君權神授、奉天承運、天命流轉、替天行道、弔民伐罪、天下為公、天誅地滅、改朝換代、一統江山、「存天理，去人欲」的禮教綱常和道德規範。

第一節　「蔣介石給了我一個頭銜」

1926年12月18日，留學巴黎的袁昌英給正在歐洲進行學術訪問的胡適寫信說：「我近來心目中只有兩個英雄（你曉得婦女的心目中總不能不有英雄的），一文，一武。文英雄不待言是胡適，武的也不待言是蔣介石。這兩個好漢是維持我們民族運命的棟梁！我的靜坐的時候頗不多，然而一得之則默祝兩個人的福壽與成功。」[1]

此時的學界領袖人物胡適和主導北伐戰爭的國民革命軍總司令蔣介石，還沒有開始建構相互溝通的資訊通道。

1927年4月12日，胡適從美國西雅圖乘船回國，上船時得到上海發生國民黨針對共產黨實施暴力「清黨」的消息。4月24日船到日本橫濱，胡適接受國內朋友丁文江、高夢旦、顧頡剛等人的建議，在日本停留了三個星期。他仔細閱讀相關報刊後得出結論：中國發生的一切「確有很重要的歷史意義」，以蔣介石為首的新政府能得到蔡元培、吳稚暉等「一般元老的支援，是站得住的」。[2]

1927年5月17日，胡適從神戶乘船回國，於20日抵達上海。

胡適回國初期，在接見記者時明確表示「不談政治」。[3]但

---

[1]　袁昌英致胡適，《胡適來往書信選》上冊，北京中華書局，1979年，第412-413頁。

[2]　胡適：《追念吳稚暉先生》，引自胡頌平著《胡適之先生年譜長編初稿》第2卷，聯經出版事業公司，1984年，第677頁。

[3]　《訪問胡適之先生記》，1927年《生活》第3卷第5期，轉引自曹伯言、季維龍編

是，像1917年第一次回國時表示「不談政治」一樣，他是不可能把現實政治置之度外的。

1928年10月，國民黨中央常務會議通過胡漢民等人提出的《訓政綱領》，開始建立一黨訓政的政治體制。

1929年3月，國民黨在第三次全國代表大會上以奉行孫中山遺教為藉口，將孫中山的思想絕對神聖化，從而否定了在訓政時期制定「約法」的必要性。

隨後，南京國民政府頒佈保障人權令。在「不談政治」的胡適看來，這個命令既沒有明確規定人權和自由的具體內容，又沒有對國民黨的政府和黨部的權力加以明確限制，沒有表現出尊重人權的真誠意願。

這年4月，早年在上海中國公學充當過胡適的授課教師的同盟會元老馬君武，在和胡適談話時指出：「此時應有一個大運動起來，明白否認一黨專政，取消現有的黨的組織，以憲法為號召，恢復民國初年的局面。」[4]胡適認為「這話很有道理」，將來必然要走這條道路。

就這樣，在沒有人敢於公開針對國民黨主張限權憲政的情況下，胡適又一次站在了中國社會的最前沿。他在同人刊物《新月》雜誌上發表《人權與約法》一文，嚴厲批評缺乏人權、缺乏法治、缺乏憲政的嚴峻現實：前北大教授、安徽大學文科學長劉文典因為頂撞蔣介石而被拘禁，家屬只能四處奔走求情，卻「不能到任何法院去控告蔣主席」，這就是人治。現在的當務之急是要制定一部中華民國憲法，至少也應該制定一部訓政時期的約

著《胡適年譜》，安徽教育出版社，1989年，第336頁。
[4] 曹伯言整理《胡適日記全編》第5卷，安徽教育出版社，2001年，第402-403頁。

法，以保障人權，實行法治。

胡適的批評文章引起國民黨當局嚴重關注，國民黨二中全
會的決議案中對於人權和自由的界定已經略有改變。1929年6月
19日，胡適在日記中摘錄了這份決議案並且評議說：「此中第二
項與我的《人權約法》一文有關。王亮疇臨走之前一天對我說：
『只要避免約法二字，其餘都可以辦到。』大約即是指這種辦
法。」[5]

王亮疇就是孫中山早年的重要助手、時任司法部長的前北大
教授王寵惠。胡適留學美國哥倫比亞大學時的老校友、國民政府
的財政大員宋子文，也主動向胡適諮詢治國大計。

1929年7月2日，宋子文邀請胡適面談國事，胡適專門準備了一
份英文打印件，其中的幾項改革大綱涉及到改組國民政府、制定約
法、黨辦議會、裁兵、用人、改善勞資關係等多項內容。胡適在當
天日記中解釋說：「我們希望他們能『逆取而順守之』。……我們
的態度是『修正』的態度：我們不問誰在臺上，只希望做點補偏
救弊的工作。補得一分是一分，救得一弊是一利。」[6]

胡適一廂情願、避重就輕的補救幫忙，並沒有得到國民黨
當局的足夠重視。他接下來便公開發表《我們什麼時候才可有憲
法》，對孫中山以民眾素質低下為由主張「訓政」提出質疑：

> 民治制度的本身便是一種教育。人民初參政的時期，
> 錯誤總不能免的，但我們不可因人民程度不夠便不許他們
> 參政。人民參政並不須多大的專門知識，他們需要的是參

---

[5] 曹伯言整理《胡適日記全編》第5卷，安徽教育出版社，2001年，第438頁。
[6] 曹伯言整理《胡適日記全編》第5卷，第448頁。

政的經驗。民治主義的根本觀念是承認普通民眾的常識是根本可信任的。「三個臭皮匠，賽過一個諸葛亮。」這便是民權主義的根據。[7]

在這篇文章裡，胡適明確提出他的法治民主、限權憲政的文明理念：「憲法的大功用不但在於規定人民的權利，更重要的是規定政府的權限。立一個根本大法，使政府的各機關不得逾越他們的法定權限，使他們不得侵犯人民的權利，——這才是民主政治的訓練。」

在另一篇《知難行亦不易》中，胡適乾脆否定了孫中山以先知自居而推行個人崇拜的「行易知難」學說，指出這個學說「可以作一班不學無術的軍人護身符」。

胡適的幾篇文章接連發表之後，國民黨上海市黨部以「侮辱本黨總理，詆毀本黨主義，背叛國民政府，陰謀煽惑民眾」為由，呈請中央拿辦胡適。北平、天津、江蘇、青島等地的黨部，也有類似提議。南京國民政府因此飭令教育部，以「不諳國內社會實際情況，誤解本黨黨義及總理學說，並溢出討論範圍，放言空論」為由，對胡適提出警告。時任中國公學校長的胡適選擇了公民不服從的態度，把這一飭令公函退給了教育部長蔣夢麟。[8]

配合著胡適的相關言論，羅隆基先後發表了《論人權》、《我們要什麼樣的政治制度》、《我對黨務上的盡情批評》等文章，對國民黨當局的「黨在國上」的「黨天下」提出尖銳批

---

[7]　胡適：《我們什麼時候才可有憲法——對於〈建國大綱〉的疑問》，原載《新月》第2卷第4號，見歐陽哲生編《胡適文集》第5冊，北京大學出版社，1998年，第536頁。
[8]　曹伯言整理《胡適日記全編》第5卷，第488-538頁。

評。1930年11月4日，羅隆基在中國公學上課時被軍警特務直接帶走。胡適、蔡元培等人立即展開營救，羅隆基在「被捕六個小時」之後，被釋放回家。

遭受打擊迫害的羅隆基再接再厲，在《新月》雜誌發表《我的被捕與反感》，公開向國民黨當局叫板道：「拘捕，羈押，監禁，懲罰，槍殺，這些都是政治潰亂的證據。這是笨人的笨法子！老子說得好：『民不畏死，奈何以死懼之！』」

在此期間，胡適迫於政治壓力辭去中國公學校長職務，於1930年11月28日離開上海前往北平，租住在景山後門的米糧庫四號院。

1931年1月5日，胡適南下上海參加中華教育文化基金會第五次常會。1月13日，胡適在日記中抄錄了報紙上刊載的教育部發給上海光華大學的電令：羅隆基言論謬妄，迭次公然詆本黨，似未便任其繼續任職，仰即撤換。

當時的教育部長由蔣介石兼任，具體事務由教育部次長陳布雷負責。1931年1月18日，胡適致信陳布雷，請陳布雷向蔣介石轉交一套《新月》雜誌，希望蔣能讀一讀原文，不要聽信傳聞。

替胡適轉交書信和《新月》雜誌的金井羊，勸說胡適去南京與最高當局直接溝通，胡適認為去南京需要有一個「共同的認識」：第一，當局必須保證，負責任的言論有絕對的自由；第二，對於善意的批評，政府應該接受。否則「我是不會去的」。[9]

在此之前的1930年中原大戰期間，清華大學因校長人選引發學潮。戰爭結束後，清華師生希望在周貽春、趙元任、胡適當中

---

9 曹伯言整理《胡適日記全編》第6卷，第32-34頁。

挑選一位出任校長，在周貽春堅辭不就的情況下，南京政府以趙元任非辦事人才、胡適議論乖謬為由拒絕任命。到了1931年3月，清華大學派三名學生代表赴南京請願，蔣介石在接見學生代表時公開表示：「政府非不欲容納學生意見，但先征周貽春未得同意，胡適系反黨，不能派。」

消息見報後，胡適在3月18日的日記中寫下這樣一句話：「今天報載蔣介石給了我一個頭銜。」[10]

第二節　胡適與蔣介石的初次交往

1931年9月18日晚上，日本關東軍突然襲擊，驅逐了張學良數十萬計的東北軍。隨之而來的國民黨內部的派系之爭，導致蔣介石第二次辭職下野。

1932年1月28日的中日淞滬之戰，給蔣介石提供了捲土重來的機會。此時的蔣介石信心滿滿，決心要從軍事領袖轉型為像天子君王一樣既要作之君又要作之師的全知全能的專制者。為此，他開始面向學界網羅人才，並且邀請各類專家為自己講授專業知識。據蔣介石日記記載，他在1932年上半年先後邀請馬寅初、翁文灝等人為其講授統計學、土地學、國際經濟、經濟地理等專門課程，並且自以為眼界大開：「自恨昔日識淺見少，坐井觀天之錯也」；「甚恨研究之晚，而對內對外之政策錯誤也。」[11]

1932年10月15日，以陳獨秀為首的一部分中共託派組織領導

---

[10] 曹伯言整理《胡適日記全編》第6卷，第98頁。
[11] 陳紅民：《蔣介石與胡適的首次見面——〈蔣介石日記〉解讀之九》，《世紀》，2011年第4期。

人先後被捕。10月18日，上海《申報》率先發佈「共產黨首領陳獨秀等被捕」的消息，遠在北平的翁文灝、胡適、丁文江、任鴻雋、傅斯年等人，於第一時間給蔣介石發去營救電報。

10月22日，蔣介石致電翁文灝並轉胡適等人，一方面表示「陳獨秀案已電京移交法院公開審判矣」；另一方面又不失時機地傳達善意說：「胡適之先生近日身體如何？可否請其南來一敘？」[12]

一個多月後的1932年11月27日，胡適乘坐客運列車沿京廣鐵路抵達漢口大智門車站，在王世杰、陳源、胡光廷等人陪同下入住武漢大學招待所。

第二天即11月28日，胡適在日記中寫道：「下午七時，過江，在蔣介石先生寓內晚餐，此是我第一次和他相見。飯時蔣夫人也出來相見。今晚客有陳布雷、裴複恒。」[13]

按照陳紅民《蔣介石與胡適的首次見面》一文的說法，表面上看胡適和蔣介石是偶然的邂逅，胡適應武漢大學校長王世杰之邀前往訪問並講學，蔣介石此時恰巧住在漢口。如果聯繫到半個月前蔣介石請翁文灝轉邀胡適的那份電報，就會發現此次見面是精心設計的。[14]

蔣介石是大權在握的黨政首腦，胡適是以學術輿論引導民意的學界領袖。兩個人的初次會面之所以需要「精心設計」，是因

---

[12] 《胡適來往書信選》中冊，第139頁。
[13] 曹伯言整理《胡適日記全編》第6冊，第178頁。另據胡適1928年5月18日的日記，他和蔡元培、吳稚暉等人一起參加過蔣介石和宋美齡1927年12月1日的在上海舉辦的婚禮，這是有據可查的胡適第一次見到蔣介石和宋美齡的時間。參見曹伯言整理《胡適日記全編》，第115頁。
[14] 陳紅民：《蔣介石與胡適的首次見面——〈蔣介石日記〉解讀之九》，《世紀》，2011年第4期。

為它直接關係著政學兩界的主流動向，同時也是當事雙方的一次禮節性試探。蔣夫人宋美齡的出場在抬高規格的同時，也是在醞釀一種親近感。

當天晚上，胡適與王世杰留住漢口太平洋飯店。第三天即11月29日晚上，胡適在蔣介石秘書黎琬（公琰）陪同下，第二次來到蔣介石寓所共進晚餐。晚餐過程中，因有顧孟餘、陳布雷、陳立夫等人在場，胡適沒有等到與蔣介石單獨談話的機會，只是送給蔣介石一本《淮南王書》便告辭離開。蔣介石約請胡適12月2日再談一次。

《淮南王書》是胡適學術著作《中國中古思想史長編》的第五章，1931年由新月書店單獨出版，其中的主要觀點是：「道家集古代思想的大成，而《淮南王書》又集道家的大成。道家兼收並蓄，但其中心思想終是那自然無為而無不為的『道』。」這種無為政治的一個重要前提，是「君主的知識有限，能力有限，必須靠全國的耳目為耳目，靠全國的手足為手足。這便是『眾智眾力』的政治，頗含有民治的意味。」一個掌握大權的人如果太相信自己，太有為能幹，那就是老百姓的災難。

由於前面兩次沒有深談，胡適對於第三次會見十分在意。12月2日下午，他特意託付王世杰帶信給蔣介石，說是自己會如約前來。蔣介石回信重申了前日之約。

有道是期望越高失望越重，胡適在當天日記中寫道：

> 我本來以為這是最後一個談話機會，故預備與他談一點根本問題。但入門即見昨見的雷孟彊先生，後來吃飯時楊永泰先生又來了。二客皆不走，主人亦無法辭客。所以

我也不預備深談了，只隨便談了一會；十點即辭出。

我至今不明白他為什麼要我來。今日之事，我確有點生氣，因為我下午還托雪艇告知他前日之約我一定能來。他下午也還有信來重申前日之約。

席上他請我注意研究兩個問題

(1)中國教育制度應該如何改革？

(2)學風應該如何整頓？

我很不客氣的對他說：教育制度並不壞，千萬不要輕易改動了。教育之壞，與制度無關。十一年的學制，十八年的學制，都是專家定的，都是很好的制度，可惜都不曾好好的試行。經費不足，政治波動，人才缺乏，辦學者不安定，無計畫之可能，……此皆教育崩壞之真因，與制度無關。[15]

蔣介石日記中對於11月28、29兩天與胡適的見面隻字未提，只是在12月2日的日記中寫道：「上午，批閱，辦公，會客，見劉廷芳。下午會客，聽李維果講德國復興史，與胡適之談教育方針與制度，彼主張持久，以『利不十，不變法』之意言之，餘甚以為然。其人似易交也。李與劉皆可用之才也。」[16]

蔣介石所謂的「其人似易交也」，是極具中國特色又極其意味深長的一句話，意思是胡適似乎可以成為我的私人而與我交往、為我所用。

---

15 曹伯言整理《胡適日記全編》第6卷，第181-182頁。
16 余英時：《從〈日記〉看胡適的一生》，見余英時著《重尋胡適歷程：胡適生平與思想再認識》，廣西師範大學出版社，2004年，第133頁。

對於蔣介石始終沒有也不願意走出江湖會黨和家族企業拉幫結派、化公為私、任人唯親、公事私辦的用人邏輯，余英時在為臺灣聯經出版公司重新編校的《胡適日記全集》所寫作的長篇書評《從〈日記〉看胡適的一生》中，稱之為「結金蘭」的政治觀。余英時為蔣介石這種「結金蘭」的政治觀列舉的例證，是胡適1931年1月22日在日記中留下的文字：

> 張壽鏞先生來談。他見了蔣介石，把呈文交上去了，蔣介石問：「這人究竟怎麼樣？」他說：「一個書生，想作文章出點風頭，而其心無他。」蔣問：「可以引為同調嗎？」他說：「可以，可以！」
>
> 我忍不住要笑了，只好對他說：「詠霓先生，話不是這樣說的。這不是『同調』的問題，是政府能否容忍『異己』的問題。」但他不懂我這話。

1931年1月19日，從北平來到上海參加中國教育基金會第五次常會的胡適，為了蔣介石下令撤銷羅隆基的教授職務一事，代光華大學校長張壽鏞（詠霓）起草《上蔣介石呈》，由張壽鏞前往南京當面交給兼任教育部長的國民黨總裁、軍事委員會委員長蔣介石，於是就有了胡適日記中的上述記載。關於此事，余英時的評論是：

> 蔣對現代型知識人也一味想通過「套交情」的傳統方式來拉攏彼此之間的距離，最後「引為同調」，他似乎相信一切原則性的爭執都可以由此泯滅。我記得梁漱溟在

一篇回憶文字中也說初次見面，蔣便和他「套近乎」，這是北京土語，與「套交情」同義，可見這確是蔣的一個特色。[17]

胡適這次湖北之行，在武昌、漢口逗留了六天時間。1932年12月3號，他應湖南省主席何鍵、教育廳廳長朱經農的邀請前往長沙。

12月5日早9時，胡適在長沙中山堂參加由何鍵主持的紀念國民黨總理孫中山的全省紀念周，以《中國政治的出路》為題目做了演講，其中引用《論語》所記錄的孔子要求定公從善如流的「如其善而莫之違也，不亦善乎？如不善而莫之違也，不幾乎一言喪邦乎？」的語錄，藉著孔子的牌位再次針對孫中山的「知難行易」學說提出批評：「知難行易」是革命的哲學，不適於建設。建設的政治哲學要人人知道「知難，行亦不易」。「此非胡適之胡說，乃是孔子舊說」。[18]

上述材料足以說明，胡適當年給自己期許的角色定位，是像孔子那樣在「定公」面前就根本性的大計方針建言獻策；而蔣介石所考慮的並不是給自己物色一個直言不諱、公忠報國的諍友國師，而是想考察一下在學術教育領域舉足輕重的胡適，有沒有成為「為我所用」的私人死黨的可能性。

---

[17] 余英時：《從〈日記〉看胡適的一生》，見余英時著《重尋胡適歷程：胡適生平與思想再認識》，第134頁。
[18] 曹伯言整理《胡適日記全編》第6卷，第185-188頁。

第三節　胡適所謂「政制改革的大路」

　　1933年初，日本軍隊佔領山海關之後繼續進攻熱河地區。3月3日，丁文江、翁文灝、胡適在熱河省會承德失守前夕聯名致電蔣介石，要求他立刻北上指揮抗戰：「熱河危急，決非漢卿所能支持。不戰再失一省，對內對外，中央必難逃責。非公即日飛來指揮挽救，政府將無以自解於天下。」[19]

　　3月13日，丁文江、翁文灝、胡適一起到保定火車站會見蔣介石。蔣介石在交談中承認，按照他的錯誤估計，日軍要進攻熱河，必須從國內和臺灣動員六個師團的兵力。他認為日軍攻打熱河的消息，不過是虛張聲勢：「日本知道湯玉麟、張學良的軍隊比我們知道清楚的多多！」

　　針對蔣介石的這番表白，胡適在日記中憤然譴責道：「這真是可憐的供狀！誤國如此，真不可恕。」

　　也正是在這次交談過程中，蔣介石向胡適等人交出了他的不抵抗政策的底牌：

> 我們問他能抵抗否，他說，須有三個月的預備。
>
> 我又問：三個月之後能打嗎？
>
> 他說：近代式的戰爭是不可能的。只能在幾處地方用精兵死守，不許一個人生存而退卻。這樣子也許可以叫世界人知道我們不是怕死的。

---

[19] 曹伯言整理《胡適日記全編》第6卷，第200頁。

其實這就是說，我們不能抵抗。[20]

　　在來自各個方面的輿論壓力之下，蔣介石不得不象徵性地動用中央軍的一部分精銳部隊。經過宋哲元部隊的喜峰口之戰和徐庭瑤、關麟征、黃杰所率中央軍的南天門之戰，北平軍事分會和華北政務委員會在何應欽、黃郛主持下，於1933年5月31日在天津塘沽簽訂關於「局部的華北停戰」的「塘沽協定」，華北地區以及整個中國社會因此換來了四年時間的暫時平靜。

　　在此後的十多年裡，蔣介石在抗日戰爭的正面戰場所採用的一直是像南天門之戰那樣「只能在幾處地方用精兵死守，不許一個生存而退卻」的局部阻擊和被動反擊，而不是勢均力敵硬碰硬的「近代式的戰爭」。像這樣的局部阻擊和被動反擊，主要是打給「世界人」尤其是作為世界第一強國的美國人旁觀的，目的是要贏得來自外部的道義支持和軍事援助。在日記中私下譴責蔣介石「誤國」的胡適，在公開場合選擇的是對於蔣介石的支持擁戴；除此之外，他沒有找到更好的選項。

　　1934年2月，既要作之君又要作之師的蔣介石，在南昌行營發起所謂新生活運動。這個運動以傳統儒家的「禮義廉恥」為中心思想，以蔣介石的「生活藝術化、生活生產化、生活軍事化」為行動指南，目的是要在全國範圍內推行一場「改造國民生活形態以及行為模式」的教育運動。國民黨中央黨部隨之作出決議，要求相關機構共同擬定新生活運動的推行辦法。以陳立夫、陳果夫兄弟為首的國民黨CC系還專門發起中國文化建設協會，並於

----

[20]　曹伯言整理《胡適日記全編》第6卷，第207頁。

同年10月出版了《文化建設》月刊。

1934年3月25日，胡適在《大公報》星期論文發表《為新生活運動進一解》，點名評論蔣介石說：

> 蔣介石先生是一個有宗教熱誠的人；前幾年，當國內許多青年人「打倒宗教」的喊聲正狂熱的時代，他能不顧一切非笑，毅然領受基督教的洗禮。他雖有很大的權力，居很高的地位，他的生活是簡單的，勤苦的，有規律的。我在漢口看見他請客，只用簡單的幾個飯菜，沒有酒，也沒有捲煙。……我們看南昌印出來的《新生活須知》小冊子，所開九十六條（規矩五十四項，清潔四十二項）都是很平常的常識的生活，沒有什麼不近人情的過分要求。……但我們觀察最近一個月來這個運動的趨勢，我們不能不感覺一點過慮……[21]

胡適認為，「我們不可太誇張這種新生活的效能」，這裡面既沒有「救國靈方」，也沒有「復興民族的奇跡」，更不是什麼「報仇雪恥」的法門。過份誇大這個運動的功效，是會遺笑於世人的。生活的改變，不僅僅是一個教育問題，一個道德問題，更基本的是一個經濟問題，「許多壞習慣都是貧窮的陋巷裡的產物。人民的一般經濟生活太低了，決不會有良好的生活習慣」。

1934年4月4日，胡適通過蔣廷黻給蔣介石捎去一封書信，這

---

[21] 歐陽哲生編《胡適文集》第11冊，第419-420頁。

是胡適與蔣介石之間有據可查的第一次書信往來。「信中只談一事，勸他明定自己的職權，不得越權侵官，用全力專做自己權限以內的事，則成功較易，而責任分明。……今日之事，適得其反。名為總攬萬機，實則自居於下流，天下之惡皆歸之。」[22]

作為例證，胡適在信中談到，他所主編的《獨立評論》收到北平市政府公安局來函，內有「准軍事委員會委員長南昌行營政治訓練處函開：『頃奉蔣委員長諭：各種書刊封面，報紙題字標語等，概不准用立體陰陽花色字體及外國文，而於文中中國問題，更不得用西曆年號，以重民族意識』等因；奉此」之類的行政命令。

4月9日，蔣介石在南昌行營的總理紀念周講演中，針對胡適的來信解釋說：

> 日前手令各出版物封面，非必要不得用外國文字年號，系命令行營政訓處工作人員，而政訓處竟送中央宣委會通令全國，實屬荒謬。我蔣介石非中央黨部，非政府，我手令如何能給中央宣委會，且通令全國，豈非笑話。望各職員以後辦事，務須認清系統，明白手續，方能為在上者分勞，不致將事辦錯……

4月10日，胡適在日記中評論說：「今天各報記他昨日在南昌講演，對此言有特別聲明，……可見他不是不能改過的人，只可惜他沒有諍友肯時時指摘他的過舉。」

---

[22] 曹伯言整理《胡適日記全編》第6卷，第359頁。

正是基於這樣的一種判斷或者說是錯覺，胡適在國難臨頭的1935年6月，接連給教育部長王世杰寫了三封獻言獻策、公忠報國之書信，其中最為著名的是1935年6月27日的第三封長信：

　　　　前函已說過，今日為國家畫策，必須假定（1）在眼前日本的獨霸東亞是無法能制裁的，（2）在不很遠的將來也許有一個太平洋大戰，我們也許可以翻身。
　　　　今畫第二策，仍假定此二事。此策的主旨是如何可以促進那個「不很遠的將來」的國際大戰。如何可以「促其實現」？……
　　　　我們必須咬定牙根，認定在這三四年之中我們不能期望他國加入戰爭，我們只能期望在我們打得稀爛而敵人也打得疲於奔命的時候才可以有國際的參加與援助。這是破釜沉舟的故智，除此之外，別無他法可以促進那不易發動的世界二次大戰。[23]

　　在這封書信裡，胡適專門談到蔣介石1933年3月13日的保定談話：

　　　　以我觀之，蔣先生只有「等我預備好了再打」的算盤，似乎還沒有「不顧一切，破釜沉舟」的決心。我在二十二年熱河失守後在保定見他，他就說，「我們現在不能打。」三年過去了，我看他似乎沒有對日本作苦戰的計

---

[23] 耿雲志、歐陽哲生編《胡適書信集》中卷，北京大學出版社，1996年出版，第646-647頁。

畫。他的全副精神用在剿匪上，這是我們知道，又能原諒的。但日本不久必有進一步而不許他從容整軍經武的要求。因為敵人不是傻子，他們必不許我們「準備好了打他們」。

胡適在書信中明確要求王世杰把自己的意見轉達給蔣介石，王世杰當時似乎沒有表現出與胡適同樣公忠報國的責任擔當。

1935年7月，蔣介石召見羅隆基，羅隆基臨行前向胡適徵求意見。7月26日，胡適在致羅隆基信中附上寫給王世杰的後兩封信稿，請其帶給蔣介石。與此同時，他還補充介紹了自己在沒有留下底稿的第一封書信中所規劃的外交策略：為求得十年的和平而從事「有代價的公開交涉」：中國可承認滿洲國；日本則歸還熱河，取消所謂的華北停戰協定，自動放棄「辛醜和約」及其換文附件的各種權益。

胡適除了在書信中委託羅隆基向蔣介石轉達自己關於中日問題的意見之外，還再一次扮演起孔子式的諍友國師之角色：

依我的觀察，蔣先生是一個天才，氣度也很廣闊，但微嫌近於細碎，終不能「小事糊塗」。我與蔡子民先生共事多年，覺得蔡先生有一種長處，可以補蔣先生之不足。蔡先生能充分信用他手下的人，每委人一事，他即付以全權，不再過問，遇有困難時，他卻挺身負其全責，若有成功，他每嘖嘖歸功於主任的人，然而外人每歸功於他老人家。因此，人每樂為之用，又樂為盡力。跡近於無為，而實則盡人之才，此是做領袖的絕大本領。……我的意思是

希望他明白為政的大體，明定權限，知人善任，而不「侵官」，不越權。[24]

胡適所謂第一要義的「為政大體」，就是現代政制文明中的限權憲政、依法行政的制度保障；也就是他此前在《我們什麼時候才可有憲法》中所說的「憲法的大功用不但在於規定人民的權利，更重要的是規定政府的權限」；尤其是在《人權與約法》中所說的保障國民個人「能到任何法院去控告蔣主席」的公民權利。這種限權憲政、依法行政的制度建設，需要的是一整套以人為本的價值要素和價值譜系——主體個人之財產私有、自由自治；甲乙雙方之契約平等、公平交易；公共領域之民間自治、法治民主；政治制度之分權制衡、限權憲政——而不能僅僅著眼於最高權力者「跡近於無為，而實則盡人之才……的絕大本領」。

胡適這種極力到中國傳統的儒、道文化中尋找憲政資源的愛國家優先於愛個人、愛人治優先於愛法治的種種努力，儘管有與國際社會初步接軌的「充分世界化」的「健全的個人主義」的前置視野，由於他缺乏對於現代工商契約及民主憲政社會的價值譜系的整體把握，事實上只能算是一種既不夠「充分」也不夠「健全」的前憲政或准憲政的思維表現。

關於胡適的這封長信的歷史價值，余英時評價說：「這封信已廣為人知，因為它幾乎是一個精確的預言。……和他後來使美的主要任務有極密切的關聯，……後來中國抗日戰爭歷史豈不是完全和他的推測——相符嗎？」[25]

---

[24] 耿雲志、歐陽哲生編《胡適書信集》中卷，第652-654頁。
[25] 余英時：《從〈日記〉看胡適的一生》，見余英時著《重尋胡適歷程：胡適生平

一個多月後的1935年8月11日，胡適沿著這種中國特色的又捧又勸的前憲政思路，在其主編的《獨立評論》第163號公開發表《政制改革的大路》。其中以回應政治學者陳之邁、錢端升的兩篇文章為由頭，反復強調了他所謂的「政制改革的大路」：

　　　　拋棄黨治，公開政權，這不是說國民黨立即下野。我的意思是說，國民黨將來的政權應該建立在一個新的又更鞏固的基礎之上。那個新基礎就是用憲法做基礎，在憲政之下，接受人民的命令，執掌政權。……所以我主張，改革政制的基本前提是放棄黨治；而放棄黨治的正當方法是提早頒佈憲法，實行憲政。這是改革政制的大路。……而今日收拾全國人心的方法，除了一致懺悔之外，莫如廢除黨治，公開政權，實行憲政。在憲政之下，黨內如有不能合作的領袖，他們盡可以自由分化，另組政黨。如此，則黨內派系的分歧，首領的不合作，都不了而自了了。這是政制改革的大路。[26]

　　要談論政制改革的路徑選擇，自然不能撇開掌握最高權力的蔣介石。於是，胡適只好委曲求全地吹捧蔣介石說：

與思想再認識》，第50頁。事實上，由於本土政權和本土文化缺乏自信力、凝聚力和執行力，從慈禧太后開始一直到北伐戰爭和日本扶植滿洲國獨立，中國政府以及民間精英一直是不甘心、不情願地把國際國內重大爭端的解決，寄託於外部力量的強力干預的。沒有外部力量的扶持甚至於挾持，任何一個本土政權都是不可能長久維持的。在這一點上，胡適不是太清醒、太智慧了，反而是太愛國、太缺乏服輸認慫的大智慧、大眼光、大擔當了。

[26]　《胡適全集》第22卷，安徽教育出版社，2003年，第342-354頁。

蔣介石先生在今日確有做一國領袖的資格，這並不是因為「他最有實力」，最有實力的人往往未必能做一國的領袖。他的資格正是錢（端升）先生說的「他近幾年來所得到的進步」。他長進了；氣度變闊大了，態度變和平了。他的見解也許有錯誤，他的措施也許有很不能滿人意的，但大家漸漸承認他不是自私的，也不是為一黨一派人謀利益的。在這幾年之中，全國人心目中漸漸感覺到他一個人總在那裡埋頭苦幹，挺起肩膀來挑擔子，不辭勞苦，不避怨謗，並且「能相當的容納異己者的要求，尊重異己者的看法」。在這一個沒有領袖人才教育的國家裡，這樣一個能跟著經驗長進的人物，當然要逐漸得著國人的承認。

　　胡適所謂「大家漸漸承認他不是自私的，也不是為一黨一派人謀利益的」，顯然是對於公共名義的一種不負責任的擅自代表。接下來，胡適又一次抄錄道家經典《淮南王書》中的無為主義「政治哲學」來規勸蔣介石說：

　　蔣介石先生的最大缺點在於他不能把他自己的權限明白規定，在於他愛干涉到他的職權以外的事。軍事之外，內政，外交，財政，教育，實業，交通，煙禁，衛生，中央的和各省的，都往往有他個人積極干預的痕跡。其實這不是獨裁，只是打雜；這不是總攬萬機，只是侵官。……蔣先生應該認清他的「官守」，明定他的權限，不可用軍事最高長官的命令來干預他的「官守」以外的政事。……

只有一個守法護憲的領袖是真正不獨裁而可以得全國擁戴的最高領袖。那是政制改革的大路。

　　應該說，胡適大多數時間是站在公共立場上兼顧私人道義的。蔣介石作為國民黨政權的最高掌權者，始終是站在蔣家王朝家天下的私人權位立場上，標榜惟我獨尊、為我所用的所謂愛國主義、民族主義、傳統文化本位主義以及基督教信仰的。在蔣介石的心目之中，他個人專制獨裁的家天下、私天下的絕對權力，是第一位的；與此相關聯的國民黨的一黨訓政，是第二位的；國家、民族的大局利益只能是第三位的。但是，蔣介石從來不敢光明磊落地公開承認這樣子的價值排序；他在公開表述時一直口是心非、自欺欺人地把愛國主義、民族主義、傳統文化本位主義以及基督教信仰，當作擋箭的招牌高高舉起。與蔣介石這種口是心非的價值錯位高度吻合的，是前文明的中國社會以所謂天道天理及家國天下為本體本位，一方面在剛性的政權架構之制度設計層面獨尊君權、一方面在柔性的文化思想之意識形態層面獨尊儒術的政教合謀之神聖道統；以及由此而來的在公天下、打天下、坐天下、平天下、家天下、私天下的怪圈魔咒和思想牢籠之中格物、致知、誠意、正心、修身、齊家、治國、平天下的貌似全能全知卻從來分不清楚公私群己之權利邊界的人生價值觀。與這樣一種本體論和價值觀相配套的，還有天地君親師、仁義禮智信、忠孝貞節廉恥之類神道設教、君權神授、奉天承運、天命流轉、替天行道、弔民伐罪、天下為公、天誅地滅、改朝換代、一統江山、「存天理，去人欲」的禮教綱常和道德規範。
　　早年胡適無論讀過多少英文書籍，無論如何提倡「充分世界

化」的「健全的個人主義」，都沒有能夠打破中國傳統社會以所謂天道天理及家國天下為本體本位的公天下、打天下、坐天下、平天下、家天下、私天下的怪圈魔咒和思想牢籠，進而從所謂天下為公、家國本位的黑洞彎道裡穿越到以人為本的個人自由、甲乙平等、法治民主、限權憲政的現代文明新世界。他反復引用《淮南王書》中蒼白無力的無為主義「政治哲學」規勸蔣介石，就是自己的「個人主義」不夠健全也不夠「充分世界化」的典型表現。

第四節　胡適與蔣介石的國難之交

1937年1月3日，胡適在天津《大公報》發表星期論文《新年的幾個期望》，他的第一個期望是「今年必須做到憲政的實行」；第二個期望是「我們期望蔣介石先生努力做一個『憲政的中國』的領袖」。

在中國社會內部並沒有足夠強大的制度性力量督導並且強制蔣介石實施憲政、遵守憲法的情況下，胡適的滿腔期待只能再一次避重就輕、委曲求全地寄託在《淮南王書》的空洞說教上：

> 古人說「重為善，若重為暴」，又說「庖人雖不善庖，屍祝不越俎而代之矣」。這兩句話最能寫出法治的精神。屍祝越俎代庖人做菜，即使做得好菜，究竟是侵官，究竟是違法。

1937年1月5日，《大公報》主筆張季鸞從上海到達北平，胡

適專門邀請梅貽琦、蔣夢麟、周炳琳、潘光旦、陳岱孫、陳之邁、張奚若等人與其會談。張季鸞說，蔣介石似有意約一些學者在半個月或一個月之後去南京談談。[27]

4月29日早晨7時，胡適乘坐火車抵達上海參加中華教育文化基金會年會。當天晚上7時，他去看望蔣介石：「我看他拔牙後體氣似頗瘦弱，故小談即辭出。」

7月7日，盧溝橋事變爆發，日本軍隊開始大舉入侵。

7月9日，胡適應蔣介石、汪精衛、王世杰等人的邀請南下盧山。據王世杰（雪艇）的事後回憶，胡適抵達盧山的那天（可能是7月15日）就和蔣介石談了一點鐘，說是「華北的人民怨中央政府決心不要華北了，不然，何以大家眼見整個華北就要丟了，竟沒有中央軍隊北來援救！中央是否真決心不要華北的土地人民了！」

到了1961年9月3日，胡適在日記中補充記錄道：「雪艇說，我那天說的話頗有決定性的影響。那天下午，蔣先生見馮玉祥，馮也責備中央放棄華北。那天晚上，蔣先生在室內獨自走路，走來走去，到九點鐘，忽下命令，令孫連仲、龐炳勳的軍隊開進河北。戰局就此決定了。」[28]

1937年7月31日中午，蔣介石夫婦約請胡適、梅貽琦、張伯苓、陶希聖、陳布雷等人吃飯。胡適在日記中寫道：

> 蔣先生宣言決定作戰，可支持六個月，伯苓附和之。
> 我不便說話，只能在臨告辭時說了一句話：「外交路

---

27 《胡適全集》第32卷，第593頁。
28 《胡適全集》第34卷，第727頁。

線不可斷，外交事應尋高宗武一談，此人能負責任，並有
見識。」他說，「我知道他。我是要找他談話。」

下午汪精衛先生到了南京，找宗武去長談。談後宗武
來看我，始知蔣先生已找他談過了。[29]

就在同一天，胡適寫信給蔣廷黻，以中、蘇兩國做比較，得
出中國難以避戰的結論。到了1948年1月12日夜，胡適檢出此信
加寫了批註：「此信似未寄出。但此信很可以看出我的思想的開
始轉變。我在八月中還做過一次和平的大努力（似不止一次），
但我後來漸漸拋棄和平的夢想了。九月八日離京，那天，我明告
精衛、宗武、希聖三人，我的態度全變了。我從此走上了『和比
戰難百倍』的見解。」[30]

在此期間，胡適與中央日報社社長程滄波、外交部亞洲司司
長高宗武、蔣介石侍從室第二處副主任周佛海等人頻繁接觸，並
把他們視為「低調同志」。7月30日，高宗武請胡適吃午飯，在
座的有蕭同茲、程滄波、裴複恒等人，胡適稱讚他們是「南京之
青年智囊團」的成員。8月3日，在程滄波召集的宴會上，周佛海
與胡適、蔣夢麟有過長談；8月14日至18日，周佛海三次拜訪胡
適，希望他向蔣介石進言不要放棄和平談判。

1937年8月19日下午，胡適、陶希聖在陳布雷安排下與蔣介
石會見。胡適本來想轉達「低調同志」的意見，但因為對許多問
題比較生疏，有些話又不便開口，這次談話很不成功。儘管如
此，他還是認為，蔣介石「是最明白戰爭的利害的，不過他是統

---

[29] 《胡適全集》第32卷，第658頁。
[30] 耿雲志著《胡適年譜》修訂本，第214頁。

兵大元帥，在這時候不能唱低調。此是今日政制的流弊，他也不能不負其咎。（他不應兼任軍與政）」。

會見過程中，蔣介石要胡適即日以非正式大使的身分去美國遊說，胡適的反應是「我能做什麼呢？」[31]

9月7日，胡適借用段錫朋的汽車去會見蔣介石，陳布雷在座。「談半點鐘。他說，他要電告王儒堂大使。今天談的話很中肯，也得體。」

王儒堂就是中國駐美國大使、國民黨元老王正廷。這次會見後，胡適著手安排赴美事宜。9月8日，胡適先後會見汪精衛、高宗武，勸告他們不要太性急、太悲觀。說是我們8月初「在大戰前作一度最大的和平努力」工作，是不錯的。「但我們要承認，這一個月的打仗，證明了我們當日未免過慮。這一個月的作戰至少對外表示我們能打，對內表示我們肯打，這就是大收穫。」

當天晚上，胡適離開戰火紛飛的南京溯江而上前往武漢。9月13日，他與錢端升一起乘飛機經長沙前往香港。9月20日，自香港起飛經菲律賓、關島、檀香山等地赴美，於26日抵達三藩市。

1937年10月8日，胡適由三藩市前往華盛頓。12日，胡適在王正廷陪同下會晤美國總統羅斯福。在此後的大半年時間裡，胡適周遊美國及加拿大、歐洲，到處宣講中國的抗日戰爭。

由於胡適在美國的卓越表現，他於1938年9月17日被國民政府任命為駐美大使。正在瑞士日內瓦參加國聯大會的胡適，在當天日記中寫道：「二十一年的獨立自由的生活，今日起，為國家犧牲了。」

---

[31] 《胡適全集》第32卷，第663頁。

同年10月31日，配合胡適從事借款外交的銀行家陳光甫索要照片，47歲的胡適在自己的照片上題詩一首：

> 略有幾莖白髮，心情已近中年，
>
> 做了過河小卒，只許拼命向前。[32]

　　美國《紐約時報》在社論中評論說：「胡適不是狂熱分子，他是言行一致的哲學家。他的外交必定是誠實而公開的，他將有很大的貢獻，使中美兩國人民既有的和好關係更能增進。」[33]

　　蔣介石交給胡適的首要任務，是爭取美國的經濟援助。由於美國民眾普遍反對捲入戰爭，再加上美國剛剛頒佈《中立法》，要想獲得美國的援助是相當困難的。然而，胡適上任不久，便得到2500萬美元的貸款。這筆貸款是胡適、陳光甫等人努力爭取的一項外交成果，同時也是極力想讓日本軍隊陷入中國戰場不能自拔的蘇聯間諜祕密促成的一項陰謀。胡適逝世後，王世杰對胡頌平介紹說：

> 　　胡先生當了駐美大使之後，美國財政部長摩根韜手下一個最得力的財務助理懷德（Henry D.White）用全力來幫助中國的借款，一切由他去設法運用，得到摩根韜部長的支持。……這樣一位同情我們，幫助我們的懷德，原來他是蘇俄的間諜，滲透進美國財政部，得到摩根韜部長的信任。他受蘇俄的指示，一定要設法使美國幫助我們經濟，

---

[32]　《胡適全集》第33卷，第184頁。
[33]　耿雲志著《胡適年譜》修訂本，第221頁。

抗戰下去，如果我們接受調停而投降了，日本的武力就會轉而對付蘇俄的。[34]

借用智效民先生在《胡適與蔣介石》一文中提供的說法：「這種歷史的弔詭，進一步印證了當時國內外形勢的複雜性。」[35]

更加弔詭的是，隨著包括《蔣介石日記》在內的檔案文獻的逐漸公開，一直讚美蔣介石與胡適親密無間的歷史學者意外發現：胡適與蔣介石的國難之交其實並不十分和諧，這樣的一個事實，是連胡適本人也沒有充分意識到的。

1940年5月22日，同鄉老友、前北大教授張慰慈從香港給胡適寫信，告訴他先後在重慶、香港聽程滄波和顏惠慶本人談到，要調胡適回國出任中央研究院院長，由顏惠慶接任駐美大使。

6月22日，蔣介石電告胡適，特派宋子文作為他的個人代表赴美接洽借款等事。宋子文到美之後很快把胡適撇開，幾乎包攬了所有對美交涉。

10月14日，宋子文致電蔣介石：「援華空氣固逐漸濃厚，惟美日戰事尚未開展。欲其切實援助，非空文宣傳及演說所能奏效，……際此緊要關頭，急需具有外交長才者使美，俾得協助並進。」為此，宋子文建議由老牌外交家施肇基接替胡適任駐美大使。

在宋子文等人影響之下，蔣介石在1941年10月16日的日記中評論說，胡適「使美四年，除謀得十餘個名譽博士外，對國家與

---

[34] 胡頌平編著《胡適之先生年譜長編初稿》，第5冊，第1656-1657頁。
[35] 智效民著《胡適和他的朋友們》，雲南人民出版社，2004年，第266頁。

戰事一無貢獻」。[36]

11月10日至24日，胡適一再會晤美國總統羅斯福和國務卿赫爾，就犧牲中國利益的美日協定草案進行交涉。

11月25日，胡適偕同宋子文會見羅斯福總統，對於美日妥協正式提出抗議。據美國歷史學家保羅·海爾介紹，「這位一向溫文爾雅的學者，第一次在美國最高領導人面前發了脾氣。」[37]

但是，就在此後的第四天即11月28日，蔣介石在日記中寫道：「對美內子助以內，子文輔佐以外最力，否則如胡適者，未有不失敗也。」

所謂「內子」就是蔣介石的妻子、宋子文的妹妹宋美齡。蔣介石的短短一句話，活現了他化公為私、公事私辦的家天下心態。

1942年8月15日，胡適接到免除其大使職務的電報，當晚回電稱：「蒙中樞垂念衰病，解除職務，十分感激。」

9月10日，行政院秘書長陳儀電告胡適，聘請他為行政院高等顧問。胡適辭謝未就。他在當天寫給蔣介石的書信中所表白的依然是自己的公忠報國：

> 適自民國二十三年第一次電公書以來，每自任為國家
> 作諍臣，為公作諍友。此吾國士大夫風範應爾，正不須名
> 義官守。行政院高等顧問一席乞准辭，想能蒙公鑒原。頃

---

[36] 黃克武：《胡適、蔣介石與1950年代「反共抗俄論」的形成——1949年後蔣介石與胡適在思想上的一段交涉》，耿雲志、宋廣波主編《胡適研究論叢》第二輯（紀念胡適先生誕辰120周年國際學術研討會專輯），社科文獻出版社，2012年，第74頁。

[37] 耿雲志著《胡適年譜》修訂本，第246頁。

得西南聯大梅（貽琦）蔣（夢麟）兩校長電，令適回校教書。一俟醫生檢查身體後，倘能勝高飛，當即作歸計。[38]

1942年9月18日，胡適離開華盛頓雙橡園大使官邸遷居紐約。10月13日，蔣介石在日記之後的《上星期反省錄》中，再次對卸任大使胡適作出「一無貢獻」的評價：「胡適乃今日文士名流之典型，而其患得患失之結果，不惜借外國之勢力，以自固其地位，甚至損害國家威信而亦在所不惜。」

一個人既要向銀行借貸鉅款又要以房屋主權所有人名義拒絕抵押擔保及跟蹤監督，像這樣的單邊片面、一廂情願的低級表現，必然會導致嚴重違反契約精神的無效交易。國家之間的契約交往同樣如此。一個不得不依賴美國援助才能夠維持抗日戰爭的國家，當然應該放棄一部分的「國家威信」而主動與援助國保持一致。蔣介石在國難當頭的危急時刻，最為關切的其實不是所謂的「國家威信」，而是他自己任性固執的集權專制受到了美國方面的強力干預和公開限制；胡適在美國的表現太過優秀，更加彰顯了蔣介石的蠻橫固執和短見低能。不得不依賴美國援助的蔣介石，指責胡適「不惜借外國之勢力，以自固其地位，甚至損害國家威信而亦在所不惜」，其自相矛盾的陰暗心結，就在於此。蔣介石1949年敗退中國大陸的最為重要的一個原因，就是他為了蔣家王朝家天下的獨裁專制，而打著所謂「國家威信」的旗號既要依賴美國的援助又要仇恨抵制來自美國的先進文明尤其是限權憲政的制度文明。

---

[38] 耿雲志著《胡適年譜》修訂本，第251頁。

胡適雖然不知道自己已經觸犯到蔣介石的核心利益和最高關切，還是接受深知政壇內幕的郭泰祺、蔣夢麟等人的勸告滯留美國，直到抗日戰爭勝利後的1946年6月1日，才乘船由海路回國就任北京大學校長。

　　1945年9月1日，北大畢業生羅敦偉秉承蔣介石的旨意給遠在美國的胡適寫信說：「半年來若干名流學者、大學教授以及新興產業界人士，有中國民主黨之醞釀。」希望胡適出面領導並代擬黨綱，只要胡適同意，「即可獲致五百人以上知名之士發起，經常費絕無問題。偉亦已面告蔣主席，原則上亦頗首肯」。[39]

　　1946年3月31日，羅敦偉再次致信胡適說，考慮到組黨不易，打算發起「超黨派大團結之民本運動」，先辦一份《民本週報》，請胡適出面主持。胡適一直沒有予以答覆。

　　1946年7月5日，胡適抵達上海。7月15日，上海《大公報》以《蔣主席昨邀見胡適》為題，發表了胡適被蔣介石邀至其官邸共進早餐，「席間相談甚歡」的消息。

第五節　蔣介石對胡適的再次借重

　　1946年9月，胡適就任北大校長。10月10日，他為了平息青年學生的激進傾向，在開學典禮上有針對性地強調「獨立」精神：「要能不盲從，不受騙，不用別人的耳朵當耳朵，不用別人的眼睛當眼睛，不用別人的頭腦當頭腦」；「希望學校裡沒有黨派」。[40]

---

[39] 耿雲志著《胡適年譜》修訂本，第265頁。
[40] 《在北京大學開學典禮上的演說》，《胡適全集》第20卷，第216頁。

1946年11月10日，國民政府召集的「制憲國民大會」即將召開，蔣介石專門給胡適發一密電：先生為當選代表，德望允孚，舉國景仰，務希即日命駕。

　　11月11日，胡適飛抵南京，15日出席國大會議，並擔任主席團成員。

　　11月19日，胡適在接受採訪時表示自己決不組黨，強調中國需要民主的訓練，並對「五五憲草修正草案訂正稿」表示肯定。

　　1946年12月25日，被中國共產黨及多個民主黨派公開抵制的「制憲國民大會」，通過了《中華民國憲法》。

　　按照余英時的說法，就任北大校長的胡適的社會角色已經改變，和1937年出國之前的北大教授兼文學院長不同了：「從一方面看，他的俗世地位已達到了巔峰，不但是教育、文化、學術界的領導人物，而且也是政治界的象徵性領袖。說他是政治界的象徵性領袖，其確切涵義是指他並無實質的勢力，但又有巨大的影響。這是時世的推移把他推到這個特殊位置上去的，並不是出於他自己的選擇。」[41]

　　1947年初，國民黨的經濟形勢已經趨於惡化，蔣介石為了表示實行憲政的誠意而急於刷新中央政府的形象，打算邀請胡適出任國民政府委員兼考試院院長，委託傅斯年、王世杰等人遊說胡適。

　　2月4日，傅斯年在寫給胡適的書信中介紹了蔣介石約他吃飯的情況：1月15日，蔣介石約傅斯年午飯，「座中無他人」。傅斯年提出宋子文「與國人全體為敵，此為政治主要僵局之一」、

---

[41] 余英時著《重尋胡適歷程》，第81頁。

「實施憲政必須積極，此時盡可無多慮」之類的建議，蔣介石沒有正面回應，而是提出了自己的想法：

> 他似乎覺得小黨參加政府不易，希望在「社會賢達」方面先做工夫（非原語，意思如此）。他請先生擔任國府委員兼考試院長。我當力陳其不便：自大者言，政府之外應有幫助政府之人，必要時說說話，……自小者言，北大亦不易辦，校長實不易找人，北大關係北方學界前途甚大。他說可以兼著。我說不方便，且不合大學組織法。他說不要緊（此公法治觀念極微）。[42]

在蔣介石的執意要求下，傅斯年答應寫信通知胡適，沒想到回到家裡就發了高燒，到醫院住了三個星期。1月24日，王世杰奉命來問下文，傅斯年發了一通議論，王世杰一聽就說：此事錯托人了，不過受人之托，不要從中打岔。在這種情況下，傅斯年在書信中向胡適闡述了自己的意見：

> 自由主義者各自決定其辦法與命運。不過，假如先生問我意見，我可以說：
> 一、我們與中共必成勢不兩立之勢，自玄學至人生觀，自理想至現實，無一同者。他們得勢，中國必亡於蘇聯。
> 二、使中共不得勢，只有今政府不倒而改進。

---

[42]　《胡適來往書信選》下冊，第169-170頁。

三、但，我們自己要有辦法，一入政府即全無辦法。

　　與其入政府，不如組黨；與其組黨，不如辦報。

四、政府今日尚無真正開明、改變作風的象徵，一切
　　恐為美國壓力，裝飾一下子。

　　2月6日，胡適接到傅斯年的書信後立即回信說：「我因為很願意幫國家政府的忙，所以不願意加入政府。蔣先生的厚意，我十分感謝。」若做了國府委員，或做了一院院長，或做了一部部長，結果是毀了我三十年養成的獨立地位，而完全不能有所作為，連我們說公平話的地位也取消了。——用一句通行的話，「成了政府的尾巴」。胡適認為，蔣先生應該充分抬出黨內最有希望的自由分子，給他們一個做事的機會。此次政府改組，以孫中山的兒子孫科（哲生）組閣為相宜，雪艇即王世杰次之。[43]

　　2月20日，傅斯年再次來信，告知與蔣介石面談的情況，說是蔣介石堅持要胡適出任官職，「撐面子，要如此」，盼望胡適早日南下。傅斯年表示說：「我目下主意是，責備政府不可忘共黨暴行，責備共黨不可忘政府失政，此謂左右開弓。」[44]

　　2月21日，王世杰受蔣介石委派，專程從南京飛到北平勸說胡適。22日晚上，與王世杰有過兩次深談的胡適書面答覆對方說：「今日分別後細細想過，終覺得我不應該參加政府。考試院長決不敢就，國府委員也決不必就。理由無他，仍是要請政府為國家留一兩個獨立說話的人，在要緊關頭究竟有點用處。我決不是愛惜羽毛的人，前次做外交官，此次出席國大，都可證

43　《胡適來往書信選》下冊，第173-174頁。
44　《胡適來往書信選》下冊，第174-175頁。

明。……總而言之，請求蔣先生容許我留在此地為國家做點有用的事。」

胡適在信中還談到：「聽說郭沫若要辦七個副刊來打胡適，我並不怕『打』，但不願政府供給他們子彈，也不願我自己供給他們子彈。」[45]

3月5日，蔣介石給胡適一函：「日前雪艇兄返京，極稱先生堅不願參加政府，但願以私人地位匡輔國家，聞之心感」，為避免社會懷疑此次政府革新政治的誠意，「用敢重違尊意，推定先生為國府委員。倘因時間匆促，不及於發表前商得先生之同意，尚望體念時局之艱難，務請惠予諒察。」[46]

3月6日，胡適等人搭乘美國軍方的飛機抵達上海，參加協和醫學院董事會。13日，胡適、周寄梅、蔣廷黻乘坐同一輛火車抵達南京，參加中央博物院理事會、中華教育文化基金會董事會年會。當天晚上，蔣介石請胡適吃飯，經過胡適再三解釋，蔣介石最後說：「如果國家不到萬不得已的時候，我決不會勉強你。」胡適如釋重負，離開蔣宅後對傅斯年開玩笑說：「放學了！」[47]

3月18日下午4時，蔣介石再次約見胡適，說考試院長可以不做，國府委員不能推辭，因為這不是什麼官，也沒有多少事，請胡適一定要考慮。

胡適離開蔣宅後，便去拜訪英國駐中國大使拉爾夫・史蒂文生，兩個人交談了一個小時。蒙受蔣介石再次借重的胡適並沒有免俗，他在外國使節面前言過其實或者說是情不自禁地高調讚美

[45] 耿雲志著《胡適年譜》（修訂本），第283頁。
[46] 耿雲志著《胡適年譜》（修訂本），第283頁。
[47] 曹伯言整理《胡適日記全編》第7卷，安徽教育出版社，2001年，第647頁。

了國民黨當局，並且在當天日記中記錄在案：

> 我說，這次國民黨結束訓政，是一件政治史上稀有的
> 事。其歷史的意義是國民黨從蘇俄式的政黨回到英美西歐
> 的政黨。這是孫中山遺訓的復活。中山當日接受了共產黨
> 的組織方法，但他終不認一黨專政為最後階段，只認為過
> 渡到憲政的一個階段。國民黨執有政權二十年，今日宣告
> 結束訓政，故是稀有的史實。[48]

　　1947年3月21日，胡適乘坐飛機返回北平。22日，北平市政
府送來「蔣主席三月五日的親筆信」，胡適的立場和意志再次動
搖，蔣介石方面也打算以胡適已經答應為藉口加以任命。29日，
胡適在日記中寫道：「陳雪屏回來，帶來孟真一信。與鄭毅生、
湯錫予、陳雪屏商量，由他們去電給政府，說明我不應該參加國
民政府委員會之意。我也去一電，申說此意。」
　　「孟真」就是傅斯年。他在來信中對於胡適傾向於接受國府
委員的任命表示「萬分驚愕」。因為國民政府委員會的法定名詞
為「最高決策機關」，與此前的顧問性質的參政會決不相同。同
時，他對於「政府決心改革政治之誠意」表示懷疑：

> 現在改革政治之起碼誠意，是沒收孔宋家產，然蔣公
> 在全會罵人時仍言孔宋不貪汙也。孔宋是不能辦的，CC
> 是不能不靠的，軍人是不能上軌道的。借重先生，全為大

---

[48] 曹伯言整理《胡適日記全編》第7卷，第649頁。

糞堆上插一朵花。……當知此公表面之誠懇，與其內心之上海派決不相同。我八、九之經歷，知之深矣。此公只瞭解壓力，不懂任何其他。今之表面，美國之壓力也。我們若欲於政治有所貢獻，必須也用壓力，即把我們的意見consolidated，articulated（加強並明確地表達出來），而成一種壓力。[49]

比起胡適來，傅斯年對於蔣介石的認識表現得更加清醒。傅斯年所說的「法治觀念極微」的「內心之上海派」，與余英時所說的「結金蘭」的政治觀，有異曲同工之妙，主要是指青紅幫出身的蔣介石，始終沒有也不願意走出中國傳統的江湖會黨及家族企業拉幫結派、任人唯親、化公為私、公事私辦，甚而至於陽奉陰違不講誠信、口蜜腹劍過河拆橋的用人邏輯。

對於蔣介石這種「法治觀念極微」的「內心之上海派」的「結金蘭」的政治觀，擔任中國戰區盟軍統帥部參謀長兼美國總統代表、駐華美軍司令、美國援華物資監理人的美國中將史迪威，在1942年6月19日的日記中另有來自於異域文化的理性判斷：「中國政府是一個建立在威恩兼施基礎上的機構，掌握在一個無知、專橫、頑固的人手中。」[50]

傅斯年認為，缺乏抗戰八年的近距離觀察的胡適，把蔣介石及其政府看得太好，「我的一切在黨的朋友，幾乎皆謂先生不當來。身在其中，知其奧妙也」。至於是否加入國府委員會，關鍵

---

[49] 傅斯年致胡適信，《胡適來往書信選》下冊，第190頁。
[50] 史迪威1942年6月19日日記，黃加林等譯《史迪威日記》，世界知識出版社，1992年，第105頁。

在於胡適自己的意志堅定。

一語驚醒夢中人，胡適按照傅斯年的建議再一次致電蔣介石：「反復考量，並曾與北大主要同事商談，終覺適不應參加國府委員會。府委是特任官，決不應兼任大學校長。……北大此時尚在風雨飄搖之中，決不許適離開，道義上適也不願離開北大。」

同一天，北大文學院長湯用彤（錫予）、理學院長饒毓泰、秘書長鄭天挺（毅生）等人聯名致電教育部長朱家驊，強調「適之先生在北大，對整個教育界之安定力量異常重大。「北大方始復員，適之先生萬不能中途離校。……務祈婉為上達，力為挽回。」

4月2日，北平行轅主任李宗仁轉來蔣介石特急密電，說是延請胡適參加國府，「固出於平生向慕之忱，實亦以國家與政府殷切之需要為前提。……必當尊重兄意，不欲相強。」

4月19日，蔣介石又通過北平市長何思源致電胡適：「此次尊重兄意，不克延致，殊為耿耿。若有兩全之道，則必借重以慰群望也。」[51]

一場風波至此結束。4月22日深夜，胡適在寫給傅斯年的書信中表白說：「我此次居然得翹課，此中深得騮先、雪艇兩公大力，（他最後又去說一次，十七有電報告）已有電去道謝了。但你最後一信也有極大關係。我若不得你此信，決不能知道蔣公所謂『他已答應了』的心理……」[52]

在5月3日的回信中，傅斯年建議胡適應該到南京參加即將召

---

[51] 《胡適來往書信選》下冊，第190-197頁。另見曹伯言整理《胡適日記全編》第7卷，第651、653頁。
[52] 耿雲志、歐陽哲生編《胡適書信集》中冊，北京大學出版社，1996年，第1098頁。

開的參政會，一來風波已過，二來參政會本來也不重要，三來蔣氏「量實在不大，此次已遷怒及北大辦學之事」，故應「隨和些好」。

關於師生之間的主要分歧，傅斯年的說法是：「其實先生這些糾紛，只要不太客氣，難道說政府能『捉拿隱逸』嗎？先生誠我以主觀（此待面辯），我則勸先生凡事自動，無被動也。」[53]

第六節　胡適放棄職守南下逃亡

隨著全面內戰的爆發和國民黨政府經濟政策的失敗，上海、南京、北平等地學生紛紛發起反內戰、反飢餓的集會示威。5月18日，蔣介石發表文告，指責學生運動是「受共產黨直接間接策動」而「幹法亂紀」，表示將要採取措施斷然處置。

5月19日，北平行轅主任李宗仁在中南海勤政殿召集平津兩市專科以上院校首長及主要教授茶話會，商討解決學潮等問題。胡適第一個發言，公開批評蔣介石「立言不太公道」，「有些感情的成分」。學生干預政治是政治不上軌道、人們不滿於現狀的結果；他同時也反對學生用罷課的方法干預政治。

6月2日深夜，胡適寫信答覆北大工學院機械系一年級學生鄧世華的提問說：「今日的苦痛都是從前努力不夠的結果。所以將來的拯救沒有捷徑，只有努力工作，一點一滴的努力，一尺一步的改善。……悲觀是不能救國的，叫喊是不能救國的，責人而自己不努力是不能救國的。易卜生說過，眼前第一大事是把你自己

---

[53] 耿雲志著《胡適年譜》（修訂本），第285頁。

這塊材料鑄造成器，此外都不重要。」

在談到蔣介石時，胡適自相矛盾地讚美辯護說：「蔣先生在近今的六個大巨頭裡，夠得上坐第二三把交椅。他的環境比別人艱難，本錢比別人短少，故他的成績不能比別人那樣偉大，這是可以諒解的。」[54]

6月30日，蔣介石致電胡適，對他的來信和文稿表示感謝，「極望近期內能與先生相晤」。

這裡所說的文稿，應該是胡適回復鄧世華的信稿，胡適隨後把這封信稿改寫成《青年人的苦悶》，刊載於北京大學出版部出版的《獨立時論》第一集。

1947年12月12日早晨，胡適乘火車抵達南京參加中基會第二十次年會。這是他一年之內第四次南下。當天晚上，他到外交部長王世杰家裡談話，並且在當天日記中寫道：「他要我再去美國走一趟，這是出我意外的提議。他說，國家需要我去。我說，我老了，十年的差別，如今不比從前了。」

14日晚上，胡適在王世杰家裡吃過晚飯，到陳光甫寓所閒談，在場的還有蔣介石的親信吳忠信（禮卿）。胡適此時才明白，請他去美國是蔣介石身邊包括王世杰、陳光甫、吳忠信在內的相關人等的一致意見。

15日晚上，胡適在盧吉忱家裡吃飯，並與蔣介石智囊團隊的李惟果、陶希聖等人閒談：「他們問我對美國人作宣傳，應如何辦？我說，把這次立法院選舉好好的辦，把總統選舉好好的辦，都是最好的宣傳。」[55]

---

[54] 耿雲志著《胡適年譜》（修訂本），第288頁。
[55] 曹伯言整理《胡適日記全編》第7卷，第690頁。

12月16日，蔣介石請胡適吃飯。「我去時始知只有我一個客。他力勸我再去美國做大使。他的意思很誠懇，但我不敢答應，只允考慮。」

1947年12月17日是胡適的第56個生日，他於當天晚上給王世杰寫信，正式拒絕第二次出使美國。

1948年是國民黨施行憲政的大選之年。1月11日，胡適致信北平行轅主任李宗仁（德鄰）：

> 前天看報紙上記的先生願作副總統候選人的消息，我很高興。
>
> 從前我曾做《中國公學運動會歌》，其第一章說：
>
> 健兒們！大家上前！
>
> 只一人第一，
>
> 要個個爭先，
>
> 勝固可喜，
>
> 敗也欣然。
>
> 健兒們，大家向前！

按照胡適的說法，「只一人第一，要個個爭先」的意思，出自《新約・保羅遺箚》，他寫這封短信的用意，是要表示敬佩和贊成。[56]

1月14日，李宗仁回信說，儘管蔣主席當選的可能性很大，「我覺得先生也應本著『大家加入賽跑』的意義，來參加大總統的競選。此次是行憲後的第一屆大選，要多些人來參加，才能充

---

[56] 曹伯言整理《胡適日記全編》第7卷，第701頁。

分表現民主的精神……」[57]

3月29日，國民大會在南京開幕。3月30日，胡適在日記中寫道：

> 下午三點，王雪艇傳來蔣主席的話，使我感覺百分不安。
>
> 蔣公意欲宣佈他自己不競選總統，而提我為總統候選人。他自己願意做行政院長。
>
> 我承認這是一個很聰明，很偉大的見解，可以一新國內外的耳目。我也承認蔣公是很誠懇的。
>
> 他說：「請適之先生拿出勇氣來。」
>
> 但我實無此勇氣。[58]

沒有勇氣充當蔣介石提名的「總統候選人」的胡適，自然沒有勇氣像李宗仁所希望的那樣，當仁不讓並且正大光明地與蔣介石展開「法律面前人人平等」的公平競爭。他在《中國公學運動會歌》中寄希望於別人的「健兒們！大家上前，只一人第一，要個個爭先，勝固可喜，敗也欣然……」，一旦落實在自己身上，竟然變成葉公好龍式的空頭支票。

借用傅斯年的話說，就是胡適在蔣介石及其國民政府的公共權力方面，凡事「被動」而不夠「自動」或主動。由此也可以見出公開提倡「充分世界化」的「健全的個人主義」的胡適，在公共領域的法治民主和政制建設的限權憲政方面，一直不能夠充分

---

[57] 耿雲志著《胡適年譜》修訂本，第296頁。
[58] 曹伯言整理《胡適日記全編》第7卷，第707頁。

「健全」的現實困境。傅斯年當時在美國治病，要不然，他也許會直言不諱地批評勸導自己的老師胡適先生的。可悲的是，蔡元培、丁文江已經去世，除了傅斯年，偌大的一個學界竟然沒有第二個人能夠直言不諱地批評和勸導胡適。

1948年3月31日晚上，王世杰（雪艇）代蔣介石討要回信，胡適勉強表示「接受」，同時又表示說：

> 此是一個很偉大的意思，只可惜我沒有多大的自信力。故我說：第一，請他考慮更適當的人選。第二，如有困難，如有阻力，請他立即取消：「他對我完全沒有諾言的責任。」

4月1日，胡適再次反悔：「我今晚去看雪艇，告以我仔細想過，最後還是決定不幹。」還說什麼「昨天是責任心逼我接受。今天還是責任心逼我取消昨天的接受。」

4月4日，蔣介石在國民黨中央執行委員會臨時全會上聲明自己不參加總統競選，並提議國民黨應推舉一個無黨派人士為總統候選人。他說：「此人須具備五種條件：①守法，②有民主精神，③對中國文化有瞭解，④有民族思想，愛護國家，反對叛亂，⑤對世界局勢，國際關係，有明白的瞭解。」

據胡適在當天日記中介紹：「他始終沒有說出姓名，但在場與不在場的人大家都猜想是我。這會上、下午開了六點鐘，絕大多數人不瞭解，也不贊成蔣君的話。」[59]

---

[59] 曹伯言整理《胡適日記全編》第7卷，第708頁。

關於此事，羅家倫在1948年4月4日的日記中另有記載：

> 下午續開會，蔣先生自己提出彼不願競選總統，而主張讓與有下列五條件之社會賢達：（一）非國民黨員；（二）忠於憲法並忠於憲政；（三）有民主風度；（四）有國家民族思想，勇於為國奮鬥；（五）對中國文化歷史有深刻認識。意在適之先生。蔣先生話畢，全場默然良久，因許多人看風色也。我登臺說話，極力贊成，謂此舉蔣先生不但表現最高政治道德，且表現最高政略，本會當予贊成。吳稚暉先生亦有類似主張，但彼之無錫官話，懂者不多。鄒魯殺橫槍，叫道「誰贊成總裁任總統者起立！」於是大家起立，未起者僅吳老先生、蔣夫人與我三人。蔣先生複懇切發言，謂「不能重對餘之感情，而可當瞭解餘之政策」；又謂「像你們這樣攪下去，政府命運不能出兩年。」至沉痛。[60]

4月5日，羅家倫又在日記中夾敘夾議說，國民黨中常會為昨天的議案討論很久，到下午一點，說來說去還沒結論。「聞至傍晚蔣先生讓步，並托人告適之先生，謂彼之主張通不過，心中難過，恐對適之先生不起云云。（中午蔣曾分別接見元老）聞蔣先生讓步原因，乃因如彼不作總統候選人，則現在競選副總統者皆將提升一級，從事競選總統，彼之原來目的仍達不到。更見李（宗仁）態度之驕橫，遂犧牲原來主張也。好題目竟做出壞文章

---

[60] 智效民著《胡適和他的朋友們》，雲南人民出版社，2004年，第271頁。

來，可惜可惜。蔣先生眼光實高出他人，但其左右部屬不瞭解，亦多為自私也。」

胡適也在4月5日的日記中寫道：「我的事到今天下午才算『得救了』。兩點之前，雪艇來，代蔣公說明他的歉意。」

4月8日晚8時，胡適來到蔣介石官邸，只有他和蔣介石兩個人一起吃晚飯：

> 蔣公向我致歉意。他說，他的建議是他在牯嶺考慮的結果。不幸黨內沒有紀律，他的政策行不通。
>
> 我對他說，黨的最高幹部敢反對總裁的主張，這是好現狀，不是壞現狀。
>
> 他再三表示要我組織政黨，我對他說，我不配組黨。
>
> 我向他建議，國民黨最好分化作兩三個政黨。[61]

同一天，胡適應南京各大學校長吳貽芳、顧毓琇等人邀請，在金陵女子大學座談大學教育和中國出路問題。據4月20日的天津《大公報》報導，自稱是「不可救藥的樂觀主義者」的胡適，在國民黨軍隊已經處於明顯劣勢的情況下，依然主張中國的出路在於像抗日戰爭初期那樣「苦撐待變」，也就是等待美國及國際社會再一次出面援助蔣介石反共抗俄。[62]

1948年9月16日，胡適從北平乘坐飛機前往南京，參加23日開幕的中央研究院院士會議。29日，蔣介石在總統官邸請胡適、傅斯年吃飯。10月13日，胡適在日記中介紹說：

---

[61] 曹伯言整理《胡適日記全編》第7卷，第709頁。
[62] 耿雲志著《胡適年譜》修訂本，第300頁。

今晚離開南京。

我九月十六南飛，其時共產黨的大攻勢已開始。新幣制行了四個星期，還沒有呈現大失敗的情形。

九月廿三，濟南陷落了，人心為之大震動。但我廿九見總統，他還說幣制是大成功，收到了一億四千萬美金價值的金銀外匯，殊不知此一億四千萬須用五億六千萬金元去換取，此即新政策崩潰之一大原因。[63]

10月22日，在南方各地巡遊36天的胡適乘飛機回到北平。在此期間，國民黨軍隊在東北和華北戰場連遭敗績，再加上政府推行的幣制改革遭受挫折，整個社會已經陷入混亂之中。

10月28日晚上，蔣介石約請又一次南下的胡適吃飯。在一個多小時的談話中，胡適直截了當提出十條意見。其中包括「決不是一個人所能對付，必須建立一個真正可靠的參謀部」；「必須認錯，必須虛心」；「美國援助是不容易運用的，也須有虛心作基礎」；「國軍紀律之壞是我回國後最傷心的事」；「『經濟財政改革』案實有大錯誤，不可不早早救正」等等。按照胡適日記的說法，「都是很逆耳的話，但他很和氣的聽受」。[64]

1948年11月20日，胡適應華北「剿總」司令部邀請發表主題演講《國際形勢的觀察》，由「剿總」司令傅作義親自主持。胡適談到當前的內戰是世界上兩種生活方式的鬥爭的一部分。他所謂的兩種生活方式，是指西方的自由、民主、平等與蘇聯式的集

---

[63] 曹伯言整理《胡適日記全編》第7卷，第719頁。
[64] 曹伯言整理《胡適日記全編》第7卷，第722-723頁。

權、恐怖、殘忍。接下來，他依然像十多年前宣傳抗日戰爭時那樣，再一次鼓吹「和比戰難」、「苦撐待變」的論調，自欺欺人地把整個國家興衰存亡的賭注，押在已經不願意支持蔣介石政權的美國人身上，說是國民黨的內戰就是為保衛自由民主的生活方式，這一鬥爭能夠得到美國的支持。他自己決不離開北平，北平丟不了，華北丟不了。「世界要變，一定是朝著於我們有利的方面來變。」[65]

行文至此，倒是可以質問一下一直提倡「充分世界化」的胡適先生：假如中國社會的前途命運當真掌握在美國人手裡的話，為什麼不在抗日戰爭時期尤其是蔣介石排擠驅逐史迪威將軍的時候，就誠實認真、正大光明地告訴全世界：蔣介石確實應該把中國軍隊的指揮權和中國社會的主導權移交給更加強大也更加文明的美國政府及其軍隊呢？假如蔣介石當真能夠接受「西方的自由、民主、平等」的文明理念的話，他自然應該主動交權接受唯一能夠與蘇聯抗衡的世界第一強國的指揮和督導，尤其是借助於美國強大而文明的綜合國力順勢實現軍隊國家化、國家憲政化吧？假如蔣介石及其國民政府當真能夠不再一人獨裁、一黨訓政的話，應該不會在短時間內既失掉本國民眾的民意支持又失掉美國方面的強力援助吧?!

1948年11月22日，胡適在日記中寫道：「陶希聖從南京來，奉有使命來看我。可惜我沒有力量接受這個使命。」

這裡所說的使命，就是敗局已定、大勢已去的蔣介石，有意讓胡適接任翁文灝的行政院長一職。

---

[65] 耿雲志著《胡適年譜》修訂本，第306頁。

11月24日，行政院長翁文灝正式辭職。11月26日，胡適在日記中寫道：

> 鄭毅生說，他意想中的人才內閣是這樣的：黨人少要，舊閣員少要，不必一定是內行，必須有聲望、有識見、有擔當。
>
> 行政院副院長　　傅斯年
> 內政　　　　　　童冠賢　朱騮先　周鯁生
> 外交　　　　　　王雪艇
> 國防　　　　　　俞大維
> 財政　　　　　　k.p.Chen, T.F.Tsiang
> 教育　　　　　　杭立武？
> …………[66]

由此可知，胡適和他的身邊人對於行政院長的職位還是有所動心的。胡適在日記裡其實是藉著鄭天挺（毅生）之口，說出了自己心目中的內閣人選，其中大都是與他私交極好的英美派人士。

遺憾的是，胡適一直缺乏臨門一腳的行動能力和責任擔當。從另一個角度看，即使胡適有此能力和擔當，根深蒂固地仇視抵制美國文明的蔣介石，也是不會全盤接受如此「充分世界化」的內閣人選的。

1948年12月4日，北大校方公宴錢端升。在國民黨政府敗局已定的情況下，胡適在宴會上表示：「我過了十二月十七日（五

---

[66] 曹伯言整理《胡適日記全編》第7卷，第726-726頁。

十周年紀念日），我想到政府所在地去做點有用的工作，不想再做校長了。不做校長時，我也決不做《哲學史》或《水經注》！至於我能做什麼，我自己也不知道。」

12月15日，北平城區已經陷入中共軍隊的重重包圍之中，胡適夫婦被蔣介石親自安排的專機從北平南苑機場接到南京。胡適於11月20日公開承諾的「決不離開北平」，轉眼之間就變成自欺欺人的一句空話。

1948年12月17日是北京大學的50周年校慶，又是胡適的58歲生日。胡適在南京中央研究院禮堂主持北大同學會的「北大五十校慶大會」，朱家驊、蔣夢麟、傅斯年、陳雪屏等人出席。胡適致辭時泣不成聲地表白說，自己「不能與多災多難之學校同度艱危，……乃一不名譽之逃兵。」[67]

當天晚上，蔣介石夫婦在官邸設晚宴招待胡適夫婦，儘管胡適對此十分感動，但是當中國公學的老學生、時任朱家驊秘書的胡頌平勸他「替政府再做些外援的工作」時，他還是很不高興地表示說：「這樣的國家，這樣的政府，我怎樣抬得起頭來向外人說話！」[68]

1949年1月1日，胡適在日記中寫道：「南京做『逃兵』，做難民，已十七日了！」

當時的南京城區盛行主和的議論，只有胡適、王世杰、傅斯年、雷震、杭立武一派人認為國民黨已經沒有談和的條件，胡適更是再一次搬出1937年前後對付日本人的「和比戰難，苦撐待

---

[67] 《北大又面臨災難，胡適自認「逃兵」》，《申報》，1948年12月18日，第2版。
[68] 胡頌平編著《胡適之先生年譜長編初稿》第6冊，臺北聯經出版事業公司，1984年，第2065頁。

變」的主張，把最後的一點希望像賭徒押寶一樣寄託在來自美國的援助方面。

1949年1月8日晚上，胡適到蔣介石的總統官邸參加晚宴：「蔣公今夜仍勸我去美國。他說：『我不要你做大使，也不要你負什麼使命。例如爭取美援，不要你去做。我止要你出去看看。』」[69]

這是胡適與蔣介石在離開大陸之前的最後一次會面。1月21日，胡適夫人江冬秀與傅斯年夫人俞大彩同船前往臺灣。

同樣是在1949年1月21日，蔣介石發表引退聲明，於當天下午離開南京返回奉化老家。而在事實上，一直在經營蔣家王朝家天下的蔣介石，即使在引退下野之後，也牢牢掌控著國民政府最大份額的權力資源，由副總統代行總統職權的李宗仁，始終沒有成為名副其實的民國總統。

1949年3月，胡適和王世杰、雷震、杭立武、傅斯年、許孝炎、俞大維等人發起成立「自由中國大同盟」並籌辦《自由中國》雜誌，希望號召信仰民主自由的人士共同反共，阻止李宗仁政府走向投降之路。

1949年4月6日，胡適聽從蔣介石的建議，從上海乘坐克利夫蘭總統號輪船赴美。這是他第六次也是最後一次離開中國大陸，從此再也沒有回來過。

在跨越太平洋的輪船之上，胡適寫作了兩篇著名文章，其一是《〈自由中國〉的宗旨》，其二是《〈陳獨秀的最後見解〉序言》。

---

[69] 曹伯言整理《胡適日記全編》第7卷，第732頁。

第二章
胡適的自由中國與
蔣介石的蔣家王朝

　　離開大陸流亡美國的胡適，幾乎所有的精神希望都寄託給了以偏安臺灣孤島的蔣介石政府為現實載體的「自由中國」。他一直致力於為寄託著「自由中國」之理想追求的蔣介石政府提供輿論支持。蔣介石、蔣經國父子為了鐵腕推行蔣家王朝家天下的專制獨裁，卻針對以胡適為標杆的親美西化之人士，實施了一輪又一輪的政治清算。

第一節　胡適流亡美國的外交努力

　　按照胡適後來的說法，他於1949年4月21日抵達美國三藩市，船還沒有進港，美國新聞記者多人已坐小汽輪到大船上來了。他們手裡拿著早報，頭條的大字新聞是「中國和談破裂了，紅軍過江了！」這些記者要胡適發表意見，胡適表態說，「我願意用我道義力量來支持蔣介石先生的政府。」[1]

---

[1]　胡適日記1960年11月18日，曹伯言整理《胡適日記全編》第8卷，合肥：安徽教育出版社，2001年，第725頁。另見《胡適全集》第34卷，安徽教育出版社，2003年，第678頁。

1949年4月27日，胡適抵達紐約，入住他1942年卸任大使後曾經住過的東81街104號公寓。

4月27日當天，國民政府常駐聯合國代表蔣廷黻，在日記中記錄了胡適和他的初步交流：

> 胡適說去年8月的金圓券改革造成人民對政府的怨恨，軍事失利使蔣介石的威信降到零。但是，蔣仍是堅決反共……胡適認為政府應該、而且可以守住長江。他很驚訝政府居然匆匆撤退了。他對司徒雷登、孫科、張群評價很低。張群想結合日本。
>
> 我鼓勵他在美國要有積極的作為，領導一個新的社會主義政黨。他對社會主義沒興趣，而且認為他沒有領導政黨的才性。他鼓勵我自己組黨。這我當然不能做。[2]

5月1日，胡適前往華盛頓，一連兩天和熱心支持國民黨政府的前美國國務院官員洪北克晤談。

5月2日，胡適在國民政府駐美國大使館和顧維鈞（少川）大使等一起晚餐。

5月3日，蔣廷黻在日記中談到胡適：「晚上與胡適長談。他從華盛頓帶回一個給蔣的有關美援的電稿。我建議下列的修訂：一，美國的情況好壞參半，既有贊成也有反對援助的；二、中國應該：甲）在長江以南促進團結。乙）新人、新政策。丙）定下一個必須死守的區域。胡適同意。」[3]

---

[2] 引自江勇振著《舍我其誰：胡適（第四部）國師策士1932－1962》，臺灣聯經出版事業股份有限公司，2018年2月，第552頁。

[3] 引自江勇振著《舍我其誰：胡適（第四部）國師策士1932－1962》，第554頁。

5月5日，蔣廷黻介紹說：

> 胡適草擬了一個有關美援的電報給蔣、李【宗仁】、
> 何【應欽】。他的序言完全符合我的想法：美國的情況好
> 壞參半。他的建議跟我的想法完全相同，只是把蔣擺在第
> 一，而且特別強調。張彭春、劉師舜都同意。這將會是一
> 個聯名的電報：大使館、聯合國代表團，加上胡適和於
> 斌。江易生建議我應該勸孔祥熙也打一通類似的電報。[4]

5月6日，胡適在日記中寫道：「于斌、曾琦諸人發二電：一
致李德公；一致蔣介石，邀我列名。」[5]

關於這份電稿，胡適在5月11日寫給蔣介石的密信中解釋
說：「5月6日顧大使曾有長電（魚電）敘述此邦對我國的態度。
此電由大使館起草，後來由我完全重寫，經列名諸公審查後始發
出，想已蒙鑒察。」

胡適的這封長篇密信，是住在「二戰」期間接任史迪威的中
國戰區統帥部參謀長的魏德邁將軍的華盛頓家中寫下的，並且專
門委託李大為上校帶給了蔣介石。其中寫道：

> 昨晚二次到美京。即住宿魏德邁（A.C.Wedemeyer）
> 將軍家中，深談到半夜始就寢。魏將軍有信上總統。其大
> 致內容，我聽他說過，但全文不曾得讀。……
> 最後，我很嚴重的對魏將軍說：臺灣只有七百萬人

---

4 引自江勇振著《舍我其誰：胡適（第四部）國師策士1932－1962》，第561頁。
5 曹伯言整理《胡適日記全編》第7卷，安徽教育出版社，2001年，第760頁。

口。臺灣的工業又不是可以獨立自給的經濟基礎。臺灣是不夠做我們復興的基地的。我們必須在大陸上撐住一個自由中國的規模，維持一個世界承認的正式政府。

關於先生的出處，我們昨夜也曾談過。因為魏將軍是敬愛先生的人，故他盼望先生將來仍能領導中國。但他也質直的承認先生為親戚所累，為一群矮人所累，以至今日在此邦人的心目中聲望已大低落。

魏將軍說話很爽直。他很老實的批評我國的重要將領實在多不懂得軍事。他很推重孫立人、俞大維。他說：「孫立人是今日唯一可用的將才；陳誠將軍是有操守的好人，但他的軍事知識很有限。」（我報告這種話，也是要先生知道一個美國朋友的見地，想先生不見怪。）

他重複申說臺灣必須用文人做主席。據說他上先生信中也有此種建議。[6]

遠在美國的胡適並不知道，當時的蔣介石置整個國家的安危於不顧，正在致力於針對李宗仁代總統的中華民國政府大肆進行釜底抽薪的全面拆臺。

1949年1月21日，蔣介石發表引退聲明，由副總統李宗仁代行總統職權，並且於當天下午離開南京返回他的奉化老家。緊接著，他就安排蔣經國在浙江舟山建築機場，以便把自己的嫡系軍隊以及幾乎所有的黃金和外匯儲備撤往臺灣。依據美國方面的情報，蔣經

6　引自江勇振著《舍我其誰：胡適（第四部）國師策士1932－1962》，第561-563頁。江勇振的注解是：「胡適電蔣介石，1949年5月11日，『國史館：蔣中正總統文物』，002-020400-00028-113。」

國從上海各大銀行的金庫裡面搶運到臺灣的金銀財物的價值，在3億美金左右，大致相當於今天的50億美金。同年2月，李宗仁要求湯恩伯調派他的40萬大軍守衛長江，湯恩伯表示拒絕，理由是蔣介石要他駐守上海。4月26日，蔣介石最後一次來到上海，於第二天發表《和平絕望奮鬥到底》的文告，說是「際此憂危震撼之時，中正重申決心，誓與我全國同胞，共患難，同生死。」但是，蔣介石此行的主要目的，卻偏偏是督導湯恩伯的軍隊撤往舟山和臺灣。5月7日，蔣介石乘坐軍艦離開上海，他在軍艦上眺望大海，說是「甚想專心建設臺灣為三民主義實現之省區也」。[7]

就在蔣介石已經決定放棄上海的1949年5月7日，胡適在接受「美聯社」國際新聞專欄作家麥肯齊採訪時，一廂情願想當然地表示說：「南京政府之所以會崩潰，完全是因為那種說美國已經愛莫能助的報導所造成的。這種報導在我國迅速地流傳著。你不能忘記我國至少有五萬個知識份子是在貴國受教育的（胡博士自己是康乃爾的畢業生以及許多美國大學的榮譽博士）。他們很自然地一直密切關注著美國。」[8]

5月24日，胡適再次來到華盛頓，與魏德邁將軍和「二戰」之後到中國調停國共關係的馬歇爾將軍分別會談。

5月28日，蔣介石給胡適寫下親筆密信：

> 適之先生：十一日手示誦悉。魏將軍長函亦同時接到。我國在此悲慘境地，而外國友人猶念舊不忘熱忱，愛

---

[7] 呂芳上主編《蔣中正先生年譜長編》，1949年5月7日。引自江勇振著《舍我其誰：胡適（第四部）國師策士1932－1962》，第564頁。

[8] 引自江勇振著《舍我其誰：胡適（第四部）國師策士1932－1962》，第558頁。

護如此，更覺慚惶萬分。此時所缺乏而急需於美者，不在物資，而在其精神與道義之聲援。故現時對美外交之重點，應特別注意於其不承認中共政權為第一要務。至於實際援助，則尚在其次也。對於進行方法，行政與立法兩途，不妨同時進行，但仍以行政為正途，且應以此為主務。望先生協助少川大使，多加工夫為盼。[9]

6月12日，新任行政院長閻錫山任命胡適為外交部長。

6月13日，胡適在日記中沒有寫一個字，只是粘貼了一篇閻錫山發表胡適為外交部長的英文報導。

按照江勇振的說法，「《胡適日記全集》編者的三個錯誤，誤導了讀者及胡迷。……由於該份英文剪報的標題被遮去了一個字，編者就摘擇大意，在當天的日記裡冠上了『馬歇爾向國民黨新政府提出兩條建議』。然後，在注解裡說這兩個建議為：一、由蔣介石領導一個新的『最高政策委員會』；二、由胡適出任外交部長。其實那剪報的標題雖然有一個字被遮住，並不難才出來，是『中國新政府』（A New Government in China）……那個『馬歇爾』也者，『閻將軍』（Marshall Yen）也！」[10]

6月14日，胡適在日記中寫道：

[9] 引自江勇振著《舍我其誰：胡適（第四部）國師策士1932－1962》，第563頁。另見黃克武：《胡適、蔣介石與1950年代「反共抗俄論」的形成——1949年後蔣介石與胡適在思想上的一段交涉》，耿雲志、宋廣波主編《胡適研究論叢》第2輯（紀念胡適先生誕辰120周年國際學術研討會專輯），社科文獻出版社，2012年，第68頁。

[10] 江勇振著《舍我其誰：胡適（第四部）國師策士1932－1962》，第565-566頁。參見曹伯言整理《胡適日記全編》第7卷，第774頁。

見廷黻兄，他說宋子文兄從歐洲回來，極力主張要我出來領導救國的事業，他願從旁力助。

我去看子文，途中忽發心臟病，……與子文談，果如T.F.【廷黻】所說。我猜想他在歐洲必見了Corcoran，受了他的影響，故作此幻想。[11]

Corcoran，即羅斯福生前的親信人物托馬斯・柯克朗（Thomas Corcoran）。胡適在5月7日的日記裡，留下過他的來訪記錄。

6月17日，蔣廷黻在日記中寫道：「中午12點到胡適的公寓。宋子文也去了。胡適告訴我們他和一些參議員的談話，以及他和魯斯克（Rusk）[Dean Rusk，時任副國務卿]、周以德（Judd）[Walter Judd，親蔣介石的明尼蘇達州共和黨眾議員]的談話。決定建議蔣介石、李宗仁、何應欽、白崇禧聯合發表一個宣言……晚上，起草宣言。」

6月18日，蔣廷黻接著寫道：「有關他辭去外交部長一事，他出示了他婉拒的電稿。他接著下按語說：一、雖然蔣請他不要拒絕，但他並沒有堅持要他接受。二、李宗仁連一個電報都沒有打。宋子文和我都極力地勸他先緩一緩。」[12]

同一天，胡適、蔣廷黻、宋子文聯名給他們的「介公總統」蔣介石發了密電，建議蔣介石約請相關方面之領袖人物，發表團結反共之宣言，說是「在共黨統治之下，國家絕不能獨立，個人更難自由，人民經濟生活亦絕無自由改進之希望。中國民族當前之危機為有史以來最大之危機。吾人有鑑於此，決定與共黨奮鬥到底。」

---

[11] 曹伯言整理《胡適日記全編》第7卷，第774-775頁。
[12] 江勇振著《舍我其誰：胡適（第四部）國師策士1932－1962》，第567-569頁。

蔣介石接到這個密電之後，立即轉交閻錫山等人邀請各界領袖人物簽名同意，並於1949年7月7日公開發佈。

1949年6月20日，蔣介石密電宋子文、胡適、蔣廷黻：「為轉移友邦態度、振奮人心計，內閣人望亦至重要。適之、廷黻兩先生最好能毅然返國入閣。現時各部人事盡可再行調整，以容納其他為美國朝野所信任之人士。如適之先生能充任副揆兼外長一席，或外長由廷黻兄專任，均極相宜。」[13]

6月21日，胡適向行政院長閻錫山電辭外交部長，說是「日夜自省，實無能力擔任此職。……適在此為國家辯冤白謗，私人地位實更有力量」。[14]

蔣廷黻在當天日記中，關於此事另有記錄：

> 中午十二點應宋子文之邀到他的住處。我比胡適早到了幾分鐘。宋子文給我看他給蔣的電報，建議任命胡適為行政院長、我為外交部長。等胡適到了以後，宋子文出示了蔣的回電。他要胡適和我立即回國，胡適當行政院副院長，我當外交部長。胡適回答說他已經回閻錫山電，拒絕了外交部長的職位。雖然用詞委婉，但明確拒絕了。
>
> 我於是試圖提出一個更大的藍圖：一個新的內閣。不知道什麼原因，今天的胡適比平時都特別的執拗和不可理喻（unreasonable）。……他突然間大發脾氣（burst out），

---

[13] 蔣介石電宋子文、胡適、蔣廷黻，1949年6月20日，「國史館：蔣中正總統文物」，002-020400-00031-059。引自江勇振著《舍我其誰：胡適（第四部）國師策士1932－1962》，第572頁。

[14] 曹伯言整理《胡適日記全編》第7卷，第778頁。

訴說他在華盛頓當大使的時候，宋子文對他的種種不是。[15]

6月22日晚上，胡適在紐約市政廳有一個演說，演說之後他匆匆趕到宋子文的公寓。據胡適日記記載：「Thomas Corcoran【柯克朗】自法國回來，在子文兄【處】見面，他力主張我出來擔任救國事業的領導工作。我早猜子文是受T.C.【柯克朗】的影響，T.F.【蔣廷黻】不信。今晚我聽T.C.的話，更恍然明白了。」

6月23日，蔣廷黻在日記中寫道：「與顧維鈞午餐，胡適是主客。顧維鈞用盡兩天他三寸不爛之舌試圖勸胡適出任行政院長。他強調時間的因素。胡適就是固執。我問他有其他人選嗎？他說王世杰、我、俞大維、蔣夢麟。我說：你在做違心之論。我後來告訴他說，所有他所提的那些人都會樂意當他的下屬。他還是固執著……」

6月23日當天，宋子文給蔣介石發出「梗」電，說是「廷黻兄與職商量，勸其（適之）就副院長職，留美一個月，與美政府洽商後，回國任行政院長。但不知國內情形許可此種佈置否？適之昨謂李代總統始終未來電邀就外長。堪注意。」

6月27日，蔣介石回復宋子文的「感」電說：「梗電悉。甚望適之先生能先回國，再商一切也。」

胡適是在6月29日看到宋子文的「梗」電和蔣介石的「感」電的。6月30日，胡適分別致電閻錫山（百川）和杭立武，堅辭外交部長一職，他同時還致電蔣介石，明確表示宋子文「梗」電中所說的事情，他「從未贊成，也決不贊成」。[16]

---

[15] 江勇振著《舍我其誰：胡適（第四部）國師策士1932－1962》，第573頁。
[16] 曹伯言整理《胡適日記全編》第7卷，第779-782頁。

這件事情的直接結果，是蔣介石從此拋棄了他的野心勃勃的小舅子宋子文。胡適雖然不打算久居美國，卻沒有應蔣介石的邀請共赴國難。1949年12月，蔣介石以及國民黨軍政機構撤離大陸敗退臺灣。

第二節　胡適對臺灣當局的輿論支持

抗日戰爭期間，美國總統羅斯福是熱心於援助蔣介石及其國民政府的。參議院外交委員會主席皮特曼甚至於公開宣稱：他個人的立場是支持中國政府，即使這個政府被趕到離開海岸線3000里外的山洞裡、政府僅剩下蔣介石一個人。[17]但是，當胡適再一次來到美國時，他的身分已經變成即將敗亡的中華民國之國民黨政府的流亡難民。美國社會對於國民黨政府以及胡適個人的態度，已經發生接近於180度的大逆轉。杜魯門總統和艾奇遜國務卿極其厭惡蔣介石以及國民黨政府，胡適所熟悉的美國著名學者、哥倫比亞大學教授傑瑟普和哈佛大學教授費正清，也主張放棄蔣介石政權。

1949年7月13日上午8點，胡適乘坐夜車抵達華盛頓的中國大使館。他此行的主要目的，是通過顧維鈞大使的安排去拜會即將發佈美國對華新政策的艾奇遜國務卿。令胡適難堪的是，艾奇遜拒絕與他見面。7月17日，蔣廷黻在日記裡介紹說：「跟胡適在電話上長談。他說他最近這次華盛頓之行非常挫折。見不成艾奇遜，只見到了三個將軍：馬歇爾、魏德邁、陳納德。答案都是否定的。」[18]

---

[17] 余英時著《重尋胡適歷程：胡適生平與思想再認識》，廣西師範大學出版社，2004年，第101頁。
[18] 江勇振著《舍我其誰：胡適（第四部）國師策士1932－1962》，第622頁。

1949年8月5日，美國國務院發表由傑瑟普負責主編的《中美關係白皮書》，以及艾奇遜國務卿為此事專門寫給杜魯門總統的公函，把中國大陸政權交替的主要原因，歸咎於蔣介石及國民黨政府的腐敗無能：

> 　　本書裡的文件詳細地說明了中國中央政府失敗的許多理由。這些理由都不能歸諸於美國援助的不夠。……事實是，我國的觀察員在戰爭初期在重慶所看到的腐化的現象，已經致命性地腐蝕了國民黨抵抗的力量。其領袖沒有能力處理他們所面對的危機，其軍隊失去作戰的意志，其政府失去人民的支持。相對地，共產黨以其冷峻的紀律與狂熱的激情，試圖展現他們是人民的保護者與解放者。[19]

　　白皮書的出版對於國民黨政權和代表國民黨政權在美國遊說的胡適、蔣廷黻等人來說，是一個沉重打擊。8月10日，蔣廷黻在日記裡寫道：「打電話給胡適。他說艾奇遜【呈遞杜魯門總統《白皮書》的說明公函】很薄弱。他正在讀，非常憤慨居然把李宗仁的密信也刊佈了。宋子文從華盛頓打電話來，他說希望胡適回寫一篇《白皮書》的批評。」[20]

　　作為國民政府派駐聯合國的首席代表，蔣廷黻一開始極力主張公開反駁《白皮書》，但是，他連續閱讀幾天之後，不得不對美國人的嚴謹公正表示敬意。1949年8月10日，蔣廷黻在日記中寫道：「昨晚讀了三個鐘頭的《白皮書》。今天早上有帶到辦公

---

[19] 引自江勇振著《舍我其誰：胡適（第四部）國師策士1932－1962》，第587-588頁。
[20] 江勇振著《舍我其誰：胡適（第四部）國師策士1932－1962》，第619頁。

室讀。我越讀，我越對這本書肅然起敬……」[21]

8月15日，蔣廷黻又在日記裡提到胡適：「下午，胡適和宋子文過來閒談。聽說司徒雷登在回到美國以後說很多人已經對共產黨開始失望──對電影裡的蔣介石拍手，對轟炸南京、上海表示歡迎。可是司徒雷登仍然幻想著，現在跟共產黨合作的自由分子，可能有機會占上風。……我也聽說艾奇遜已經認為胡適是無可救藥的了（written off），就像他已經不甩國民黨中國一樣。理由是胡適已經把自己賣給了蔣介石。這些消息最讓人氣餒。」[22]

1949年的國際社會總體上是以美國為首的自由、平等、民主、憲政的非暴力之文明社會，與以蘇聯為首的專門剝奪每一位個人的自由、平等、民主、憲政的基本權利的暴力共產社會之間的一場對決。在中國共產黨全面服從和依託於蘇聯老大哥的情況下，腐敗無能的國民黨政權僅有的選項和出路，就是撇開所謂戰勝國的虛假榮譽，像作為戰敗國的日本那樣，甘心情願、認真老實地接受以美國為首的國際社會的價值觀念和文明準則，並且在美國方面強有力的指揮督導之下儘快完成全方位的文明轉型和制度改造。換句話說，蔣介石及其國民黨政權走向失敗的主要原因，不僅僅是自身的腐敗無能，同時也是蔣介石以及包括胡適在內的追隨者，不肯老實認真地服輸認慫、洗心革面的心存僥倖。

一心替蔣介石政府護短狡辯的胡適，不肯認真反思他自己以及整個中國政府、中國社會、中國文化頑固拒絕最大限度地充分世界化的虛偽僥倖、軟弱無力、腐敗無能，反而在1950年4月3日寫給沈怡的書信中表白說：

[21] 江勇振著《舍我其誰：胡適（第四部）國師策士1932－1962》，第610頁。
[22] 江勇振著《舍我其誰：胡適（第四部）國師策士1932－1962》，第620頁。

> 我是有傲性的人，去年七月中旬在華府還見Marshall & Wedemeyer（馬歇爾和魏德邁）諸人，但自從八月五日《白皮書》公佈之後，我就整五個月沒有去華府。十二月中旬因事去一次，三月初又因開會去一次，都沒有去訪問政府中人，也沒有訪問國會中人。[23]

1949年8月5日《中美關係白皮書》發表之後，胡適有將近一年時間斷絕了與美國政府和國會兩黨的聯繫。到了1950年6月23日，隨著朝鮮半島局勢趨於緊張，美國副國務卿Dean Rusk主動約談胡適，胡適在當天日記中介紹說：

> 今天Dean Rusk（國務院次長）來紐約，約我去談，談了一點鐘。我對他說：「你們現在一定飄泊到一個世界大戰，但不要叫他做第三次世界大戰！這不過是第二次大戰的未完事件（unfinished business）！

另據美國中央情報局和魯斯克（Rusk）個人的檔案記載，魯斯克與胡適談話的主要內容，是勸說胡適出面領導反共親美人士以取代蔣介石主導的臺灣政權，胡適拒絕接受此項建議。[24]

按照江勇振的解釋，中國抗戰並沒有成功。打敗日本的是美國。這就是胡適在第二次世界大戰時所說的「苦撐待變」的意思，也是胡適在國民黨潰敗時所說的「苦撐待變」的真諦。等到

---

[23] 余英時著《重尋胡適歷程：胡適生平與思想再認識》，第105頁。
[24] 孫揚明：《魯斯克曾推銷兩個中國》、《魯斯克談孫立人事件》，紐約《世界日報》「世界週刊」，1995年1月8日。

胡適在1949年再度到美國為蔣介石做宣傳活動之後，他就不再用「苦撐待變」這個老掉牙的口號了，取代的是一個西方的俗諺：「上帝要毀滅一個人，就先叫他發瘋。」胡適這個新口號知道的人不多，但他在美國的幾個老朋友聽都聽煩了。到了1950年4月6日，蔣廷黻在日記裡抱怨說：「打電話給胡適。他就在等共產黨犯錯──他的老調。」[25]

1950年6月24日，也就是魯斯克約談胡適的第二天，胡適在日記中寫道：「大國務卿Acheson【艾奇遜】說，美國對臺灣的政策不改變！……變與不變，權不在Acheson，也不在Truman【杜魯門】。權在幾個瘋人手裡──在國際共產黨手裡！昨天我對Dean Rusk【魯斯克】說：『……你們政策的變與不變，全看這些無知瘋子發瘋不發瘋！』」[26]

1950年6月25日，朝鮮戰爭爆發。胡適在日記中寫道：

> 昨夜十二點，我偶然聽廣播，忽然聽說：「北韓大舉進攻南韓，並且宣戰了！」
> 我歎了一口氣，果然不出我所料，瘋子果然發瘋了。
> 這不是第三次世界大戰！這不過是第二次大戰的未了事件（unfinished business）而已！[27]

早在1934年12月30日出版的《獨立評論》第133號裡，胡適曾經在《答丁在君先生論民主與獨裁》一文中針對丁文江像打賭

---

[25] 江勇振著《舍我其誰：胡適（第四部）國師策士1932－1962》，第702頁。
[26] 引自江勇振著《舍我其誰：胡適（第四部）國師策士1932－1962》，第702頁。
[27] 曹伯言整理《胡適日記全編》第8卷，第41頁。

押寶一樣把國家民族的前途命運寄託於明君清官之好人政府痛加批駁。15年過去，流亡海外一籌莫展的胡適自己，竟然洋洋得意地把猜謎打卦、打賭押寶式的愛國救國，全部寄託在了敵對一方的國際共產黨的發瘋犯錯之上。

1950年6月27日，美國總統杜魯門發表武力干涉朝鮮及中國臺灣的聲明，第七艦隊開始協防臺灣海峽，岌岌可危的蔣介石政權因此獲得安全保障。9月起，以美國為首的聯合國軍隊在朝鮮登陸，很快打到中朝邊境的鴨綠江邊。10月25日，「中國人民志願軍」赴朝參戰。

1951年1月1日，胡適在日記裡寫道：「從國家和世界兩方面看，這一年中，變化真快。大致是有進步的變化。韓國的戰爭，是世界史的一大轉變。……中共的參戰，是第二轉機。」

胡適、蔣介石等人寄希望於以美國為首的聯合國軍隊，一鼓作氣打過鴨綠江直至打垮中國大陸連同蘇聯的共產政權。但是，現代工商契約及民主憲政社會依託納稅人的稅款而展開的國際戰爭，註定不是你死我活的零和遊戲，而是軍事打擊與外交談判相輔相成的適可而止。希望落空的胡適，在1951年1月13日的日記裡，只好進一步猜謎打卦、打賭押寶：

> 在張平群總領事家吃晚飯。游建文、鄭彥棻諸君說，今天U.N.【聯合國】通過了「Cease-Fire」【停火】的條件，這是最大的讓步，中共必然接受，接受了「Cease-Fire」，U.N.的代表地位，臺灣的問題，都全斷送了。
>
> 我勸大家不要悲觀。我說，「我們的敵人一定會出力幫我們的忙。這幾年來，敵人幫忙，比我們的朋友們幫

忙大的多。今日之事，不會是例外。我看中共不會接受
的。」[28]

　　事實上，中共政權以及背後的蘇聯老大哥，在國家實力和
戰爭技術的比拼方面，從來都是非常理性的。在國家實力和戰爭
技術方面明顯處於劣勢的中共政權，很快就接受了聯合國通過的
停火條件，無能無力的胡適，關於國際形勢的猜謎打卦、打賭押
寶，繼國共戰爭之後再一次失算落空。
　　流亡美國的胡適，一直致力於為寄託著他的「自由中國」
之理想的蔣介石臺灣政府提供輿論支撐。其中最具代表性的，
是他從1950年7月初開始花費40天時間寫成的英文論文「How
Stalin's Strategy of Conquest Succeeds in China after 25 Years' Chinese
Resistance」（《史達林的侵略策略如何在中國抵抗了25年之
後成功》）。胡適將此文交給美國的《外交事務》（Foreign
Affairs），該刊編輯阿姆斯壯（Hamilton Fish Armstrong）建議將
篇名更改為「China in Stalin's Grant Strategy」，刊登於1950年9月19
日出版的第29卷第1期。
　　在該文刊出前的1950年9月6日，胡適給臺灣大學校長傅斯年
及夫人俞大彩寫信說：

　　　　夏間發憤寫了一篇長文給Foreign Affairs十月號發表，
　　　題為「China in Stalin's Grand Strategy」，主旨是要人知道中
　　　國的崩潰不是像Acheson等人說的毛澤東從山洞裡出來，

蔣介石的軍隊就不戰而潰了。我要人知道這是經過廿五年苦鬥以後的失敗。……我要人知道在這廿五年的鬥爭裡，最初二十多年處處是共產黨失敗，蔣介石勝利。第一個大轉折是西安事變，……保全了紅軍，並且給紅軍無限的發展機會。第二個大轉折是耶爾達（Yalta），史達林騙了羅斯福，搶得滿洲、朝鮮。[29]

1951年5月31日，胡適托教育部長杭立武轉交給蔣介石一封長信，信中懇請蔣氏仔細閱讀這篇文章：

此文臺北《中央日報》曾譯出，頗多譯錯之處。後由《自由中國》社重譯，登在《自由中國》第三卷第十期，錯誤較少，比較可讀，但也不能完全滿意。但我盼望此文能得我公一讀，倘蒙指示錯誤，使我有修正的機會，我就很感覺榮幸了。重要的一點是此文用意在為世界人士敘述這廿五年的國共鬥爭史……[30]

胡適認為，除了國際局勢之外，國民黨的「聯俄容共政策」也要為中共坐大負責。胡適建議蔣介石及其身邊的重要人物在仔細整理國民黨的歷史資料、研讀中共重要文獻之外，還要做到：一、研究史達林論中國革命之書籍，以瞭解他是「在幕後發縱指

---

[29] 耿雲志、歐陽哲生編《胡適書信集》下冊，北京大學出版社，1996年，第1197頁。

[30] 黃克武：《胡適、蔣介石與1950年代「反共抗俄論」的形成——1949年後蔣介石與胡適在思想上的一段交涉》，耿雲志、宋廣波主編《胡適研究論叢》第2輯（紀念胡適先生誕辰120周年國際學術研討會專輯），社科文獻出版社，2012年，第71-72頁。

示的陰謀家」；二、研究毛澤東的戰略如何受到史達林影響；三、研究克勞塞維茨（Carl vonClausewitz，1780-1831）的《戰爭論》（vom Kriege）及其對蘇俄及中共軍隊的影響。

最後，胡適談到關於總統、副總統問題的憲法補救辦法，再一次建議「國民黨自由分化，分成幾個獨立的新政黨」，首要之事乃「蔣先生先辭去國民黨總裁」。立法院現行的「無記名表決」，必須修改為「唱名表決」。[31]

據胡適1951年10月11日的日記記載，蔣介石看了這篇文章之後，於9月23日回信說：「中以為此乃近年來揭發蘇聯對華陰謀第一篇之文章，有助於全世界人士對我國之認識非鮮，豈啻敘史翔實謹嚴而已。」說是已經指示張其昀（曉峰）從事黨史編纂工作。

蔣介石的親筆書信是由查良鑒（字方季）、周宏濤二人從臺北帶到美國的，其中對於胡適所談到的民主憲政問題，蔣介石只是輕描淡寫地一筆帶過：「尊函所言憲法問題、黨派問題，以及……瞭解敵人等問題，均為目前急務，然非面談不能盡道其詳，故望駕回之心更切也。」[32]

1951年10月12日，胡適在日記中補充說；「據周君說，關於憲法問題，已有一個委員會，研究辦法。委員會有王亮疇、王雪艇、張其昀諸人。黨派問題，我的見解似不是國民黨人所能瞭解，似未有進展。」

按照臺灣學者黃克武的說法，1956年蔣介石主導撰寫《蘇俄在

---

[31] 胡適致蔣介石，1951年5月31日，國史館·蔣中正總統文物，0020-802-0062-2001。引自江勇振著《舍我其誰：胡適（第四部）國師策士1932－1962》，第759-760頁。參見曹伯言整理《胡適日記全編》第8冊，第124頁。
[32] 曹伯言整理《胡適日記全編》第8冊，第142-143頁。

中國》時，更加細緻地闡述了蘇俄對華之企圖，文中多處引用克勞塞維茨的《戰爭論》，這些觀點都與胡適的想法是一致的。蔣介石於1957年邀約胡適返台擔任中央研究院院長，一個很重要原因就是兩人自1949年以來在反共抗俄論上的共識。蔣介石刻意回避胡適所提到民主化議題，又為兩人後來的緊張關係埋下伏筆。[33]

1952年，英國牛津大學邀請胡適出任東方哲學與宗教講座教授，胡適鑒於英國已經承認大陸方面的中華人民共和國，便請外交部長葉公超徵求蔣介石意見，因蔣介石不予贊成而表示拒絕。

1952年9月14日，胡適給蔣介石寫了八頁長信，對即將召開的國民黨「七全大會」提出建議：希望蔣介石及國民黨要表明「民主政治必須建立在多個政黨並立的基礎」之上；「國民黨應廢止總裁制」；「國民黨可以自由分化，成為獨立的幾個黨」；「國民黨誠心培植言論自由。言論自由不是憲法上的一句空話，必須由政府與當國的黨明白表示願意容忍一切具體的政策批評，並須表示，無論是孫中山、蔣介石，無論是三民主義、五權憲法，都可以作批評的對象。……今日憲法的種種弊病，都由於國民黨當日不容許我們批評孫中山的幾個政治主張，例如國民大會制，五權憲法。」他還要求蔣介石公開罪己，「罪己的話不可單說給黨員聽，要說給全台人民聽，給大陸上人民聽。」[34]

蔣介石收信後沒有任何回應，國民黨「七全大會」自然不會考慮這方面的議題。直到1961年6月13日，剛剛因為治療心臟病出院休養的晚年胡適，早餐時看到報紙上刊登有陳誠副總統署名

[33] 黃克武：《胡適、蔣介石與1950年代「反共抗俄論」的形成——1949年後蔣介石與胡適在思想上的一段交涉》，耿雲志、宋廣波主編《胡適研究論叢》第2輯（紀念胡適先生誕辰120周年國際學術研討會專輯），第73-75頁。
[34] 曹伯言整理《胡適日記全編》第8冊，第249-251頁。

發給參加陽明山第一次會談人士的邀請書，其中有「政府自遷台以來，以待罪之心情，作贖罪之努力」一句話，便對陪伴在身邊的秘書胡頌平感慨說：「我們好久沒有聽到政府能說這種話了。在南京快要撤退之前，那時總統還沒有引退，聽說有人勸他下個像從前『罪己詔』一類的文告，不曾被他接受。我過去也曾勸過總統，他總覺得大陸的淪陷不是他的罪過，他是不能接受我的勸告的。」[35]

第三節　胡適對《自由中國》的鼎力維護

1949年4月14日，胡適在輪船上為擬議中的《自由中國》雜誌寫成發刊詞「《自由中國》的宗旨」，其中寫道：

> 我們在今天，眼看見共產黨的武力踏到的地方，立刻就罩下了一層十分嚴密的鐵幕。在那鐵幕底下，報紙完全沒有新聞，言論完全失去自由，其他的人民基本自由更無法存在。這是古代專制帝王不敢行的最澈底的愚民政制，這正是國際共產主義有計劃的鐵幕恐怖。我們實在不忍坐視這種可怕的鐵幕普遍到全中國。因此，我們發起這個結合，作為「自由中國」運動的一個起點。

4月16日，胡適給杭立武、王世杰、雷震三人寫信，通報了草擬「《自由中國》的宗旨」的情況：

---

[35] 胡頌平著《胡適先生晚年談話錄》，中華書局，2016年，第166頁。

「宗旨」寫了幾次，都寫不成。最後有一篇短的，十分不滿意。千萬請你們與（崔）書琴、（張）佛泉、（毛）子水諸君仔細斟酌，最好是完全重寫過。……若發表「宗旨」定稿，請不要具名。

請不要忘了傅孟真（斯年）是作文章的大好手。[36]

關於《自由中國》的創辦，杭立武回憶說，1949年他在上海「一面搶救物資，一面計畫反共」，首先想到辦一雜誌。當他與胡適商談時，胡適主張用「自由中國」作為刊名。就在這個時候，代理總統李宗仁和行政院長何應欽改組行政院，向胡適、梅貽琦徵詢教育部長人選，兩個人強力推薦杭立武出任這一職務。杭立武就任教育部長後，「隨即來至臺北，召集第一次會議，當場決定籌辦兩個雜誌，一為《自由中國》，並指定雷震先生為主編；一為《反攻》，並指定臧啟芳先生為主編，並決定兩份雜誌經費由教育部補助三年。」[37]

胡適、王世杰、杭立武、傅斯年、雷震、俞大維等人發起成立自由中國大同盟並籌辦《自由中國》雜誌，是1949年3月的事情。4月初，雷震赴浙江慈溪會見辭職下野的蔣介石，得到蔣介石的認同。4月11日，返回上海任京滬杭警備司令部顧問的雷震，和夫人宋英一起向老友湯恩伯提出籌措5000美金的要求，湯恩伯當即提供一部吉普車。1949年10月19日，雷震由廈門來到

36 萬麗鵑編注、潘光哲校閱《萬山不許一溪流──胡適雷震來往書信選集》，臺北中央研究院近代史研究所，2001年，第1-3頁。
37 李又寧主編《回憶胡適之先生文集》第2集，紐約天外出版社，1997年，第177頁。

臺北，正式啟動《自由中國》的籌備事宜。10月23日，教育部長杭立武答應每月提供500美金。10月26日，雷震、傅斯年、陳雪屏、毛子水、王聿修、張佛泉等人在聚餐時商議，預定先出兩期，預算為5000新臺幣，「教育部」3000，「空軍總司令部」1000，剩餘1000由雷震負責籌措。

1949年11月20日，《自由中國》雜誌在臺北創刊，除了刊登胡適撰寫的發刊詞之外，還發表有他的《民主與極權的衝突》。創刊號的版權頁上還把胡適列為發行人。

1950年1月9日，胡適給《自由中國》的實際主持者雷震寫信說：「我最不高興的是你用我的姓名為『發行人』。這是作偽，……我想請你老兄考慮，另請一人為發行人。」[38]

話雖這麼說，胡適對於《自由中國》雜誌還是鼎力維護的。對於胡適來說，《自由中國》發刊宗旨中的第一條——「我們要向全國國民宣傳自由與民主的真實價值，並且要督促政府（各級的政府），切實改革政治經濟，努力建立自由民主的社會。」——就是他為理想中的「自由中國」奉獻其公共忠誠的第一準則。晚年胡適幾乎所有的公共表達，都是圍繞這一宗旨的。

1950年2月1日，胡適在《自由中國》2卷3期發表《共產黨統治下決沒有自由——跋所謂〈陳垣給胡適的一封公開信〉》，反復強調中國大陸「決沒有言論的自由，也沒有不說話的自由」。

3月1日，蔣介石在臺北舉行儀式「複任總統」，胡適和中國青年黨黨魁曾琦聯名致電蔣介石，對其「複任總統」表示祝賀。

3月31日，蔣介石續聘胡適為總統府資政。

---

[38] 耿雲志著《胡適年譜》修訂本，福建教育出版社，2012年，第312頁。

同年6月9日，江冬秀從臺灣抵達紐約。胡適當天給沈怡寫信，感謝他們夫婦幫助照顧江冬秀。他在信中表白說，出國13個月，「很想對國家的困厄與世界的危機，得一個自己認為比較滿意的解釋」，他為此得出的結論是：

> 　　這十幾年中，止有國際共產黨大致知道他們的目的與步驟，止有他們比較的明白他們所謂戰略與策略。此外，所謂大國領袖，所謂大政治家，都不免古人所謂「盲人騎瞎馬，夜半臨深池」。[39]

　　姑且不論「所謂大國領袖，所謂大政治家」有沒有「盲人騎瞎馬，夜半臨深池」，以極少數知識精英自居的胡適，尤其是他主編《獨立評論》期間的好朋友丁文江、翁文灝、錢昌照、錢端升、吳景超、蔣廷黻等人，在幾乎完全不知道國際共產主義運動的「目的與步驟」、「戰略與策略」的情況下，那麼癡情、那麼投入、那麼一廂情願地美化神往蘇聯的社會主義建設，並且一度傾向於推動蔣介石實施所謂「新式的獨裁」，確實是可以用「盲人騎瞎馬，夜半臨深池」來加以形容的。

　　1951年6月，《自由中國》第4卷第11期刊登夏道平執筆的社論《政府不可誘民入罪》，針對政府金融管制引發情治人員釣魚執法的貪汙案件提出嚴厲批評，這是《自由中國》第一次觸怒臺灣當局，其結果導致軍方停止訂閱雜誌。出刊第三天，情治人員闖入雜誌社逮捕一名編輯，並留下三名特務予以監視。

---

[39] 耿雲志、歐陽哲生編《胡適書信集》下冊，第1196頁。

雷震為避免事態擴大，只好主動與多位黨政要員商討，王世杰建議再發一篇社論加以平衡，協助蔣介石主管宣傳工作的陶希聖也認為應緩和處理。於是，《自由中國》第4卷第12期以《再論經濟管制的措施》為題刊發社論，其觀點與金融管制當局的統一口徑基本一致。

遠在美國的胡適見到這兩期刊物後，於8月11日給雷震寫信，再一次請辭《自由中國》發行人：

> 《自由中國》不能有言論自由，不能有用負責態度批評實際政治【的自由】，這是臺灣政治的最大恥辱。我正式辭去「發行人」的銜名，一來是表示我一百分贊成「不可誘民入罪」的社論，二來是表示我對於這種「軍事機關」干涉言論自由的抗議。[40]

胡適的這封書信隨後在9月份的《自由中國》5卷5期公開發表，臺灣當局禁止這期刊物發行投寄。合眾社（United Press）得知這一消息後向全世界發出明碼電訊，迫使臺灣當局取消了這項禁令。

1951年9月11日，胡適為此事給《自由中國》雜誌社寫信，把批評的矛頭直接指向了蔣介石和陳誠：「《自由中國》不可沒有自由，不可沒有言論自由，總統與行政院長在這個國難時期，更應該切實鼓勵言論自由，使人民的苦痛，政府的毛病，都有上下周知的可能。」

---

[40] 耿雲志、歐陽哲生編《胡適書信集》下冊，第1208-1209頁。

9月14日，雷震在日記裡介紹說，胡適寫於8月11日的抗議信在《自由中國》5卷5期公開發表之後，蔣介石臺灣當局十分惱火，認為雷震有意造成胡適與政府的對立，要開除雷震的黨籍。時任行政院長的陳誠在王世杰、杭立武等人勸告之下，勉強給胡適寫了一封回信交給《自由中國》公開發表：

> 陳誠複適之函送到。前面加了一段，說系由本社探悉，而非陳辭修交來。有人不主張用此語。這明明是作偽。道平兄尤極反對。最後仍照登而將小評拆去。因丁憲薰數次來電話，務必要這樣做。據其意思，雪公中間甚為為難。原來陳誠不欲作此書，系受大家勸告而出此也。

9月19日，雷震在日記裡表示，《自由中國》之所以能繼續發行，其實是「今日欲停而不可得也」。

9月21日，雷震談到胡適9月11日來信詢問《自由中國》有沒有被扣，他為此感慨說：「真是一件難事。若把真實情形相告，不獨刺激他，也不會發得出去。若說謊話，我不願意。」

10月6日，杭立武、王世杰都勸雷震不要再寫文章了。杭立武聲淚俱下，勸告雷震不要再引起麻煩，一旦出現嚴重後果，他們不能幫忙。並且說「今日在臺灣即犧牲雷儆寰一人，於事無補」。晚上開編輯會時，決定今後多寫國際文章。「大家感到十分痛苦。夏道平兄竟不發一言」。[41]

陳誠寫給胡適的公開信，刊登在《自由中國》5卷6期。鑒於

---

[41] 《雷震日記》，1951年9月14-21日。引自江勇振著《舍我其誰：胡適（第四部）國師策士1932－1962》，第730-732頁。

胡適長期積累的國際性影響力，陳誠在為政府當局及軍事機關進行辯護的同時，也對流亡美國的胡適的「遠道諍言」表示「接受」。一場言論風波，就這樣在官民雙方各退一步的動態平衡中，得以暫時化解。[42]

第四節　胡適對臺灣孤島的首次訪問

1950年12月20日，與胡適關係最為密切的傅斯年積勞成疾，在臺灣大學校長任上去世，年僅55歲。胡適在當天日記中寫道：「這是中國最大的一個損失！」

1951年1月6日，胡適在寫給傅斯年遺孀俞大彩的悼念書信中表示說：

> 我每想起國內領袖人才的缺乏，想起世界人才的缺乏，不能不想到孟真的膽大心細，能做領袖，又能細心周密的辦事。真不可及！
>
> ……我們見面時，也常「抬槓子」，也常辯論，但若有人攻擊我，孟真一定挺身出來替我辯護。他常說：你們不配罵適之先生！意思是說，止有他自己配罵我。……可憐我現在真失掉我的Best critc and defender（最好的諍友和保護人）了。[43]

胡適在信中談到，臺灣當局有意要他接任臺灣大學校長的

---

[42] 耿雲志著《胡適年譜》修訂本，第317頁。
[43] 耿雲志、歐陽哲生編《胡適書信集》下冊，第1200-1201頁。

職務。「但我沒有孟真的才能，他那樣才大心細，尚不免以身殉校。我最不能辦事，又最討厭應付人，應付事，又有心臟病，必不能勝任這樣煩難的事，所以已堅決辭謝了。」

胡適當時專門給陳誠寫信，極力推薦教務長錢思亮繼任臺灣大學校長一職，為此還得罪了一些朋友，其中包括自視甚高卻又只會誇誇其談的臺灣大學教授兼《自由中國》撰稿編委殷海光。

1952年月11月19日，61歲的胡適應臺灣大學和臺灣師範大學的邀請赴台講學，這是他流亡美國之後第一次訪問處於高壓戒嚴狀態的臺灣，受到各屆人士的熱烈歡迎，蔣經國也代表蔣介石到機場迎接。當天晚上，胡適「晉謁蔣總統，並與總統共進晚餐。」

在此前的1952年11月12日，雷震在日記中記錄說，當時有蔣介石想讓胡適做「副總統」的消息。雷震對好友羅鴻詔說：「如果胡任了副總統，則渠歷史地位一定減低，因為他無鬥爭性格，非政治人物，而政治則是一種鬥爭性的東西。」在場的蔣勻田說：「我們對適之估價太高……他的妥協性最大。」雷震接著說，「對讀書人講民主，我也悲觀，他們太無自信。」羅鴻詔的說法是：「這些東西不是中國固有道德，他們信之不堅，所以不會殉道的。」[44]

把現代文明社會以人為本的個人自由、甲乙平等、法治民主、限權憲政的多元共和、相互妥協，偏狹地曲解為「鬥爭」甚至於「殉道」尤其是逼迫別人去殉道，只能說明雷震、羅鴻詔、蔣勻田等人的政治觀念，還停留中國社會前文明的公天下、

---

[44] 范泓著《風雨前行：雷震的一生》，廣西師範大學出版社，2004年，第165頁。

打天下、坐天下、平天下、家天下、私天下的怪圈魔咒和思想牢籠之中，而不能證明胡適的「妥協性」有什麼不恰當、不文明的地方。

1952年11月26日，胡適在《自由中國》雜誌三周年紀念茶會上發表演說，再一次要求辭去發行人名義。他熱情洋溢地讚揚雷震為民主自由而奮鬥，臺灣的人應該給他造個銅像，並且重申為該雜誌寫下的辦刊宗旨，說是「言論自由只在憲法上有那一條提到是不夠的，言論自由同別的自由一樣，還是要靠我們自己去爭取的，……如果我們不去爭取言論自由，縱使憲法賦予我們這種權利，我們也是不一定會得到的。」他為此希望「在朝的應該培養鼓勵合法的反對；在野的應該努力自己擔負起這個責任，為國家做諍臣，為政府做諍友。有這種精神才可以養成民主自由的風氣和習慣。」[45]

胡適所謂的「在朝……在野」、「諍臣……諍友」，明顯是前文明的君權專制社會的垃圾字眼，與嚴格意義上的「民主自由」是難以相容的。處於價值混亂之中而不自知，是胡適一生當中反復出現的一種怪異現象。儘管如此，利用一切機會爭取言論自由，進而宣揚美國式的充分世界化的自由、平等、民主、憲政的文明觀念，依然是胡適這次臺灣之行的重心所在。

11月30日，胡適在臺北總統府前可以容納將近一萬人的「三軍球場」演講《國際形勢與中國前途》，專門介紹了他的「全球性的戰略」：

---

[45] 耿雲志著《胡適年譜》修訂版，第320頁。

在對付國際共產的全球性戰爭中,自然要先保衛我們現有的自由領域,再去解放自由世界已被征服的原有領域。然後再去摧毀共產黨的老巢,解放蘇俄民族。這是戰略上的次序。……我舉一個比喻:蘇俄好比是國際間的綁匪,自由世界被失去的領域好比是肉票。單找到了肉票,而沒有逮捕綁匪,則肉票始終是危險的。……在這全球性的戰略中,自由世界一分子的我們,要盡最大的努力!自由世界勝利了,我們的大陸也就恢復了。我們國家的前途是光明的![46]

12月1日,胡適在臺北市編輯人協會上再次強調,言論自由是需要爭取的,應該把自由看得和空氣一樣重要。他還說,政府承認新聞獨立,扶持私人辦報,是獲得輿論支持的必由之路;報人說老實話,說公平說,不發表不負責任的高談闊論,是爭取言論自由的主要秘訣。

12月4日,胡適在立法院歡迎會上表示說:「民主政治最要緊的基礎,就是建立合法的批評政府,合法的反對政府,合法的制裁政府」的社會機制。[47]

12月12日上午,蔣介石邀請胡適到新竹檢閱軍隊,胡適在當天日記中介紹說:「參加檢閱的軍隊六萬多人,由於天氣關係,沒有見到空軍配合參加。受檢閱的部隊裝備都是新的,體格強健,精神很好,使我看了很高興。」

---

[46] 引自江勇振著《舍我其誰:胡適(第四部)國師策士1932－1962》,第707頁。

[47] 胡適:《對立法院的寄望──立法院歡迎會上講詞》,《胡適全集》第22卷,第762-769。

同一天，蔣介石在日記中寫道：「胡適來此遊覽，招待及聽取其報告，約談十五分時，乃寢。不料寢後竟未能安睡，直至今晨二時，服藥後亦不奏效，苦痛極矣。此乃為胡之言行或為美國近情所致乎？」

　　第二天即12月13日，蔣介石在日記中寫道：

> 　　十時，胡適之來談，先談臺灣政治與議會感想，彼對民主自由高調，又言我國必須與民主國家制度一致，方能並肩作戰，感情融洽，以國家生命全在於自由陣線之中。餘特斥之。彼不想第二次大戰民主陣線勝利，而我在民主陣線中犧牲最大，但最後仍要被賣亡國矣。此等書生之思想言行，安得不為共匪所侮辱殘殺。彼之今日猶得在台高唱無意識之自由，不自知其最難得之幸運，而竟忘其所以然也。同進午膳後別去。[48]

　　無論是中國被日本侵略，還是國民黨被共產黨打敗，最為直接的原因都是擁有最高權力的蔣介石既治國無能又不願意虛心學習和認真同化於現代文明社會法治民主、依法作為、各司其責、分權制衡的政治制度；而不是所謂的「被賣亡國」。沒有美國在1941年12月珍珠港事件之後的對日宣戰，蔣介石國民政府被日本軍隊打垮消滅，幾乎是毫無懸念的事情。即使是喪失大陸偏安於臺灣孤島之後，蔣介石及其追隨者所仰賴的依然是美國第七艦隊的巡航保護。用胡適的話說，蔣介石政權的唯一出路就是積極主

---

[48] 《蔣介石日記》手稿，1952年12月13日，斯坦福大學胡佛研究所檔案館藏。引自陳紅民、段智峰《差異何其大》，《近代史研究》2011年第2期，第20頁。

動地充分世界化，也就是「以國家生命全在於自由陣線之中」。蔣介石不肯正大光明地承認這一基本事實，反而在內心深處鬼鬼祟祟地維護其以帝王自居的蔣家王朝家天下，甚至於連「午膳」二字都是皇權時代的專用術語。

在12月13日的日記之後的「上星期反省錄」中，蔣介石另有「與胡適之談話二小時，不知彼有動與中否？」的設問，所透露出的更是他既要「作之君」又要「作之師」的自負傲慢。

1953年1月1日，胡適在「立監兩院制憲國大代表歡迎會」上，進一步解釋了他的「全球性的戰略」：

> 現在要緊的，在島上住了很久，不要養成小島氣派。要把氣派放大，眼光放廣一點。要看大陸，看世界……我承認自尊心是應該有的。不過在這個時候，我們應該老實不客氣的承認我們的前途聯繫在自由世界前途之上。單靠幾十萬軍隊、幾十萬黨員，想回大陸是不可能的。我們能夠努力，然後自由世界的力量，就是我們的力量。

江勇振在其《舍我其誰：胡適（第四部）國師策士1932－1962》中引用了胡適的上述言論，並且給出了這樣一段奇談怪論：

> 我們記得胡適在1950年《史達林戰略裡的中國》所分析的史達林的征服世界的大戰略。諷刺的是，胡適在兩年以後所提出的全球性的大戰略，只不過是反其道而行而已。所不同者，只是前者是以東風壓倒了西風，後者是以西風壓了東風。即使胡適及假「自由、民主」之名行之，

其以暴制暴之實則一。[49]

　　僅就朝鮮半島而論，在俄羅斯和中國大陸政府以及金日成、金正恩家族籠罩控制之下的殘暴邪惡的北韓社會，與美國及聯合國軍隊武力奪取並加以安全保障的現代工商契約及民主憲政的南韓社會，顯然不是江勇振雖說的「其以暴制暴之實則一」。被美國軍隊暴力征服並且加以現代化的文明改造的日本社會，與幾乎侵佔過周邊所有國家及其領土的前蘇聯，也同樣不是江勇振所謂的「其以暴制暴之實則一」。胡適所說的「對付國際共產的全球性戰爭」的「戰略上的次序」，雖然沒有在歷史進程中得到實證性的逐一兌現，通過長期冷戰終於掙脫前蘇聯的「國際共產主義」魔掌的東德、波蘭、匈牙利、捷克斯洛伐克、烏克蘭、白羅斯、越南、柬埔寨等國，並沒有長期陷入以暴制暴的惡性循環。江勇振不顧這些基本事實，把「其以暴制暴之實則一」的血腥罪名扣在胡適頭上，究竟是出於什麼樣的思維邏輯和價值標準呢?!

　　江勇振的《舍我其誰：胡適》一書的第一、二部，在饒佳榮和他的鐵葫蘆公司諸多同事的百般爭取之下，在大陸地區僥倖通過出版審查得以面世；其第三、四部在短時期內似乎再也沒有在大陸地區僥倖出版的可能性。在這種情況之下，江勇振在第三部的「前言」當中，沒有一句針對出版審查制度的抗議話語，反而針對費盡心血應付出版審查的饒家榮的相關修改和相關評論，展開了極其醜惡毒辣的人身攻擊。對於這個樣子的臺灣師範大學歷史系畢業、美國哈佛大學博士、美國印第安那州私立德堡大學歷

---

[49] 江勇振著《舍我其誰：胡適（第四部）國師策士1932－1962》，第706-708頁。

史系教授江勇振，除了英漢雙語的相關文獻資料的全方位收集整理之外，我個人實在看不出他具備思辨能力之學術修養和是非對錯之價值判斷。

與江勇振把「其以暴制暴之實則一」的血腥罪名扣在胡適的頭上異曲同工的，是蔣介石當年對於胡適的另一種詆毀和排斥。1953年1月5日，蔣介石在日記裡寫道：

> 朝課後，記事。十時前到研究院，舉行第二十二期學員結業典禮。朗誦去年與今年二元旦文告後，予以解釋內容要旨。特別指出抗戰勝利後之失敗教訓：凡事全靠本身實力，萬不能依賴國際之環境形勢，更不可托國家命運於國際之某一陣線，以辟胡適學者之謬說。又強調今天並無樂觀可言，必須知識階級能明禮知恥、刻苦耐勞，變更往昔大陸舊有之惡習，方能達成反共救國之目的也。[50]

所謂「研究院」，指的是蔣介石在1949年10月創辦於臺北近郊草山（陽明山）的「革命實踐研究院」，其性質相當於大陸方面通過自欺欺人、洗腦過關以統一思想的黨校學習班。

到了1955年3月，美國國務卿杜勒斯訪問臺灣交換簽署美國與臺灣的協防條約。杜勒斯當面教訓蔣介石說，你一天到晚說反攻大陸，只能使國民黨看起來顯得愚蠢可笑，在國際社會中成為一個笑話。臺灣有另外的角色可以扮演。

面對強大的美國，不得不依賴美國第七艦隊維持偏安孤島之

---

[50] 引自江勇振著《舍我其誰：胡適（第四部）國師策士1932-1962》，第709頁。

殘局的蔣介石，再也不敢鼓吹「以辟胡適學者之謬說」的「凡事全靠本身實力，萬不能依賴國際之環境形勢，更不可托國家命運於國際之某一陣線」的奇談怪論，而是老實承認自己自欺欺人的洗腦騙局：「為了國內的宣傳……那就完全是另外一個問題了，因為我們需要維持……士氣。」尤不能因「不言」而令大陸上同胞絕望。[51]

自稱是不可救藥的樂觀主義者的胡適，顯然不知道蔣介石針對他的「謬說」的極力排斥和暗罵批駁。他在1953年1月16日的日記裡，翔實記錄了蔣介石在餞行宴上喜怒不形於色的帝王之術和他自己一廂情願公忠報國的盲目樂觀：

> 蔣公約我吃晚飯，七點見他，八點開飯。談了共兩點鐘，我說一點逆耳的話，他居然容受了。
>
> 我說，臺灣今日實無言論自由。第一，無一人敢批評彭孟緝。第二，無一語批評蔣經國。第三，無一語批評蔣總統。所謂無言論自由，是「盡在不言中」也。
>
> 我說，憲法止許總統有減刑與特赦之權，絕無加刑之權。而總統屢次加刑，是違憲甚明。然整個政府無一人敢向總統如此說！……
>
> 最奇怪的，是他問我，召開國民大會有什麼事可做？我說：當然是選舉總統與副總統。……難道他們真估計可以不要憲法了嗎？[52]

---

[51] 引自江勇振著《舍我其誰：胡適（第四部）國師策士1932–1962》，第700-701頁。
[52] 曹伯言整理《胡適日記全編》第8卷，第276頁。

1953年1月17日，蔣介石在日記中頗為難得地記錄了自己前一天的小感動：「（昨）晚課後，約胡適之先生單獨聚餐，談話二小時餘。對余個人頗有益也。……其他皆為金石之言，餘甚感動，認其為余平生之錚（諍）友也。」

　　1月17日當天，胡適乘坐飛機離台返美，王寵惠（亮疇）、陳誠（辭修）、張道藩、王世杰（雪艇）、蔣經國、錢思亮等上百人到機場送行。記者夏簡在《在臺北送胡適》一文中報導說：

> 　　蔣經國先生從人群中擠了出來，和適之先生親切的握手。「我代表父親給你送行，」蔣說。
>
> 　　「我不敢當，不敢當，謝謝謝謝，」胡答。
>
> 　　經國先生垂手立在胡先生身邊，以父執輩禮敬胡。
>
> 　　「昨晚上在官邸談得很痛快，我看到了你的孩子滿聰明的。」[53]

　　胡適這次長達60日的臺灣之行，受到中外媒體的廣泛關注。1月23日，胡適在美國Alaska（阿拉斯加）的Anchorage（安克雷奇）買到一份Time《時報》，其中談到胡適揶揄幽默地引用過臺灣報刊的一句話：「在自由中國，只有胡適一人享有言論自由。」

　　這句話既揭示了臺灣並不自由美好的社會現實，也凸現了具有國際影響力的胡適多少有點盲目樂觀的責任擔當。

　　1953年1月28日，也就是胡適從臺灣返回紐約3天後，蔣廷黻

53　曹伯言整理《胡適日記全編》第8卷，第282頁。

在日記中記錄了胡適在臺灣所感受到的不便公開言說的陰暗面：

> 跟胡適在他的公寓裡談了一個小時。蔣經國屬下的刊
> 物在他一到，就有批判他的文字。他跟蔣的談話不愉快。
> 他極力勸蔣終止一黨專政，擴大司法的權力以保障言論自
> 由。但蔣聽不進去。他也批評宣傳部門效忠領袖的做法。[54]

胡適在美國居留期間，除了是蔣介石的總統府資政、外交部顧問和1947年由教育團體選出的國大代表之外，並沒有擔任遷移臺灣的中華民國政府的其他實質性職務。他的主要收入是美國普林斯頓大學（Princeton University）圖書館館長的薪酬和到美國各地講學的報酬，另外就是蔣介石不定期餽贈的共計11筆、每筆5000元美金的特別津貼。關於這些特別津貼，在蔣介石一方確實有公款私用、暗箱操作的嫌疑；在胡適一方則是他公忠報國的一種酬勞。

按照周質平的說法，陳紅民在《近代史研究》2011年第5期發表《臺灣時期蔣介石與胡適關係補正》，補正他和段智峰同年在《近代史研究》第2期發表的《差異何其大──臺灣時代蔣介石與胡適對彼此間交往的記錄》。其中搜檢臺北國史館所藏《蔣中正總統檔案》，發現蔣介石從1951到1955年四年之間透過俞國華匯款給胡適的電文，每次匯款5,000美元，共九筆，得款45,000美元。陳紅民稱這幾筆款為「嗟來之食」。2012年，汪榮祖在《當胡適遇到蔣介石：論自由主義的挫折》中轉引了同樣的

---

[54] 引自江勇振著《舍我其誰：胡適（第四部）國師策士1932－1962》，第734頁。

材料，並以「暗中接受蔣私下金錢的饋贈」來描述撥款經過，把整個過程都推向胡適「無功受祿」為蔣所收買的方向。這樣的解讀多少失之片面。胡適1949年赴美，並非以私人身分前往，而是「奉派出國」。胡適1952年11月在《自由中國》雜誌三周年紀念會上致詞時公開表示說：「當民國三十八年初，大陸危急的時候，政府要我到國外去。」

作為實證，周質平介紹說：1950年代，胡適影響最大的一次演講是1957年9月26日在聯合國第十二次全體代表大會上，以中華民國代表身分發表《匈牙利抗暴對中國大陸人民的影響——共產黨至今沒有贏得青年人的心》（Reper cussions of Hungarian Uprising on Mainland Chinese—Communists Have Not Won over the Mindsand Hearts of the Young），反對中華人民共和國成為聯合國的會員國。10月14日的《時代》週刊特別報導了這次演說，並配以照片刊出，照片下方引用了胡適的名言：中國大陸「甚至沒有沉默的自由」，稱胡適為「現代中國最傑出的哲學家和最受尊敬的學者」。10月20日，也就是匈牙利抗暴周年紀念前夕，由美國民間組織的「百萬人委員會」（The Committee of One Million）在《紐約時報》（The New York Times）國際版上，以一整版的篇幅摘要刊出胡適的講稿，並印成小冊分送世界各地。「這一演講對臺灣保留住聯合國的席位，並反對中共加入聯合國起了重大影響。在臺灣風雨飄搖、危在旦夕的時候，胡適在海外為中華民國講幾句公道話，這對臺灣在外交和國際上形象的影響，絕非45,000美元所能買到的。」[55]

---

[55] 周質平：《張弛在自由與威權之間：胡適、林語堂與蔣介石》，文載《二十一世紀》2014年12月號。

第五節　蔣介石對親美人士的政治清算

　　本書已經談到過，胡適大多數時間是站在公共立場上兼顧私人道義的。蔣介石作為國民黨政權的最高掌權者，始終是站在蔣家王朝家天下的私人權位立場上，標榜惟我獨尊、為我所用的所謂愛國主義、民族主義、傳統文化本位主義以及基督教信仰的。在蔣介石的心目之中，他個人專制獨裁的家天下、私天下的絕對權力，是第一位的；與此相關聯的國民黨的一黨訓政，是第二位的；國家、民族的大局利益只能是第三位的。但是，蔣介石從來不敢光明磊落地公開承認這樣子的價值排序；他在公開表述時一直口是心非、自欺欺人地把愛國主義、民族主義、傳統文化本位主義以及基督教信仰，當作擋箭的招牌高高舉起。與蔣介石這種口是心非的價值錯位高度吻合的，是前文明的中國社會以所謂天道天理及家國天下為本體本位，一方面在剛性的政權架構之制度設計層面獨尊君權、一方面在柔性的文化思想之意識形態層面獨尊儒術的政教合謀之神聖道統；以及由此而來的在公天下、打天下、坐天下、平天下、家天下、私天下的怪圈魔咒和思想牢籠之中格物、致知、誠意、正心、修身、齊家、治國、平天下的貌似全能全知卻從來分不清楚公私群己之權利邊界的人生價值觀。與這樣一種本體論和價值觀相配套的，還有天地君親師、仁義禮智信、忠孝貞節廉恥之類神道設教、君權神授、奉天承運、天命流轉、替天行道、弔民伐罪、天下為公、天誅地滅、改朝換代、一統江山、「存天理，去人欲」的禮教綱常和道德規範。

　　胡適雖然流亡於美國，他幾乎所有的精神寄託都在於以「自

由美國」為樣板模範的「自由中國」，他一直致力於為寄託自己「自由中國」之理想的蔣介石臺灣政府提供輿論支援。與此同時，蔣介石、蔣經國父子為了維護蔣家王朝家天下的專制統治，卻在針對親美人士實施一輪又一輪的政治清算。

1952年11月9日，應邀第一次訪問臺灣的胡適，啟程之前專門在日記中列出這樣一份名單：

> 今日臺灣的軍人中，有這些人是受過西方高等訓練的：孫立人陸軍總司令，賈幼慧副司令，王國華、王之、曾錫珪，以上都是清華出身。
>
> 侯騰（黃埔二期）。與他同在Lavenworth（列維沃思）受訓練的有二三十人。
>
> 馬紀壯（黃埔，曾到美國），現為海軍總司令。
>
> 王叔銘。[56]

到了一年後的1953年11月17日，與胡適關係密切的英美派領軍人物、總統府秘書長王世杰，被蔣介石以「莫須有」的「蒙混舞弊，不盡職守」的罪名突然免職，成為蔣介石仇視清洗英美派人士的一例犧牲品。

12月4日，胡適在日記中寫道：

> 中國報紙說，十一月二十六日，中央通訊社發表總統的正式命令，「王世杰蒙混舞弊，應即免職。」

---

[56] 曹伯言整理《胡適日記全編》第8冊，第262頁。

友人得臺北某君信說：「Our sick friend had another
stroke today. The crisis is near.」【我們病友今天又患中風。
危險期臨近。】發信日子正是二十六日。

胡適在自己最親近的朋友王世杰遭到整肅，卻又只能用英
文暗語傳遞消息的情況下，在12月18日的日記裡介紹說：「與立
武兄長談。他明天回臺北了。」接下來，一向光明磊落、陽光燦
爛的胡適，只好改用英文寫了一段話，大概的意思是：我的問題
是：二月份是否回臺北出席國民大會，是出席會使政府更尷尬，
還是缺席會使政府更尷尬？[57]

按照1946年通過的《中華民國憲法》，1954年是第二屆總統
的大選之年。為了在臺灣孤島打造新一輪的蔣家王朝家天下，執
意連任的蔣介石一方面採用胡適等人建議的用「第一屆國民大會
代表」選舉「第二屆總統」的權宜之計；另一方面對支持其連任
的胡適等人嚴加防範。

1954年1月16日，蔣介石在當天日記之後的「上星期反省
錄」中寫道：「對蔡斯來函及左舜生等政客要提胡適為副總統無
理取鬧，皆有深切研究與合理之腹案，但暫置不答，以靜觀其變
化如何也。」[58]

蔡斯（Chase）少將是美國駐臺灣軍事技術援助團團長，左
舜生是中國青年黨的黨魁。他們建議提名胡適為副總統人選，顯
然是出於推動臺灣社會文明進步的公正之心；蔣介石定性其為

---

[57] 曹伯言整理《胡適日記全編》第8冊，第322頁。
[58] 《蔣介石日記》手稿，1954年1月16日日記之後之「上星期反省錄」。引自陳紅
民、段智峰《差異何其大》，《近代史研究》2011年第2期，第21頁。

「無理取鬧」，只能說是出於其化公為私家天下的帝王之心。

2月16日的《自由中國》半月刊第10卷第4期，刊登有夏道平化名朱啟葆的短文《我不贊成選胡適先生做副總統》，其中寫道：「關於副總統人選，近月來海內外報紙雜誌，諸多猜測或建議。在建議中，明示或暗示選舉胡適先生的，已屢見不鮮。對於這個問題，如果讓我表示意見的話，就是：我不贊成選舉胡適做副總統！」

考慮到黨國元老相繼死亡，「敢於以朋友自居，而又是蔣總統心目中的朋友者」實已不多，夏道平寫道：

> 胡適先生對蔣總統之主持國政，一向是衷心支持的，同時他常常以「做國家錚臣，做政府錚友」勉人自勉。而蔣總統對他，也一直以朋友之道待之。他們這種關係的繼續，對於蔣總統以及我們的國家，都有益處。如果一旦把胡先生拖上總統的副座，由朋友關係變到職位關係，則胡先生對於國家大事，政治問題，反不如以錚友的地位，能夠盡其道義上的言責。

2月18日上午，胡適抵達臺北松山機場。他當天下午對記者發表談話，認為「國大」二次會議是合法的、必要的；明確表示擁護蔣介石、陳誠為正副總統候選人。鑒於有人製造輿論要他出任「副總統」或「總統」候選人，他表示自己心臟病史已經15年，連人壽保險公司都不願保他的壽險，怎能挑得起總統這副擔子？此次來台專為選舉投票，不打算發表講話，不打算提議案，「願為國家做諍臣，為政府做諍友，不願居官。」[59]

---

[59] 《中央日報》，1954年2月19日。參見耿雲志著《胡適年譜》修訂本，第325頁。

2月19日，國民大會開幕，胡適擔任臨時主席並致開會詞。3月25日，胡適在「國大」會議上代表大會向蔣介石致送「總統」連任證書。

3月28日，胡適在答記者問時一方面批評新聞界爭取獨立的精神不夠；一方面替蔣介石政權動用公權力限制自由、敗壞民主的種種表現辯護說：「蔣總統於三月九日招待國民大會的宴會上，曾保證今後政府將實施更多的民主措施，人民將獲得更多的自由。……蔣總統曾說：『這幾年來，由於軍事上的理由，使民主自由的措施，受到若干限制，很是遺憾。』」[60]

胡適頗為勉強的刻意維護，並沒有消除蔣介石對於胡適以及其他英美派人士的猜忌之心。臺灣軍政要人當中的吳國楨、孫立人，與胡適一樣有留學美國的經歷，是必須依賴美國的扶持和庇護的蔣介石，既要利用又要防範的對象。

吳國楨1914年考入天津南開中學，與周恩來同窗。他於1926年獲美國普林斯頓大學哲學博士，1932年擔任蔣介石的侍從室主任，在蔣介石、宋美齡、宋子文等人賞識下先後出任漢口市長、重慶市長、外交部副部長、上海市長。吳國楨深受美國教育的影響，任職期間注意接近中外新聞界人士，從而贏得「民主先生」的稱號。

1949年12月10日，蔣介石逃離成都來到臺灣，第二天就召見吳國楨，按照美國方面的建議任命其接替陳誠的臺灣省主席一職。吳國楨在臺灣省主席任上勵精圖治，幫助國民黨度過了危險期，同時又與推行特務統治的蔣經國形成尖銳對立。1953年1

---

[60] 胡頌平編著《胡適之先生年譜長編初稿》第6冊，臺北聯經出版事業公司，1984年，第2415頁。

月，艾森豪出任美國總統，開始更加積極地援助臺灣。蔣介石父子覺得吳國楨已經失去利用價值，便於同年4月1日任命前行政院長俞鴻鈞接替吳國楨的臺灣省主席職務。

與蔣介石、蔣經國父子決裂的吳國楨幾經交涉，才得以和妻子一起乘坐飛機離開臺灣，於5月25日抵達美國，其家人被蔣介石父子扣為人質。

吳國楨事件引起美國方面高度重視，1935年6月1日，蔣廷黻在日記裡寫道：

> 火車在早上七點半抵華盛頓。陳之邁在車站接我到餐廳吃早餐。我們談臺灣的政治以及美國國會的政治情況。希肯勞普參議員有一次問陳之邁吳國楨為什麼下臺。陳之邁說是政治原因。參議員說：「『政治』！美國可以玩政治，臺灣沒有那個本錢。[61]

蔣介石預料到吳國楨抵達美國後會有所表示，親自命令駐美大使顧維鈞主持應對，胡適為此與吳國楨進行了長達八小時的私人密談。吳國楨不顧胡適等人的勸告，在公開發表的《上國民大會書》中激烈批評臺灣的一党專政、特務橫行、言論不自由、人權無保障等諸多問題。臺灣當局反過來製造散播謠言，指責吳國楨套取巨額外匯，貪污50萬美金，在美國過著奢華的寓公生活，並且動員臺灣方面所謂的「全體教授」聯名發表抨擊吳國楨的公開聲明，還威脅說要對吳國楨提起訴訟。

---

[61] 引自江勇振著《舍我其誰：胡適（第四部）國師策士1932－1962》，第721-722頁。

1954年3月24日，蔣廷黻在日記中記錄了他的個人看法：

> 仔細地閱讀吳國楨致國民大會的信。他最嚴重而且也
> 最有證據的指控，是特務逮捕人民為所欲為。其他的指控
> 則是沉屙，即使賦予吳國楨全權，他也不容易改革。換句
> 話說，吳國楨的做法是好壞參半。壞處是，不管臺北怎樣
> 解釋，它都必須作改進。遺憾的是，吳國楨采此方法。

4月4日，蔣廷黻記錄了駐美大使顧維鈞對於吳國楨事件的意見：「顧維鈞希望臺北不要起訴吳國楨。他有點擔心在日內瓦的情形，亦即，英國、法國會採取什麼行動。」[62]

作為回應，吳國楨在1954年6月的《展望》（Look）雙週刊發表標題為《你的錢為福爾摩莎建成了一個軍警國家》（Your Money Has Builta Police State in Formosa）的長篇文章，指責蔣介石父子「反共需用共產黨的手段」的特務統治，認定一直保持武裝戒嚴狀態的臺灣已淪為一個「軍警國家」。說是他在臺灣省主席任內兼任保安司令部司令，但對保安司令部的各種軍事審判案件完全不能做主；蔣經國組織救國團，要求所有學校師生入團，就像蘇俄以及中共的共青團和希特勒青年團。

「福爾摩莎」（Formosa），是葡萄牙人對臺灣的舊稱。吳國楨的文章發表後，顧維鈞委派公使銜參贊陳之邁到紐約接洽《展望》雜誌，希望能夠刊登反駁吳國楨的文章，陳之邁為此在6月21日執筆寫作了駁斥吳國楨的公開信。顧維鈞、陳之邁等人

---

[62] 引自江勇振著《舍我其誰：胡適（第四部）國師策士1932－1962》，第722頁。

反復商議的結果，決定請更加著名的胡適署名發表反駁文章，陳之邁為此專門到紐約與胡適協商，胡適倒是一口答應了下來。[63]

1954年7月23日，胡適請大使館打電報給外交部長葉公超，請他核實幾件事情：

> 在寫批評吳國楨文章。請即刻電告下列幾點：一、他說臺灣在戒嚴令下，所有案件都歸軍法審判。他這麼說有理由否？我的瞭解是否正確，亦即，只有牽涉到政治、匪諜，以及1950年4月以後違反《安定金融措施辦法》的案子，才由保安司令部審訊？二、他在劃分軍法與一般司法審判方面是否作過努力？三、他是否親率軍警逮捕臺灣糖業公司的沈鎮南？

關於這項文獻證據，江勇振評論說：如果吳國楨「親率軍警逮捕臺灣糖業公司的沈鎮南」，則吳國楨就是軍警國家的頭子。胡適就可以用這個矛，來攻吳國楨指控臺灣是一個軍警國家的盾。沈鎮南這個例子後來不在胡適攻擊吳國楨的文章裡出現，我們可以判斷胡適沒有得到他希望能用來「將軍」吳國楨的證據。

1954年8月16日，胡適在《新領袖》（The New Leader）週刊公開發表寫給吳國楨的公開信《福爾摩莎有多自由？》（How Free Is Formosa?）。江勇振在《舍我其誰：胡適（第四部）國師策士1932－1962》的第四章「自由誠可貴，反共價更高」裡反復強調說，胡適的這篇駁斥吳國楨的文章，「是一篇集說謊、抹

---

63 陳之邁：《回憶錄資料彙集》，藏於中央研究院近代史研究所。引自江勇振著《舍我其誰：胡適（第四部）國師策士1932－1962》，第721頁。

黑、栽贓之大成的作品」，而且是他在《舍我其誰：胡適（第四部）國師策士1932－1962》的第三章裡已經感歎過的「反共、反共、多少學者的罪行假汝之名行之」的又一例犯罪言行。[64]

事實上，胡適雖然沒有在《福爾摩莎有多自由？》中專門談論吳國楨與沈鎮南案，但是，他在雷震案發生後的1960年11月17日，關於此事還是有過說明的。

1960年11月16日，青年党人夏濤聲、陳啟天等人邀請胡適到《時與潮》雜誌社參加晚宴，前《自由中國》雜誌的撰稿編委殷海光也應邀出席了這場宴會。第二天，胡適給胡頌平談到殷海光在前一天宴會上與陳啟天吵架的情形，覺得殷海光的態度不夠好：

> 過去《自由中國》半月刊的社論可能有許多是他做的，他是一個書呆子。那年為了吳國楨的事情，我寫了一篇文章。那是殷海光得到美國國務院四個月的補助到美國去。他給我一封很不客氣的信。……吳國楨那時當臺灣省政府主席兼保安司令部司令，蔣先生很信任他，他有權可以做事。台糖公司沈鎮南的槍決，是他以保安司令的職務簽字的，怎麼可以反過來批評政府呢？他是個說謊的人，但我那篇文章裡沒有把他的謊話寫出來。[65]

如此一來，胡適關於台糖公司沈鎮南一案的「這個矛」，當時沒有用來攻吳國楨指控臺灣是一個軍警國家的盾；到了64年之後的今天，反而於冥冥之中刺穿了江勇振在《舍我其誰：胡適

---

[64] 江勇振著《舍我其誰：胡適（第四部）國師策士1932－1962》，第723-740頁。
[65] 胡頌平著《胡適先生晚年談話錄》，中華書局，2016年，第73-74頁。

（第四部）國師策士1932－1962》一書裡洋洋灑灑指控胡適「集說謊、抹黑、栽贓之大成」的「說謊、抹黑、栽贓」之紙糊盾牌。

關於吳國楨的「存心說謊」，胡適《福爾摩莎有多自由？》（How Free Is Formosa?）中寫道：

> 我很驚異於你所作的許多項存心說謊，用來欺騙美國的民眾！並且用來污蔑你自己的國家和你自己的政府；而它的每件錯誤與劣行（Misdeed）你都不能逃避一份道義責任，正因為在你當權時從不曾有道義勇氣講出來！……爭取自由和民主從不靠一個怯懦自私的政客在當權時噤聲不語，失勢之後，安全地離開了自己的國家，開始肆意地誣謗自己的國家和政府，而他自己是不能自外於每一個錯誤和失職的行為，更難逃道德上公正的評判。[66]

胡適指出自己曾看見至少269件保安司令部的判決書，上面都有吳國楨的官印和親筆簽名，而吳又自稱時常放人，這都證明吳國楨實際上是有權參與保安司令部的事情的。

針對胡適的指責，吳國楨在1954年8月12日以美國郵局掛號並且要求收信人簽寫收條的方式寄給胡適的信件裡辯護說，他擔任保安司令確實是有名無實，蔣介石父子、陳誠、彭孟緝、王世杰都知道其中的條件。胡適如果不相信，可以和王世杰談一談，胡適應該查閱保安司令部的全部檔案，那樣就可以發現多少百分

---

[66] 《胡適全集》第25卷，安徽教育出版社，2003年，第559-563頁。

比的案件沒有交到他吳國楨的手裡。

　　吳國楨在這封掛號信裡專門談到，胡適在離開臺灣兩天前的
1953年1月15日，兩個人曾經有過一次私密會談：

> 　　我對你描述我是如何阻擋【彭孟緝】要查禁你的《自
> 由中國》，以及逮捕你的主編的企圖。我也對你描述了我
> 如何迫使委員長接受我的一些建議：例如，在1951年，沒
> 有拘捕狀，員警不可以逮捕人。又如，在1952年，減少送
> 軍法審判的案子，以及准許被告有律師備詢。然而，我也
> 告訴你，這些後來都被弄成純屬鬧劇。[67]

　　所謂查禁《自由中國》，指的是1951年6月1日由夏道平執筆
寫作的社論《政府不可誘民入罪》引起的連環風波。關於此事，
胡適在《福爾摩莎有多自由？》裡介紹說，這個社論激怒了「吳
主席保安司令部的副司令，他下令逮捕《自由中國》的主編」。
在「政府裡的好友的調解之下」，《自由中國》主編雷震讓步服
軟。三個月後的9月1日，《自由中國》發表胡適從美國寫來的抗
議信，這一事件再次升級：

> 　　「民主的」吳主席也好，「極其卓越、享有國際盛
> 名」的胡適博士也好，又再度沒給予該雜誌任何保護。保
> 安司令部採取了一個非常的措施，買走了所有報攤上的該

---

[67] 引自江勇振著《舍我其誰：胡適（第四部）國師策士1932－1962》，第729頁。
　　參見張忠棟著《胡適・雷震・殷海光——自由主義人物畫像》所引用的刊登於1973
　　年8月《中華月報》第695期的《胡適與吳國楨、殷海光的幾封信》，臺北自立晚
　　報社文化出版部，1990年12月，第19頁。

期雜誌，並命令美國「西北航空公司」不准把該期雜誌運出島外。

最後，是行政院長陳誠出面調解。他在9月14日寫了一封信給《自由中國》，謝謝我遠道諍言，說他欣然接受。

當時的實際情況，並不像胡適所說的如此簡單。陳誠其實是在王世杰、杭立武等人的勸告之下，才勉強給胡適寫公開回信的。按照江勇振的解釋，胡適如此給陳誠賣好，是因為他和蔣廷黻一直到1959年，都錯誤地認為蔣介石安排的接班人應該是陳誠。蔣廷黻日記裡反復提到他和胡適討論要鼎力協助陳誠順利接班。[68]

吳國楨在寄給胡適的掛號信裡還談到1953年1月15日胡適當面告訴他的一些事情：「你告訴我你跟委員長在『日月潭』的談話。你對他說臺灣沒有言論自由，因為沒有一個人敢批評蔣經國跟彭孟緝──兩個特務頭子。你說你因為太客氣了，以至於沒有把委員長也列於其中。」「你說你也知道蔣經國的報紙攻擊你。而且他也下了命令不准請你演講。」

江勇振引述上述文字之後，又抄錄了胡適寫在1953年1月16日的日記裡面的一段話：

蔣公約我吃晚飯，七點見他，八點開飯。談了共兩點鐘，我說一點逆耳的話，他居然容受了。

我說，臺灣今日實無言論自由。第一，無一人敢批評

---

[68] 江勇振著《舍我其誰：胡適（第四部）國師策士1932－1962》，第731頁。

彭孟緝。第二，無一語批評蔣經國。第三，無一語批評蔣總統。所謂無言論自由，是「盡在不言中」也。

接下來，江勇振評論說：「吳國楨這段話，讓我們知道胡適是在『日月潭』見蔣介石。這點胡適在日記裡沒告訴我們。更重要的是，吳國楨的這段話，也讓我們懷疑胡適在談話中，是否真的說了『無一語批評蔣總統』的話。……胡適這個脈絡謊言所提醒我們的，是一個歷史研究裡最無法克服的難題，亦即，胡適晚年的日記究竟有多信實。如果胡適晚年的日記的信實度啟人疑竇，這就真應了我在本部第三章所感歎的，反共、反共、多少學者的罪行假汝之名行之！」[69]

言之鑿鑿地指控胡適的1953年1月16日的日記是所謂的「脈絡謊言」甚至是「罪行」的江勇振，顯然沒有真切地注意到，他引用為證據的吳國楨的記錄，是發生在1953年1月15日。胡適是不可能在1953年1月15日，就把他在1953年1月16日與蔣介石見面談話的內容，提前講述給吳國楨的。所謂胡適在「日月潭」見蔣介石，分明是發生在1953年1月15日之前的另一次會面。

查勘胡適日記，1953年12月12日上午，蔣介石邀請他到離日月潭不遠的新竹一起檢閱軍隊。蔣介石在同一天的日記中寫道：「胡適來此遊覽，招待及聽取其報告，約談十五分時，乃寢。不料寢後竟未能安睡，直至今晨二時，服藥後亦不奏效，苦痛極矣。此乃為胡之言行或為美國近情所致乎？」

由於1952年12月12日晚上，胡適與蔣介石的會談並不愉快，

---

[69] 江勇振著《舍我其誰：胡適（第四部）國師策士1932－1962》，第733-735頁。

胡適談話時便有所保留。到了即將離開臺灣的1953年1月16日，胡適在和蔣介石單獨會談的餞行宴中，在氣氛比較融洽的情況下，不客氣地說出了「把委員長也列於其中」的一些「逆耳的話」：「第一，無一人敢批評彭孟緝。第二，無一語批評蔣經國。第三，無一語批評蔣總統。」蔣介石當時也頗為感動。像這樣的事情，難道就不可以發生嗎？採用「集說謊、抹黑、栽贓之大成」的惡毒話語羅織胡適的「脈絡謊言」甚至是「罪行」的江勇振，不是恰好搬起石頭砸了自己的腳，充分證明了他自己的相關敘述是「集說謊、抹黑、栽贓之大成」的「脈絡謊言」嗎?!

作為兩邊都能說上話的一個人，胡適在寫給吳國楨的公開信《福爾摩莎有多自由？》裡，確實沒有以超然第三方的相對公正的立場，替相對弱勢的吳國楨及其遭受到株連的親屬維護最為基本的個體權利，反而表現得過於急切地替蔣介石、蔣經國父子及其專制當局提供單邊片面、強詞奪理、言過其實的偏袒辯護。在這種情況下，嚴厲指責吳國楨的胡適也確實暴露了自己的一些無知偏見：

> 好了，我親愛的國楨，你有沒有聽說過一個希特勒或者一個史達林如此愚蠢，以致搞出一個希特勒青年團或者共青團吸收了「所有學生」做團員，並吸收了「所有教職員」做幹部？你知不知道希特勒青年團和共青團向來都是具有排他性、祕密性，和「天之驕子」（elite）性質的？你是真的無知，所以誠懇的認為臺灣那種無所不包的遊行呼口號的青年團就是「一個赤色的希特勒青年團」嗎？還是存心說謊，以欺騙你的美國讀者呢？

稍微有一些社會閱歷和歷史常識的人都應該知道，吳國楨的
「所有」二字雖然有所誇張，但是，「希特勒青年團和共青團」
在其執政期間其實是公開的和大張旗鼓的，而不是什麼「祕密
的」。所謂刻意保持「排他性、祕密性」，只是1927年「北伐」
勝利之前還沒有奪取政權而只能從事地下活動的國共兩黨的做
派。1952年前後，蔣經國領導的國防部總政治部奉蔣介石之命組
織的「中國青年反共抗俄救國團」，確實是公然仿照希特勒法西
斯和蘇俄青年團的模式組建運作的。胡適在這一點上指責吳國楨
「無知」和「存心說謊」，暴露出的其實是他自己的「盲人騎瞎
馬，夜半臨深池」的天真幼稚、盲目樂觀。

胡適在這篇文章中，雖然嚴重誤判了蔣介石、蔣經國父子傾
力打造蔣家王朝家天下的政治企圖，卻也難能可貴地承認了吳國
楨所指控的蔣介石父子「反共需用共產黨的手段」的部分事實：

> 我認識蔣經國多年了。他是個工作非常努力的人，誠
> 懇而有禮貌，愛國並強烈地反共。他知識上的視野比較有
> 限，這主要是因為他長期居留在蘇聯。像他父親，他不貪
> 污，因此，難免有些自以為是（這點也像他父親）。他真
> 相信對付共產黨最有效的方法，是以共產黨對付其反對者
> 的殘酷的手段，還諸其人。[70]

接下來，批評蔣介石父子自以為是的胡適，偏偏自以為是地

---

[70] 引自周質平：《張弛在自由與威權之間：胡適、林語堂與蔣介石》，文載《二十
一世紀》2014年12月號。參見江勇振著《舍我其誰：胡適（第四部）國師策士
1932－1962》，第737頁.

談到蔣介石是否扶植蔣經國充當接班人的問題：

> 雖然我極不同意蔣經國對付共產黨以及有共產黨嫌
> 疑的人的方法（我在1952年第一天抵達臺灣的時候就公開
> 說過），我覺得會說出下述這段話的人精神有問題：「有
> 誰能保證：在委員長死後，如果共產黨給予一個不錯的
> 條件，他（蔣經國）會不會把臺灣成為共產中國富饒的一
> 省？」無論如何，他不可能成為蔣總統的「繼承人與繼
> 任」。從政治的角度來看，他在政府裡沒有一席之地，不
> 扮演重要的角色。他確切的職位是他父親最忠實的總管。
> 在軍隊裡，他不受歡迎。從憲法或制度上來說，他根本就
> 沒有成為他父親的繼承人與繼任的可能。

直到1958年，胡適還對蔣介石父子傾力打造蔣家王朝家天下
的政治圖謀毫無察覺，反而執迷不悟地相信自己的這樣一個明顯
違背基本常識的錯誤判斷。這一年的6月2日，雷震在日記當中記
錄了胡適與陳誠、蔣經國的一次談話：

> 他說26晚，他和陳誠、蔣經國談話。第一點，他說美
> 人總是說蔣總統扶植兒子。他認為不對。既扶植兒子，何
> 以要兒子做特務頭子和政治部主任？他看到蔣總統是培植
> 陳誠。講到這裡，經國未發一言。陳誠說他這幾年辛苦。
> 又談到五・二四事件【1957年5月24日，臺北民眾攻擊美
> 國大使館事件】，和毀黨救國，及出版法不必要等等。經
> 國均講話了。

1958年6月25，回到臺灣述職的蔣廷黻，也在日記裡記錄了
胡適關於5月26日與陳誠、蔣經國、陳雪屏談話的情況介紹：

> 跟胡適午餐。他告訴我他跟陳誠、蔣經國、陳雪屏的
> 談話。他告訴他們他最常被問到的問題是：誰會是蔣的繼
> 任者？他的答案總是陳誠。因為他不但是副總統，而且是
> 國民黨的副總裁和光復大陸設計委員會的主任委員。至於
> 經國，他認為蔣既然讓經國去作那吃力不討好的情治與政
> 工的工作，他顯然並不是要扶植他。[71]

吳國楨和胡適公開辯駁的時候，《自由中國》編委兼撰稿人
殷海光正在哈佛大學以訪問學者名義進修學習，他看到吳國楨的
《你的錢為福爾摩莎建成了一個軍警國家》之後，給胡適寫信表
示有「如飲瓊漿」之感。胡適把自己與吳國楨的論爭文字複印備
份後寄給殷海光，殷海光在長篇回信中表達了自己的不同觀點：
吳國楨批評的是「蔣家」，那裡是我們的「國家」？是「國民黨
的政府」，那裡是「我們的政府」？他尤其不滿意的是胡適根據
特務機關提供的經過篩選的資料攻擊吳國楨，而且把攻擊吳國楨
的信件複印一份寄給了蔣經國。他說俄國有一個自由主義者，在
西方有很好的聲望，被史達林利用起來爭取援助辦外交，之後像
爛草鞋一樣拋棄掉。胡適的表現也是一個妥協的自由主義者，被
當局當作一筆存款存在「自由銀行」，榨取無窮的利息。

自視甚高的殷海光，在這封信中還批評胡適不應該推薦錢

---

[71] 相關引文見江勇振著《舍我其誰：胡適（第四部）國師策士1932－1962》，第
737-738頁。

思亮做臺灣大學校長，理由是錢思亮只是一個過時的科技人才，和傅斯年完全不能相比，大學教育應在思想上起領導作用，錢思亮沒有向學術獨立、思想自由的方向走，不配做傅斯年的繼承者。按照張忠棟的說法，殷海光的這封長信的原件沒有找到，以上內容出自陳鼓應記錄的一份《雷震晚年談話記錄》。1955年2月14日，胡適致信殷海光，解釋自己針對吳國楨的嚴厲批評說，自己實在看不過吳國楨文章中許多「看上去像事實，而細分析是假話」的說法，也不滿意吳國楨在文章裡「洗刷自己責任的話」。[72]

胡適說到底就是一個持續提倡「充分世界化」的「健全的個人主義」卻又不能夠充分健全和充分世界化的、一直想要愛國救國或者說是公忠報國的中國人。胡適所謂的「自由」，只是他的「充分世界化」的「健全的個人主義」價值觀念當中的一個內涵與外延還沒有充分明晰的價值要素；相對於「自由」來說，高度理想化到宗教神聖般的極端絕對程度的所謂「自由中國」，反而是不能夠乾淨徹底地走出和告別中國傳統社會以所謂天道天理及家國天下為本體本位的公天下、打天下、坐天下、平天下、家天下、私天下的怪圈魔咒和思想牢籠的胡適，自欺欺人地實施「存天理，去人欲」的一種愛國救國或者說是公忠報國的絕對理念。

在蔣介石陣營針對吳國楨的大規模的口誅筆伐過程中，對吳國楨造成最沉重打擊的，是同樣被蔣介石表面仰仗重用卻暗中敵視防範的胡適。胡適基於「存天理，去人欲」的愛國救國或者說是公忠報國的絕對理念，在個人主權與國家利益之間，選擇的是

---

[72] 張忠棟著《胡適・雷震・殷海光——自由主義人物畫像》，臺北自立晚報社文化出版部，1990年12月，第20頁。

犧牲捨棄吳國楨的個人主權，而不是要求和倒逼臺灣方面的蔣介石政府由強制剝奪個人主權向切實保障個人主權進行現代化的文明轉型。胡適公開痛斥吳國楨，一方面為自己晚年定居臺灣鋪平了道路，另一方面又把自己推到了蔣介石所要敵視防範的第一號目標對象的險惡位置上。

　　畢業於美國佛吉尼亞軍校的孫立人，一度被美國人列為取代蔣介石的重點扶植對象，他與胡適也有過接觸互動。1950年3月，蔣介石為了迎合美國人的意願，任命孫立人為陸軍總司令兼臺灣防衛總司令。等到「美台共同防禦條約」簽訂之後，蔣介石便以所謂「郭廷亮匪諜案」為藉口，於1955年5月免除孫立人的職務，並以謀叛罪名加以長期關押。蔣介石在考慮「孫立人事件」的善後處理時，是把胡適與蘇聯、中共以及移居美國的前臺灣省主席吳國楨等「敵對勢力」相提並論的：「孫立人自寫悔罪與求赦書，則對其第一步處置之辦法，當可告一段落。今後惟對明令免職之方式與時機應加研究，總使俄、共與吳逆等在美反動宣傳不致過於擴大為要，但對胡適等自由分子之反感亦不可忽視耳。」[73]

第六節　胡適執掌研究院的反復考量

　　1956年10月31日是蔣介石的70歲生日，臺灣當局發佈通知：「婉謝祝壽，以六事諮詢於同人，均盼海內外同胞，直率抒陳所

---

[73] 《蔣介石日記》手稿，1955年8月6日之「上星期反省錄」，斯坦福大學胡佛研究所檔案館藏。陳紅民、段智峰《差異何其大》，《近代史研究》2011年第2期，第22頁。

見，俾政府洞察輿情，集納眾議，虛心研討，分別緩急，採擇實施。」

作為回應，臺灣《中央日報》社長胡健中電約64歲的胡適，本此精神撰寫一篇祝壽文章。

10月21日，時任美國加州大學講座教授胡適，寫了一篇他所拿手的「趁火打劫」[74]式的政論文章《述艾森豪總統的兩個故事給蔣總統祝壽》，其中講述了美國總統艾森豪的兩個「很有政治哲學意味的故事」。

第一個故事說艾森豪（Dwight D. Eisenhower）在二戰期間曾是同盟國聯軍的統帥，「那是人類有歷史以來空前最大的軍隊」，但是艾氏只需接見三位將領：「我完全信任這三個人。他們手下的將領，我從來不用過問，也從來不須我自己接見。」艾氏出任哥倫比亞大學校長之後，拒絕接見由副校長替他安排的六十三位院系主要負責人，因為艾氏承認自己並不懂得各院系的專門知識，會見各院系領導只是浪費大家的時間。

另一個故事是艾森豪出任總統之後信任他的副手尼克森（Richard M. Nixon，又譯尼克森），許多事都由副總統尼克森代決。

在這篇文章的結尾，胡適再一次表達了「自由中國」的憲政願景：

> 我們的總統蔣先生是終身為國家勤勞的愛國者。我在二十五年前第一次寫信給他，就勸他不可多管細事，不

---

[74] 「趁火打劫」的說法出自胡適1935年1月2日的長篇日記《一九三四年的回憶》，曹伯言整理《胡適日記》第6冊，第427頁。

可躬親庶務。……我們憲法裡的總統制本來是一種沒有行政實權的總統制，蔣先生還有近四年的任期，何不從現在起，試試古代哲人說的「無智、無能、無為」的六字訣，努力做一個無智而能「御眾智」，無能無為而能「乘眾勢」的元首呢？[75]

　　這篇文章幾乎同時刊登在《中央日報》和《自由中國》半月刊的「祝壽專號」上。1956年11月1日出版的《自由中國》第15卷第9期共發表有十六篇文章，除一篇社論之外，其餘十五篇分別出自胡適、徐複觀、毛子水、夏道平、陳啟天、陶百川、王世杰、雷震等知名人物。

　　據《雷震回憶錄》介紹，胡適的祝壽文以及《自由中國》的「祝壽專號」，嚴重觸犯了蔣介石父子的痛點，由蔣經國主持的「國防部總政治部」以周國光（據說是蔣經國的化名）名義發出「極機密」的特字第99號《特種指示》，宣稱《自由中國》半月刊「企圖不良，別有用心；假借民主自由的招牌，發出反對主義、反對政府、反對本黨的歪曲論調」，號召「向毒素思想總攻擊」。[76]

　　遠在美國的胡適對於蔣介石父子的相關動向，還是有所覺察的。1956年11月18日，他在寫給趙元任夫婦的書信中表白說：

　　　　不管別人歡迎不歡迎，討厭不討厭，我在臺灣要住下去的（我也知這一定有人不歡迎我長住下去）。……我頗想向中央研究院借一塊地，由我自己出錢，蓋一所小房子，

---

[76] 耿雲志著《胡適年譜》修訂版，第335頁。

十年或十五年之後，房子歸研究院所有。這樣可以為其他院士開一先例，將來在南港可以造起一個院士住宅的聚落。[77]

1957年1月，蔣經國控制的國防部總政治部又進一步印發《向毒素思想總攻擊》的小冊子，不點名地抨擊胡適「名為自由主義，實際卻是共匪的幫兇」。

1957年3月，胡適原計劃要到臺灣講學半年。2月17日，胡適因胃病住進紐約醫院，並且做了胃部十分之六的切除手術。

6月19日，胡適在書信裡告訴趙元任，葉公超對他說，「資政」的醫藥費是可以由「國家」負擔的。臺灣政府向從1949年1月起一直擔任「總統府資政」的他，支付了醫藥費。

7月26日，胡適再一次向趙元任表白說：

> 你大概不知道，或者不很知道，這大半年來所謂「圍剿」《自由中國》半月刊的事件，其中受「圍剿」的一個人就是我。所以我當初決定要回去，實在是為此（至少這是我不能不回去的一個理由）。
>
> 我的看法是，我有一個責任，可能留在國內比留在國外更重要——可能留在國內或者可以使人「take me more seriously」。⋯⋯因為那邊有一些人實在怕我說的話⋯⋯

1957年7月31日，蔣廷黼在日記裡記錄了胡適當時面臨的兩難抉擇：

---

[77] 耿雲志、歐陽哲生編《胡適書信集》下冊，北京大學出版社，1996年，第1291頁。

和胡適午餐⋯⋯他要我給他去臺灣的意見。他說他認為蔣不希望在臺灣看到他。他說他上次去的時候，經國的人在辯論了九天以後，擬具了一篇有關胡適的「公報」，指控胡適把對共產黨有利的理論偷渡進臺灣。蔣後來在一篇演講裡，徵引並贊同這個偷渡說。我對胡適說，如果健康允許，他應該回去。

蔣送給他一張11000美金的支票。我建議他接受。我也告訴他我所提出的消減軍事開支的建議。[78]

按照余英時的考證，胡適決定回歸臺灣，還有維護學術獨立的反復考量。[79]

中央研究院是由國民黨元老蔡元培主持創辦的，在蔡元培的堅持維護之下，相關的學術研究一直相對獨立於政治運作。1940年蔡元培在香港逃難時因病去世，駐美大使胡適接任院長的呼聲最高。各方權衡之下，由前教育部長朱家驊出任代理院長。1948年，朱家驊在胡適、傅斯年、王世杰等人的協助支持下，主持推選出中央研究院第一屆院士。中央研究院遷到臺灣之後一度陷入停滯狀態。1954年，在胡適、朱家驊、王世杰、王雲五、梅貽琦等人推動下，開始討論恢復院士選舉制度。1957年8月18日，評議會初步選舉34位院士候選人。就在正式選舉第二屆院士的關鍵時刻，蔣介石親自出面逼迫代理院長朱家驊辭職。依照既定的規

[78] 引自江勇振著《舍我其誰：胡適（第四部）國師策士1932－1962》，第774頁。
[79] 余英時著《重尋胡適歷程：胡適生平與思想再認識》，廣西師範大學出版社，2004年，第125-128頁。

章制度，評議會需要儘快選舉三位院長候選人，由時任總統蔣介石圈定。

1957年11月4日，經過中央研究院評議會選舉，蔣介石發佈命令，准許中央研究院代理院長朱家驊（騮先）辭職，任命胡適為院長。同一天，蔣介石致電胡適：「中央研究院為我國最高學術機構，關係國家民族前途至深且巨，有賴碩彥領導。茲由該院評議會依法選舉院長候選人送府遴任，業經遴定請兄擔任⋯⋯」

11月6日，胡適回電辭謝：「前日曾托騮先、思亮兩兄代懇總統許我辭謝中研院長之職，因適今年二月施外科手術以來，體力迄未恢復⋯⋯鄙意深盼總統遴選濟之兄繼任院長，實勝適百倍。」

蔣介石於當天再次致電胡適，說是「中央研究院仍賴出而領導」。胡適於12月6日電請李濟暫代院長。

12月15日，胡適在寫給趙元任的書信中解釋說，他接受中央研究院院長的任命，是在梅貽琦（月涵）、王雲五等人敦促下決定的：

> 月涵說，在選舉之前，真有人為張君「拉票」，連月涵都在被拉之列。前三次投票時，都是：
>
> 李潤章（書華）九票；張曉峰（其昀）七票。（還有兩票可能是騮先？）
>
> 到第四次投票，月涵覺得投了三次的「客氣」票，夠客氣了，才投潤章一票，才夠十票！這是我沒有想到的risk的程度！
>
> 月涵還說，「如果你（我）不就，濟之和潤章都不會

就，結果是評議會得召開第二次選舉會，那時的可能候選人，你當然不用猜了。」這更是我沒有想到的risk！

1958年1月4日，胡適在寫給李濟的書信中解釋說：「這個fomula也是因為要救這個（老兄十一月五日函中所謂）『蔡子民、丁在君、傅孟真僅餘之事業』，想能得老兄的諒解。」

張其昀是蔣介石的親信人物、一直站在國民黨的黨派立場上研究歷史的傳聲筒學者，假如由他接任中央研究院的院長職務，該院的學術獨立傳統就有可能喪失殆盡。用余英時的話說，臺灣的中央研究院自始便是自由主義派學人的唯一學術事業，向來不受「黨天下」的干擾，怎樣挽救這個「僅餘之事業」於不墜，使自由學統在這唯一可以托庇之所延續下去，胡適當然有無可推卸的責任，這是他不得不回臺灣的一個重要考量。

關於胡適到臺灣執掌中央研究院院長一事，陳紅民等著《蔣介石的後半生》一書解釋說：「胡適畢竟是一種有影響力的政治象徵，臺灣當局要與美國建立良好關係，就不得不利用他。胡適知難而進，迎著一片『圍剿』之聲從美國返回臺灣履任，使『圍剿』他的人不能不有所收斂。」[80]

需要特別指出的是，主導「圍剿」胡適的幕後決策之人，其實就是任命他為中央研究院院長的蔣介石，以及他的兒子蔣經國。歷史人物的個體人性以及人類歷史的幽暗吊詭之處，往往如此。

---

[80] 陳紅民等著《蔣介石的後半生》，浙江大學出版社，2010年，第362頁。

第三章
胡適與蔣介石的憲政博弈

　　胡適一生當中最大的盲區，是他基於孔學儒教之「性本善」眼光至死也沒有充分意識到，自己出於「公忠」而展開憲政博弈的目標對象蔣介石，內心深處一直把他視為眼中釘、肉中刺一般的心腹大患。在蔣介石日記沒有供研究者查勘閱讀之前，習慣於用孔學儒教之「性本善」眼光解讀各路偉人光輝事蹟的中國特色之專家學者，一直是以無限豔羨的腔調，熱情謳歌胡適貌似帝王之師的尊崇榮耀的。美籍華裔教授江勇振，在他新近出版的《舍我其誰：胡適（第四部）國師策士1932－1962》中，儘管喪失了比較虛偽的「性本善」眼光，卻依然在用風馬牛不相及的「舍我其誰」之「國師策士」，來誣衊胡適之為人處世。

第一節　胡適對蔣介石的當面糾錯

　　1958年初，臺灣中央研究院開始在臺北南港為胡適建造住宅。4月8日，胡適回到臺北，副總統陳誠等人到機場迎接。

　　4月9日下午，胡適在總統府秘書長張群陪同下來到蔣介石的士林官邸。蔣介石以茶點款待，與胡適會談了一個小時。

　　離開總統府，胡適在接見記者時介紹說，總統對於學術研究

和發展自然科學很關切，今天談的都是學術問題。談到自己的打算時，胡適表示要有兩三年的安靜生活，當可將《中國思想史》寫完，然後再寫一部英文的《中國思想史》，接著再完成《白話文學史》的下冊。

1958年4月10日上午9時，胡適在中央研究院考古館的樓上出席為他舉行的中央研究院院長就職典禮。典禮的主要內容，是前後兩任院長朱家驊、胡適先後致辭。典禮結束之後是胡適主持的中央研究院第三次院士會議，時間是10點。這時候，蔣介石在「副總統」陳誠等人陪同下來到現場，胡適便以主持人身份「請總統給我們訓話」。

蔣介石的訓話稿是陶希聖提前代擬的。蔣介石先是稱讚胡適的能力和道德，說是大陸方面之所以批判胡適，就是因為這個原因。他希望「中央研究院不但為全國學術之最高研究機構，且應擔負起復興民族文化之艱巨任務」；要配合國民黨當局「早日完成反共抗俄使命」。「期望教育界、文化界與學術界人士，一致負起恢復並發揚我國固有文化與道德之責任」；「要儘量發揚『明禮義，知廉恥』之道德力量」；只有這樣，「科學才能發揮其最好效能，民主才能真正成功，而獨立自由之現代國家，亦才能確實建立起來」。

剛剛回國就任教育部長和清華大學校長的梅貽琦，在講話中大致附和了蔣介石的訓話。

胡適在講話中表示：「我要向各位來告罪。籍這個機會想稍微說幾句話。並不是要對總統的話，梅校長的話答辯，而是想表示道謝。同時表示我個人對中央研究院任務的看法。」

接下來，胡適當場糾正蔣介石說，剛才總統對我個人的看法

不免有點錯誤，至少，總統誇獎我的話是錯誤的。我在大陸被清算，「並不是清算個人的所謂道德」，而是我在大陸許多年輕人頭腦裡留下了許多「毒素」，這些毒素便是五四那些新思想新文化新學問，尤其是我提倡一種「要拿出證據來」的科學思想，提倡把東西方科學方法的精髓結合起來的「真正科學的方法」。

這裡的「毒素」二字，既是大陸方面清算胡適思想的一個大批判性質的常用字眼，也是蔣經國1956年化名周國光攻擊胡適的小冊子《向毒素思想總攻擊》的一個關鍵詞。談到中央研究院的學術定位，胡適表態說：

> 我們不要相信總統十分好意誇獎我個人的那些話。我們的任務，還不止是講公德私德，所謂忠信孝悌禮義廉恥，這不是中華文化所獨有的。所有一切高等文化，一切宗教，一切倫理學說，都是人類共同有的。總統對我個人有偏私，對於自己的文化也有偏心。所以在他領導反共復國的任務立場上，他說話的分量不免過重了一點。我們要體諒他，這是他的熱情所使然。我個人認為，我們學術界和中央研究院挑起反共復國的任務，我們做的工作，還是在學術上，我們要提倡學術。[1]

儘管胡適一再表白「我的話並不是駁總統」，依然引起蔣介石的滿腔仇恨。蔣介石雖然沒有當場爆發，卻把滿腔仇恨記錄在了日記之中：

---

[1]　胡頌平編著《胡適之先生年譜長篇初稿》第7冊，臺北：聯經出版事業公司，1984年，第2662-2665頁。

今天實為我平生所遭遇的第二次最大的橫逆之來。第一次乃是民國十五年冬、十六年初在武漢受鮑爾廷宴會中之侮辱。而今天在中央研究院聽胡適就職典禮中之答拜的侮辱，亦可說是求全之毀，我不知其人之狂妄荒謬至此，真是一狂人。今後又增我一次交友不易之經驗。而我輕交過譽，待人過厚，反為人所輕侮，應切戒之。惟仍恐其心理病態已深，不久於人世為慮也。

十時，到南港中央研究院參加院長就職典禮，致辭約半小時，聞胡答詞為憾，但對其仍禮遇不予計較。……因胡事終日抑鬱，服藥後方可安眠。[2]

一心要打造蔣家王朝家天下的蔣介石，平時聽慣了歌功頌德的阿諛奉承，很難忍受胡適短兵相接的當眾糾錯。所謂「橫逆」，暴露出的恰恰是他自己嚴重喪失自知之明的「心理病態」。蘇俄首席代表鮑爾廷（通譯鮑羅廷）當年是被國共兩黨奉為導師的上位者，他對於蔣介石的所謂「侮辱」，是不可以用「橫逆」之類的帝王術語加以形容的。即使非要用「橫逆」來加以形容，張學良、楊虎城發動「西安事變」武裝抓捕蔣介石的「橫逆」程度，要遠遠超出胡適的當面糾錯。

因為胡適的當眾糾錯而大受刺激的蔣介石，直到第二天依然需要服用安眠藥：「知此一刺激太深，仍不能澈底消除，甚恐驅入意識之中。」

---

[2]　《蔣介石日記》手稿，1958年4月10日。陳紅民、段智峰《差異何其大》，《近代史研究》2011年第2期，第23頁。

第三天即1958年4月12日，蔣介石在總統官邸招待中央研究院全體院士，以及和胡適一樣從美國來到臺灣出任教育部部長兼清華大學校長的梅貽琦。他充滿偏見的關注焦點，幾乎全部集中在了胡適身上：

> 晚宴中央研究院院士及梅貽琦等，胡適首座，餘起立敬酒，先歡迎胡、梅同回國服務之語一出，胡顏色目光突變，測其意或以為不能將梅與彼並提也，可知其人之狹小妒忌。

4月12日是星期六，蔣介石在日記之後的「上星期反省錄」中，進一步清算了胡適的「橫逆」表現：

> 胡適就職典禮中，余在無意中提起民國八、九年間，彼所參加領導之新文化運動，特別提及其「打倒孔家店」一點，又將民國卅八、九年以後共匪清算胡適之相比較，余實有尊重之意，而乃反觸其怒，殊為可歎。甚至在典禮中，特提余為錯誤者二次，余並不介意。但事後回憶，甚覺奇怪。又是，在星六招宴席中，以胡與梅貽琦此次由美國返回，余乃提起卅八年初將下野之前，特以專派飛機往北平接學者，惟有胡、梅二人同機來京，脫離北平圍困，今日他二人又同機來台，皆主持學術要務為欣幸之意。梅即答謝當時余救他脫險之感情，否則亦如其他學者陷在北平被共匪奴役，而無複有今日其人之辭，殊出至誠。胡則毫不在乎，並無表情。惟彼亦聞梅之所言耳，其心中是否

醒悟一點，則不得而知矣。余總希望其能領悟，而能為國效忠，合力反共也。[3]

這裡所謂的「為國效忠」，說到底就是效忠於一直想凌駕於既定憲法之上經營打造蔣家王朝家天下的蔣介石個人。蔣介石明明是直接導致大陸淪陷的罪魁禍首，只因為自己掌控著一部分殘餘的軍政資源，便要以恩養他人的君王主子自居。

尤其可笑的是，蔣介石在用梅貽琦的謙恭來反證胡適「橫逆」的同時，竟然把在中央研究院的位置上一直對他採取消極避讓不合作態度的黨國元老蔡元培抬了出來：「胡適的言行，更使我想起蔡子民先生道德學問，特別是他安詳雅逸不與人爭的品行之可敬可慕也。」

第二節　蔣介石日記裡的陰損暗罵

1958年4月30日，蔣介石在「上月反省錄」中將胡適單列一款：「忍受胡適之侮辱，不予計較，此或修養之進步歟？」

蔣介石所謂的「不予計較」，只是不像此前對待英美派人士王世杰、吳國楨、孫立人、朱家驊等人那樣，採取撤職查辦之類的斷然措施。在蔣介石此後的日記裡，胡適幾乎成了他反復計較和詆毀詛咒的首要對象。

1958年5月10日，蔣介石在日記中寫道：

---

[3]　引自陳紅民、段智峰《差異何其大》，《近代史研究》2011年第2期，第23頁。

對於政客以學者身分向政府投機要脅，而以官位與錢財為其目的。伍憲子等於騙錢，左舜生要求錢唱中立，不送錢就反腔，而胡適今日之所為，亦幾乎等於此矣，殊所不料也。總之，政客既要做官，又要討錢，而特別要以「獨立學者」身分標榜其清廉不苟之態度。甚歎士風墮落，人心卑污……今日更感蔡先生之不可得矣。[4]

伍憲子是定居香港的中國民主社會黨首領。左舜生是青年黨首領。「蔡先生」即蔡元培。胡適20多年來一直勸說蔣介石像能容人、能用人的蔡元培那樣，為自己掌握的公共權力設定一個可以依法監督的明確邊界。蔣介石自己不肯也不能學好，卻偏偏要求別人服從效忠於作為獨夫民賊的他自己，他對於胡適等人爭取參政議政之合法權力的詆毀詛咒，顯然是不能成立的。

到了1958年5月30日，已經喪失整個中國大陸的蔣介石，依然基於抗日戰爭時期提出的「一個國家、一個政黨、一個領袖」的專制訓政思維，在日記當中暗罵胡適說：

近日思能在二年後如期下野修養，以我餘年為黨國貢獻所能……以今日一般政客如胡適等無道義，無人格，只賣其「自由」、「民主」的假名，以提高其地位，期達其私欲，對國家前途與事實概置不顧，令人悲歎。……經兒婉報胡適與其談話經過，乃知其不僅狂妄，而且是愚劣成性，竟勸我要「毀黨救國」，此與共匪之目的如出一轍，

---

[4]　陳紅民、段智峰《差異何其大》，《近代史研究》2011年第2期，第24頁。

不知其對我黨之仇恨甚於共匪之對我也。可恥。[5]

這裡的「經兒」，就是效仿蘇俄及中共把黨部設在連隊裡的軍情頭子、總政治部主任蔣經國。蔣介石之所以如此氣急敗壞、喪心病狂，是因為在此之前的5月26日，胡適與陳誠、蔣經國、陳雪屏一起談到了蔣介石的政治繼承人應該是時任副總統、國民黨副總裁和光復大陸設計委員會主任的陳誠，而不是軍情頭子蔣經國的問題；以及毀黨救國、廢除出版法等問題；直接觸碰了蔣家王朝家天下的生命線。[6]

5月31日，蔣介石在日記中寫道：「朝課後，與經兒談反動派抬胡適組黨，及其勾結美國之情形，此時美未必為其供應什麼也。惟胡有躍躍欲試之意，但為過去關係，余對胡適應有一次最後規誡之義務。」

在5月31日的日記之後的「上月反省錄」裡，蔣介石接著暗罵胡適說：「胡適狂妄，竟提出『毀黨救國』之主張。而彼且將自己組黨。抑何矛盾之極耶。」

關於所謂的「毀黨救國」，流亡美國期間的胡適曾經在1957年8月29日寫給雷震的書信中表述說：

> 這一年來，香港、臺北的朋友曾有來信，說起反對黨的需要。但我始終沒有回過一個字，沒有複過一封信，因為我從來沒有夢想到自己出來組織任何政黨。我幾年前曾公

---

[5] 引自江勇振著《舍我其誰：胡適（第四部）國師策士1932－1962》，第767-768頁。參見陳紅民、段智峰《差異何其大》，《近代史研究》2011年第2期。
[6] 參見江勇振著《舍我其誰：胡適（第四部）國師策士1932－1962》，第737-738頁。

開的表示一個希望：希望國民黨裡的幾個有力的派系能自由分化成幾個新政黨，逐漸形成兩個有力的政黨。這是我幾年前的一個希望。但去年我曾對幾位國民黨的朋友說，我對於國民黨自由分化的希望，早已放棄了。我頗傾向於「毀黨救國」，或「毀黨建國」的一個見解，盼望大家把眼光放得大一點，用國家來號召海內外幾億的中國國民的情感心思，而不要枉費精力去辦黨。我還希望國民黨的領袖走「毀黨建國」的新路，我自己當然沒有組黨的心思。[7]

胡適當時正在病中，中央研究院院長的換屆選舉也正在進行之中，他對於臺灣孤島的組黨問題存在種種顧忌，便對雷震提出了幾點勸告：

第一，你和其他朋友聽到的種種關於胡適之蔣廷黻「在美國決定組黨，名子（字）叫做自由黨」一類的傳說，完全沒有一絲一毫的事實根據。……

第三，丁月波和你都曾說過，反對黨必須我出來領導。我從沒有回信。因為我從來不曾做此想。我在臺北時，屢次對朋友說──你必定也聽見過──盼望胡適之出來組織政黨，其癡心可比後唐明宗每夜焚香告天，願天早生聖人以安中國！……我平生絕不敢妄想我有政治能力可以領導一個政黨。我從來沒有能夠叫自己相信我有在政

7　引自周質平：《張弛在自由與威權之間：胡適、林語堂與蔣介石》，文載香港中文大學中國文化研究所《二十一世紀》雙月刊2014年12月號。另見江勇振著《舍我其誰：胡適（第四部）國師策士1932－1962》，第776-777頁。

治上拯救中國的魄力與精力。胡適之沒有成為一個「妄人」，就是因為他沒有這種自信吧。

事實上，胡適之、蔣廷黻等人此前在美國確實有過組織政黨的動議，胡適所謂「完全沒有一絲一毫的事實根據」，是他為了強調自己拒絕組黨的決心而矯枉過正的一種口誤或謊言。

1947年3月13日，胡適和周寄梅、蔣廷黻一起乘坐早班列車前往南京。3月15日晚上，蔣廷黻、吳景超、胡適等人一起晚餐，談到組織一個新政黨的事情。蔣廷黻堅持與毛澤東1945年在重慶提出的混合經濟相一致的觀點，建議成立「社會黨」。胡適承認自己是個傳統的自由主義者，認為「社會主義必定走向極端」，所以喜歡「民主黨」的名稱。[8]

1949年4月27日，胡適抵達紐約，蔣廷黻在日記中寫道：「我鼓勵他在美國要有積極的作為，領導一個新的社會主義政黨。他對社會主義沒興趣，而且認為他沒有領導政黨的才性。他鼓勵我自己組黨。這我當然不能做。」到了8月24日，蔣廷黻又在美國提議成立自由黨，胡適認為想法很好，但拒絕出面領導。

8月29日，蔣廷黻和胡適見面時提出了一個自由黨核心成員名單：胡適、顧孟餘、童冠賢、翁文灝、周詒春、傅斯年、俞大維、陳光甫、郭泰祺、顧維鈞。胡適加了蔣廷黻、梅貽琦兩個人。兩個人商議後又加了于斌、蕭公權、張佛泉。

9月1日，蔣廷黻和胡適討論黨綱，「他最重要的建議是把自由企業列為黨的一個原則」，蔣廷黻的態度是：「但我說服他收回」。

---

8 蔣廷黻日記，1947年3月15日，參見江勇振著《舍我其誰：胡適（第四部）國師策士1932－1962》，第749頁。

10月15日，蔣廷黻在日記裡寫道：「胡適過來聊天。他同意擔任『自由党』主席，……他認為自由黨目前沒有組織政府的能力，我則認為我們應該全力以赴。」

到了10月17日，胡適又開始退縮反悔，他對蔣廷黻說自己非常不看好「中國自由黨」，「他坦白說他之所以答應作党的主席，完全是為了我，不想讓我失望。」

10月26日，蔣廷黻在紐約見到宋美齡，告訴她自己想組「自由黨」的計畫，希望得到她的支持。宋美齡不置可否。

1949年11月4日，蔣廷黻在日記裡寫道：

> 晚上胡適過來聊天。我給他看我給顧孟餘、童冠賢的信。他很不高興，因為我在這麼早就談聯合政府，會讓別人產生疑懼。他在這個時候仍然膽小到這個地步，他在危機當頭如何有能力擔當領導責任呢？這個人一點勇氣也沒有。[9]

11月16日，蔣廷黻在日記裡談到，「美聯社」記者卡平特專訪「中國自由党」一事時提問：「這是不是意味著要與蔣介石決裂？」蔣廷黻的反應是：「這是一個我從來就沒有想過的角度。我退而訴諸憲法：憲法並不禁止組織新的政黨。」

1949年11月17日，美國《紐約時報》以「中國亟需新自由黨」為題，刊出中華民國常駐聯合國代表蔣廷黻於前一天發表的談話，聲稱組建新黨是「要在國內國外為中國的獨立而奮鬥」，新黨的目標是：「（1）中國的國家獨立；（2）個人自由；

---

[9]　蔣廷黻日記，1949年8月－11月，參見江勇振著《舍我其誰：胡適（第四部）國師策士1932－1962》，第749-753頁。

（3）在中國快速發展經濟以提高國民的生活水準」。新黨將由前駐美大使胡適擔任精神領袖（logical head）。當記者問到組建新黨是否意味著要與蔣介石決裂時，蔣廷黻搖頭說不會，中國的憲法允許成立新的政黨。

12月22日，蔣廷黻在日記裡記錄了胡適又一次在臨門一腳的關鍵時刻之膽怯退縮和逃避責任：

> 五點去看胡適。他說他沒否認我對「中國自由黨」所發表的談話，因為他理解我的苦心。至於他自己，他寧願把它侷限在一個教育運動，而不求政治力量，等等。歸根究底，這個人完全沒有政治能力，不適合當領袖。他是考據家，連作政治都如此。他不是讓運動拖著他走，就是被運動拋在後頭。[10]

臺灣方面的雷震收到胡適寄來的陳之邁翻譯的《中國自由党章程》，於1949年12月8日給胡適回信，提醒他組黨不易，要注意國民黨的前車之鑒。

1950年1月1日，蔣廷黻草擬的《中國自由黨組織綱要草案》的前半部分，經雷震、王聿修之手在《自由中國》2卷1期公開發表。

1950年1月24日，雷震給蔣廷黻、陳之邁寫信說：「弟意今日中國【臺灣】應先結合志同道合之人士，先來一個反共超黨派的自由中國運動，以文字或其他方式徵求同志。俟此團體有相當力量後，再參加實際政治。這樣進行不免緩慢，但不至於發生波

---

[10] 蔣廷黻日記，1949年12月22日，引自江勇振著《舍我其誰：胡適（第四部）國師策士1932－1962》，第751頁。

折。……《自由中國》半月刊勉可為此運動之刊物。」[11]

關於此事，雷震在給與胡適同在美國的王世杰之子王紀五寫信時另有表示：「我等意見（包括杭先生及雪公暨傅校長）以為中國自由黨不好組織，就是不易找到有號召力量之黨員，因社會上才智之士多入了國民黨，倒不如由適之先生領導自由中國運動，或名曰自由中國同盟，不論有無黨籍，凡屬志同道合者均可參加……可匯成一巨大力量，而以適之先生為領袖，在政治上則支持蔣先生……」[12]

這裡的「杭先生」即杭立武，「雪公」即王世杰字雪艇，「傅校長」即臺灣大學校長傅斯年。

1950年3月6日，蔣廷黻在日記中記錄了他與蔣夢麟的一番對話：

> 六點半，和蔣夢麟搭火車上華盛頓。他說蔣介石把過去三年的失敗都怪罪在他的部屬身上。他對未來悲觀。我告訴他我組織自由黨的背後有兩個目的：一、讓蔣介石有光榮的退路；二、讓美國國務院有轉變政策的臺階。我為他解釋，有了自由黨，蔣介石仍然可以當總統，但必須遵守憲法賦予總統的權限。國民黨也可以在聯合政府裡當第二大黨。夢麟保證他回去以後會解釋給蔣介石聽。[13]

5月26日，蔣廷黻在日記裡記錄了他的再度亢奮：「苦難又缺

---

[11] 雷震致蔣廷黻、陳之邁，1950年1月24日，引自江勇振著《舍我其誰：胡適（第四部）國師策士1932－1962》，第771頁。

[12] 范泓著《風雨前行：雷震的一生》，廣西師範大學出版社，2004年，第207頁。

[13] 引自江勇振著《舍我其誰：胡適（第四部）國師策士1932－1962》，第754頁。

乏組織的中國人在等待人拯救。他們已經對蔣介石和國民黨失去信心。不管他怎麼試，他就是無法建立信心或希望。……這就使我再去找胡適……我問胡適這個問題：你是否願意重新考慮不領導『自由党』的決定？他回我他的陳詞濫調：我是朽木不可雕也。」

由於胡適不願意出面擔當擬議中的黨魁，更由於這些所謂的自由主義知識份子，不具備相對獨立的財富資源和軍政實力，由蔣廷黻發起卻又不敢獨立擔當第一黨魁的這次組黨活動，沒有開張就宣佈破產。雷震所提議的「自由中國運動」，所遭遇的是幾乎同樣的結局：「老實說，『自由中國運動』如非先生出來領導，絕對沒有希望。以拯救民族文化為己任如先生者，還能這樣長此因循下去麼？」[14]

按照江勇振的解釋，胡適的「毀黨救國」的主張，其實就是他1931年7月31日在日記裡記錄的「無黨政治」之「好政府主義」的一種翻版：

> 美國人【艾爾弗雷德‧M‧賓漢】（【參議員賓漢】的兒子）來談。他問現在大家都不滿意於代議政治，有何補救之法？應用何種政制代替？
>
> 我說，今日蘇俄與義大利的一黨專制是一種替代辦法。但也許可用「無黨政治」來代替。無黨政治並非絕不可能。……此言不是戲言。[15]

---

[14] 引自江勇振著《舍我其誰：胡適（第四部）國師策士1932－1962》，第771-772頁。
[15] 引自曹伯言整理《胡適日記全編》第6卷，第139-140頁。參見江勇振著《舍我其誰：胡適（第四部）國師策士1932－1962》，第769頁。

156　胡適評議　卷三：胡適與蔣介石之憲政博弈

事實上，所謂「大家都不滿意於代議政治」，與所謂的大家都不滿意於有政府、都不滿意於有軍隊、都不滿意於科學技術之快速發展一樣，是經不起實證量化的偽問題。胡適對於這種偽問題煞有介事的思考和回答，恰恰暴露了他缺乏嚴謹專業的科學精神的信口開河、異想天開。胡適這種無黨派甚至於無政府的「無黨政治」和「毀黨救國」，說到底依然是他不能夠較為乾淨徹底地走出和告別以所謂天道天理及家國天下為本體本位的公天下、打天下、坐天下、平天下、家天下、私天下的怪圈魔咒和思想牢籠，以至於幾乎是無意識地要求別人為了絕對神聖的天道天理及家國天下而無我、無私、無欲、無為、無產、無黨的「存天理，去人欲」的中國特色之舊思維、舊根性。

到了1958年12月22日，胡適在臺北《民主潮》雜誌社演講時，拿美國1787年的「費城制憲會議」為例證，進一步闡述了這種中國特色的「非個人主義」的舊思維、舊根性：「這些美國開國的大政治家，在開始時，就下了決心，要求得一個可以代表全體意志的共同方案。這真可以說是『大公無我』。因為在記錄上沒有『我』，在報紙上也沒有『我』。沒有『我』才可以大公。」[16]

美國憲法是來自多個州的代表以「我們合眾國人民」的名義制定的，裡面當然沒有個人主體的單數之「我」；但是，其中的幾乎每一項條款，都是明確無誤地保障每一個自治州的每一位「人民」的基本人權和財富自由的，換言之就是「大公有我」的。當年的與會代表確實沒有表現出成熟的議會政黨之觀念，但

---

[16] 胡適：《關於言論自由和反共救國會議》，《自由中國》第20卷第1期，1959年1月1日，第11頁。

是，一旦進入實際的制度建設和政權運作，「這些美國開國的大政治家」很快就意識到了成立議會政黨的必要性和重要性，胡適借用「費城制憲會議」來佐證自己不切實際、異想天開的「毀黨救國」之「無黨政治」，事實上是不能成立的。

在此之前的1958年6月3日，手擬「去年反省錄」的蔣介石，把全副精力用在了手無寸鐵的胡適身上：

> 午課後，手擬去年反省錄，開始感想千萬：胡適態度最近更為倡狂，無法理喻，只有不加理會，但亦不必予之作對，因為小人自有小人對頭也。對於其所言反對修憲與連任總統之謠詠，乃是一般投機政客有意誣衊之毀蔣運動，不僅餘本人，即本黨亦從未有此意向，希其審慎，勿受愚弄。

> 至於「毀黨救國」之說，聞之不勝駭異。中華民國本由國民黨創造，今遷臺灣，亦由國民黨負責保全，如果毀了國民黨，只有拯救共匪的中華人民共和偽國，如何還能拯救中華民國乎？何況國民黨人以黨為其第一生命，而且視黨為國家民族以及祖宗歷史所寄託者，如要我毀黨，亦即要我毀我自己祖宗與民族國家無異。如他認其自己為人，而當我亦是一個人，那不應出此謬論，以降低其人格也。以上各言，應由辭修或嶽軍轉告予其切誡。[17]

作為上述文字的一種落實，蔣介石在6月6日的日記中介紹

---

17 陳紅民、段智峰《差異何其大》，《近代史研究》2011年第2期，第25頁。

說：「胡適狂妄言行，決不予理睬。與辭修談胡適問題，認其『毀黨救國』之說，是要其現在領袖自毀其黨基，此其懲治比之共匪在大陸要其知識份子自罵起三代為更慘乎。」

這裡的「辭修」，就是胡適一直希望能夠成為蔣介石的繼任者的副總統陳誠，「嶽軍」即總統府秘書長張群。稍有歷史常識的人都應該知道，1912年1月1日成立的是採用五色國旗的中華民國，這個中華民國是由湖北方面的共進會和文學社率先起義，然後由光復會、同盟會、立憲派以及袁世凱的北洋軍隊共同促成的。當年的蔣介石，只是參與殺害光復會副會長陶成章的一名逃逸兇犯。孫中山改組於1919年的中國國民黨，本身就是對於宋教仁創建的作為議會民主政黨的國民黨的「毀黨造黨」。1927年通過蘇俄支持下的北伐戰爭奪取政權、由國民黨一黨「訓政」的所謂中華民國，更是對於五族共和的中華民國的顛覆再造。蔣介石罔顧中國不僅僅是蔣介石及國民黨的中國、臺灣不僅僅是蔣介石及國民黨的臺灣的基本現實，反而用三位一體的「我」即「國民黨」即「中華民國」的怪誕邏輯強詞奪理，分明是一種喪心病狂。

總而言之，胡適的政黨觀念無論如何演變，都是出於對理想中的「自由中國」的公共忠誠，從而與蔣介石父子致力於打造蔣家王朝家天下的化公為私，形成一種鮮明對照。「組黨」顯然是蔣介石內心深處給胡適劃定的一條禁區紅線；所謂「勾結美國」更是依賴美國庇護而偏安孤島的蔣介石最為忌憚之所在。好在熱衷於鼓吹「充分世界化」的胡適，並沒有當真表現出「勾結美國」組黨爭權的野心妄想；要不然，蔣介石完全可能像此前對付孫立人和此後對付雷震等人那樣，動用國家機器把胡適送入大牢。

對於蔣介石這種強詞奪理的黨國邏輯，留美學者周質平與大多數運用方塊字從事思維寫作的特色中國人一樣，另有一套以家國天下為本體本位的「老生常談」：

> 在蔣看來，「黨」之於「國」是祖孫關係，先有國民黨，後有中華民國，他所不瞭解的是這只是時間上的先後，並不是血緣上的承繼。更何況「中華民國」絕不能等同於有數千年歷史的「中國」，從「中國」的這個概念來立論，那麼，「國家」是「千秋」，而國民黨只是「朝夕」。為了一黨的短視近利，而毀了國家的千秋大業，這不是胡適所能同意的，「毀黨救國」正是著眼於這一點。但這樣的深心遠慮，豈是視國民黨為中華民國「祖基」之蔣介石所能理解？這也就無怪乎蔣視胡較「共匪」尤為兇殘了。[18]

1959年3月5日，蔣介石接見來自美國的趙元任，他在胡、趙對比中乾脆否定了胡適的「學者」資格：「見趙元任夫婦，甚和洽。余近對學者心理，以為如胡適一樣，殊不然也。畢竟真正學者，其言行風度多可敬愛者也。」

至此，蔣介石1948年4月4日在國民黨臨時中全會上提名胡適出任總統候選人時讚美胡適的所有指標——「（一）非國民黨員；（二）忠於憲法並忠於憲政；（三）有民主風度；（四）有國家民族思想，勇於為國奮鬥；（五）對中國文化歷史有深刻認

---

[18] 周質平：《張弛在自由與威權之間：胡適、林語堂與蔣介石》，文載《二十一世紀》2014年12月號。

識。」——全部被蔣介石自己逐一推翻。在這十多年的時間裡，胡適身上並沒有發生太大改變，改變的是蔣介石的權力意志。

按照陳紅民、段智峰提供的說法，隨著胡適表示反對「修憲」、反對蔣介石「連任總統」、希望蔣介石把國民黨一分為二甚至於「毀黨救國」以增加社會活力、促進臺灣社會民主憲政的文明進步，蔣介石對於胡適的不滿逐步升級，所用詞語從「狹小妒忌」、「甚覺奇怪」到「猖狂」、「狂妄」，最後罵其「無賴」、「可恥」、「政客」，以至於討厭到不願再見胡適的地步。這段時間，如何對付胡適是蔣介石日記中的重要內容。如1958年6月6日，蔣介石在其日記當中的「工作預定」一項裡，明確列入要考慮「胡適趨向與利害」。6月7日的日記之後的「上星期反省錄」裡，另有「對胡適方針與處理」。1959年6月20日的「本星期預定工作科目」當中，又有「對胡適之趨向如何」。[19]

第三節　胡適反對蔣介石三次連任

1959年5月28日，胡適當面邀請蔣介石出席7月1日的院士會議。蔣介石在日記中寫道：「召見胡適，約我七月一日中央研究院院士會議致訓，其客辭特表親善為怪。凡政客愛好面子而不重品性者，皆如此耳。」

5月30日，蔣介石在日記後面之「上星期反省錄」中再次強調說：「胡適無聊，面約我七月一日到其研究院院士會致訓，可矣。」

---

[19] 陳紅民、段智峰《差異何其大》，《近代史研究》2011年第2期，第25頁。

到了7月1日，蔣介石為了冷落胡適，竟然故意不去參加院士會議，而是於次日在總統官邸設宴款待胡適及全體院士，由陳誠、張群、梅貽琦等人作陪。蔣介石在7月4日日記後面之「上星期反省錄」中自鳴得意道：「中央研究院院士會議未應邀參加，而仍約宴其院士，此乃對胡適作不接不離之態度又一表示也。對此無聊政客，惟有消極作不抵抗之方針，乃是最佳辦法耳。」[20]

　　根據1946年通過的《中華民國憲法》，總統任期六年，「連選得連任一次」。蔣介石的第二屆總統任期將於1960年3月屆滿，依法不能繼續充當總統候選人。臺灣社會盛傳蔣介石為了連任要修改憲法，甚至有人在報端刊登「勸進」電報。

　　1959年10月14日，到美國主持中基會年會的胡適返回臺北，試圖向蔣介石當面進言。蔣介石一直不給胡適機會。11月4日，蔣介石在日記裡介紹說，美國未公開反對他繼續連任總統，這對「目前國內反動派胡適等反蔣之心理無異予以打擊，以彼等假想美國不贊成連任，為其反蔣之惟一基礎也。可恥。」

　　11月7日，蔣介石在日記中記錄了與副總統陳誠的談話內容：「彼以胡適要我即作不連任聲明。余謂，其以何資格言此？若無我黨與政府在台行使職權，則不知彼將在何處流亡矣。」

　　一直把「黨與政府」視為私家領地家天下的蔣介石不願意承認的真實情況是：一直提倡「充分世界化」的「健全的個人主義」的胡適，無論在何處「流亡」都不失為有卓越成就的可以自食其力的文化名人。假如蔣介石、蔣經國父子不能在臺灣「行使職權」，他們所面臨的才真正是生死存亡之問題。

---

[20] 陳紅民、段智峰《差異何其大》，《近代史研究》2011年第2期，第26頁。

1959年11月14日，胡適在日記中寫道：

　　今天岳軍遇著雲五先生，他說，他知道我要向總統
說些什麼話，所以他頗感遲疑。「如果話聽得進去當然很
好。萬一聽不進，胡適之也許不感覺為難，但總統也許覺
得很窘。」所以他要雲五先生示意，要我去和他談，讓他
代為轉達！
　　這是岳軍的好意，我當然接受。[21]

　　11月15日晚上，胡適在教育部長兼清華大學校長梅貽琦招待
日本友人的宴會上遇見總統府秘書長張群（岳軍），張群邀請胡
適到家裡談話。胡適請張群轉告四點意見給蔣介石：

　　第一，在明年二三月的國民大會上，憲法將受到考驗；

　　第二，為國家的長久打算，我盼望蔣總統給國家樹立一個
「合法的，和平的轉移政權」的風範。不違反憲法，一切依據憲
法……

　　第三，為了蔣先生的千秋萬世盛名，盼望他能公開表示不擔
任下一屆總統。

　　第四，所謂「勸進」不僅是對蔣先生、也是對國民黨和老百
姓的一種侮辱。「如果蔣先生能明白表示他尊重憲法，不做第三
任總統」，他的聲望和地位必然更高。

　　胡適在當天日記裡介紹說，他在10月25日下午已經把這些意
見說給了蔣介石的另一親信黃少谷（季陸），之所以要這樣做，

---

[21]　曹伯言整理《胡適日記全編》第8冊，第593頁。

「只是憑我自己的責任感，盡我的一點公民責任而已」。[22]

胡適所謂的「公民責任」，是他1937年在《政治統一的途徑》中所採用的「公忠」概念的另一種稱謂。這種「公民責任」是一種有限度、有邊界的責任擔當，而不是傳統國人動不動就要公天下、打天下、坐天下、平天下、家天下、私天下的神道設教、君權神授、奉天承運、替天行道、弔民伐罪、天下為公、天誅地滅、改朝換代、一統江山、「存天理，去人欲」的無限暴力。胡適從來沒有想過要取蔣介石而代之，他只是希望蔣介石能夠依據既有的憲法，把中華民國總統的公共權位傳遞給蔣介石所信賴的副總統陳誠，從而實現中國歷史上從來沒有成功先例的「合法的，和平的轉移政權」。胡適這樣做當然不需要付出生命代價以拼死抗爭，他所需要的是為自己也為對方留有空間餘地的憲政博弈。正是因為胡適一直以來對於理想中的「自由中國」的「公忠」表現，使他在與蔣介石的交往過程中「不感覺為難」。相比較之下，處於更加窘迫為難的法理劣勢的，是一心想違背既有憲法而極力維護蔣家王朝家天下的蔣介石。這是連蔣介石身邊最為親近的張群都能夠明白的基本事實，許多研究胡適及蔣介石的專家們，卻總是不能站在更加公正超然的學術立場上給予明白闡述。

美籍華人江勇振把自己的《舍我其誰：胡適》之第四部命名為「國師策士」，就是針對胡適的一種較為典型的臉譜化、簡單化、汙名化的表述。江勇振在《舍我其誰：胡適（第三部）為學論1927－1932》的結束語中寫道：

---

[22] 曹伯言整理《胡適日記全編》第8冊，第594頁。

當時的胡適不但是中國第一學閥，他還是中國第一公共知識份子。更重要的是，他與蔣介石漸行漸近。蔣介石接見他、聽取他的意見，以至於借重他為大使與顧問。從中日戰爭、內戰、一直到他過世為止，胡適所扮演的角色，一言以蔽之，是蔣介石的國師策士。[23]

到了《舍我其誰：胡適（第四部）國師策士1932－1962》的「前言」裡，江勇振進一步詆毀胡適說：

一個一輩子說自己超然的人，也同時愛說他在野是在為國家、政府做面子，替它說話，支持它。問題是，這又是一個文字遊戲。一個在年輕時堅持「政府」不等於「國家」的人，到了中、晚與蔣介石妥協以至於志同道合以後，會故意混淆「國家」與「政府」的分際，用他最喜歡說的「偷關漏稅」的辦法，把「政府」與「國家」並聯，仿佛幫「政府」說話、做面子，就是愛「國家」、支持「國家」一樣。這其實已經不是玩文字遊戲，而是利用他的名聲、地位，以「超然」作為護符，而行效忠一獨夫之實。[24]

胡適在國家的層面上給自己的定位是「諍臣」，在政府的層面上給自己的定位是蔣介石、汪精衛、陳誠等政府首腦的「諍友」。如此定位本身就是相對超然的兩個角色，而不是江勇振所

---

23 江勇振著《舍我其誰：胡適（第三部）為學論1927－1932》，臺灣聯經出版事業股份有限公司，2018年2月，第654頁。

24 江勇振著《舍我其誰：胡適（第四部）國師策士1932－1962》，臺灣聯經出版事業股份有限公司，2018年2月，第16頁。

說的混淆「國家」與「政府」分際的「行效忠一獨夫」的「國師策士」的單一角色。「政府」不等於「國家」，也不等於「政府」與「國家」之間不存在關聯性和一致性。胡適在出任駐美國大使尤其是晚年出任臺灣的中央研究院院長期間，就從來沒有公開說過自己是「在野」、是「超然」，而是一直堅定不移地為他理想之中「自由中國」奉獻自己的一份公共忠誠的公職人員。晚年胡適所扮演的角色當中確實有「國師策士」的成分在裡面，但是，中國傳統社會的「國師策士」是不足以涵蓋包容胡適「充分世界化」的「健全的個人主義」的價值觀念和精神境界的。中國傳統社會的「國師策士」，從來不會像胡適這樣光明磊落地聲稱自己「為國家做一個諍臣，為政府做一個諍友」，也從來不會正大光明地要求總統或君王依據憲法條款嚴格限定自己的任期長短。江勇振連如此簡單的概念和事實都不能透徹理解並加以區分及界定，確實不能說他是在玩弄什麼「文字遊戲」，而只能說是他的智商存在嚴重缺陷了。

1959年11月20日，蔣介石在聽取張群（岳軍）向他所轉達的胡適意見之後，在日記中寫道：

> 胡適反對總統連任事，各處運用其關係，間接施用其威脅伎倆，余皆置若罔聞。昨其來與岳軍相談其意，要求與余個人關門密談，並托岳軍轉達其告辭修等相同之意。乃餘對岳軍曰：余此時之腦筋，惟有如何消滅共匪，收復大陸，以解救同胞，之外再無其他問題留存於心。至於國代大會與選舉總統等問題，皆在我心中，亦無暇與人討論，否則我即不能計畫反攻復國要務矣。如胡再來詢問

時，即以此意答之可也。此種無恥政客，自抬身分，莫名其妙，不知他人對之如何討厭也，可憐實甚。[25]

11月23日，胡適前去看望王雲五。王雲五向他轉述了張群（岳軍）介紹的相關情況：「岳軍把我的意思先記出來，然後面告蔣先生。並沒有留下記錄，只委婉的口述。蔣先生鄭重考慮了一會，只說了兩句話：『我要說的話，都已經說過了。即使我要提出一個人來，我應該向黨提出，不能公開的說。』」

胡適並沒有意識到蔣介石對於自己的刻骨仇恨，他在日記裡留下的依然是基於「公民責任」的一種失望：「我怕這又是三十七年和四十三（年）的老法子了？他向黨說話，黨的中委一致反對，一致勸進，於是他的責任已盡了。」[26]

所謂「三十七年和四十三〔年〕的老法子」，主要是指蔣介石1948年競選總統時半真半假地向國民黨中央委員會推舉胡適出任總統的小插曲，以及1954年連任總統時打著國民黨的旗號半推半就的相關表現。

在蔣介石一邊，針對胡適的仇恨與暗罵還在繼續。1959年11月28日，蔣介石在日記之後的「上星期反省錄」中寫道：

> 胡適無恥，要求與我二人密談選舉總統問題，殊為可笑。此人最不自知，故亦最不自量，必欲以其不知政治而又反對革命之學者身分，滿心想來操縱革命政治，危險極矣。彼之所以欲我不再任總統之用意，完全在此，更非真有愛於

[25] 陳紅民、段智峰《差異何其大》，《近代史研究》2011年第2期，第27頁。
[26] 曹伯言整理《胡適日記全編》第8冊，第610-611頁。

辭修也。因之，餘乃不能不下決心，而更不能辭也。以若輩用心不正，國事如果操縱在其手，則必斷送國脈矣。

作為直接斷送中國大陸的第一責任人，一直依賴美國的第七艦隊和海量物資維持偏安殘局的蔣介石，竟然斥責別人「斷送國脈」，這其中的是非正誤已經被他完全顛倒。到了11月30日，蔣介石在日記之後的「上月反省錄」中再次詆毀胡適說：「胡適無恥言行，暗中反對連任，與張君勱亡國言論皆狂妄背謬已極。惟有置之不理而已。」

1959年12月19日，蔣介石又從陰謀論角度詆毀胡適說：

> 近聞胡適受夢麟之勸，其對國大代會選舉與連任問題不再反對，並願擔任此次國代聯誼會年會主席。此乃其觀望美國政府之態度而轉變者，可恥之至。餘昔認其為比張君勱等人格界高，其實彼此皆為政客，其只有個人，而絕無國家與民族觀念，其對革命自必始終主張敵對與破壞之地位，無足奇哉。[27]

事實上，蔣介石的此項情報並不準確。據陳誠在1959年11月19日的日記裡記載，蔣夢麟出面勸說胡適是基於他的委託：「八時，訪蔣夢麟先生。談在日見聞：一、日本文化；二、大使館情形。繼談明年選舉，希其與適之一談，以免誤會（一、總統連任之必要；二、不要害我）。」

11月28日，陳誠（辭修）在日記裡寫道：「四時蔣夢麟來訪，

---

[27] 陳紅民、段智峰《差異何其大》，《近代史研究》2011年第2期，第28頁。

告已與適之談過。彼已接受不再反對總統連任。夢麟先生說服適之之理由為臺灣安定才能言其他。現僧多粥少，事實上非總統不可。提辭修無異害辭修。」

黃克武引用上述資料之後解釋說，是陳誠把蔣夢麟勸說胡適的事情告訴了黃少谷，由黃少穀轉告給了蔣介石。[28]

胡適所擔任的是國民大會代表聯誼會年會的副主任委員，而不是蔣介石所謂的「主席」。即使在蔣夢麟出面勸說之後，胡適對於蔣介石的連任依然持反對態度，只是為了顧全大局而不希望臺灣社會陷入魚死網破的困境絕地。一心想維持蔣家王朝家天下的蔣介石，竟然在日記當中暗罵胡適為「只有個人，而絕無國家與民族觀念」，就只能用《紅樓夢》中所說的「假作真時真亦假，無為有處有還無」來加以形容了。

胡適對於蔣介石的遵法守憲一直抱著一份善意期待，1959年12月23日，他在日記中寫道：「今天光復大陸設計研究委員會──全世界最大的一個委員會──開年會。蔣總統作開幕典禮的演說。這個好機會，他又錯過了！」[29]

胡適所謂的「好機會」，就是希望蔣介石在這次大會上明確表態為尊重憲法而不再連任。他顯然不太明白蔣介石內心深處一直是以凌駕於憲法之上的蔣家王朝家天下的天子君王自居的；憲政制度的實現，又是需要甲乙雙方甚至相關多方憑藉足夠實力來展開相互制衡、違憲必罰的互動博弈的。

---

[28] 黃克武：《蔣中正、陳誠與胡適：以「三連任」問題為中心（1956-1960）》，《胡適與中國新文化國際學術研討會》，第254頁。引自江勇振著《舍我其誰：胡適（第四部）國師策士1932－1962》，臺灣聯經出版事業股份有限公司，2018年2月，第788-789頁。

[29] 曹伯言整理《胡適日記全編》第8冊，第646頁。

12月24日，由副總統陳誠任大會主席的國民大會代表聯誼會年會開幕儀式在臺北舉行，胡適以副主任委員身分介紹說：這一天是中華民國憲法誕生紀念日，也是中華民國行憲紀念日；希望明年二月第三次集會選舉總統、副總統時，負起憲法賦予的重大使命。

1960年1月15日，蔣介石約見胡適，因南越總統吳庭豔即將來訪而徵詢對越外交的意見。蔣介石在當天日記中寫道：「入府見胡適，其態度神氣似已大有改變。為怪。」

胡適當天沒有留下自己的日記。

2月5日，胡適到陳誠官邸參加晚宴並發了酒瘋，他自己依然沒有在日記裡留下相關記錄。

2月7日，他在日記中寫道：「今晚的《自立晚報》登出一段沒有得我同意的報導……」

這篇報導的題目是《國民大會幕前幕後》，其中介紹說，由於當局已經明確表示要修改憲法，為蔣介石第三次連任鋪路，所以一些憂心國事的人認為，胡適在此緊要關頭應該對蔣介石有所諍諫。為此，記者對胡適進行採訪，得知去年冬天他曾「向當道有所獻議」，但遭到拒絕。記者認為這是他緘默並以消極態度以示抗議的真正原因。

2月8日，雷震在日記裡記錄了胡適關於2月5日晚宴的相關敘述：

> 大家喝酒，酒後他發酒瘋，說了許多話。他說國大行將開會，只有二個星期。總統候選人尚不知，國民黨是怎樣作法，誰人作主？天下事難道只一人作主麼？我有一個荒謬絕倫的學生，說臨時條款不等於憲法。當時王雲五也

說臨時條款【不】等於憲法，惟他有一個錦囊妙計，要到
最後才說。胡先生又說國大開會一個月，每人一萬元。發
展科學計畫今年只有二百萬，明年只有五百萬，不及開會
費三分之一。又說國大代表每人要五萬元，那更不得了。
今如果降低法定人數，將來變成暴民政治，你們如何受得
了？他於十時許辭出。胡先生走後，他們繼續商談到十二
時許。大家想了許多辦法。王先生說你們談的都是連任的
辦法，何以不就不連任談一談？[30]

　　這裡所說的「荒謬絕倫的學生」，指的是蔣介石身邊的筆
桿子、早年畢業於北京大學的陶希聖。建議大家「就不連任談一
談」的，是當時的國民政府國務委員王世杰。2月14日，胡適在
日記裡粘貼了當天的《自立晚報》關於2月5日陳誠官邸晚宴的報
導，說是陳誠原本是要招待于斌總主教的，于斌由於到高雄參加
天主教在臺灣傳播100周年紀念活動而沒有到場。到場參加宴會
的是九位陪客：胡適之、張岳軍、莫柳忱、王雲五、王雪艇（世
杰）、朱騮先（家驊）、梅貽琦、曾約農、曾寶蓀。胡適日記裡
專門為這則報導加了按語：「這一則報導大致不錯，不知是怎麼
傳出去的？」[31]
　　同樣是在2月14日，胡頌平記錄了胡適與陳誠的對話：「今
夜，副總統陳誠來訪，勸先生承認既成事實。先生說：『我還是
抱萬分之一的希望，希望能有轉機。』」

---

[30] 《雷震日記》，1960年2月8日。引自江勇振著《舍我其誰：胡適（第四部）國師
　　策士1932－1962》，第789-790頁。
[31] 曹伯言整理《胡適日記全編》第8冊，第691-694頁。

胡適的另一位老學生毛子水，於當天送來一封勸告書信：
「四十年來，先生所發表的言論，沒有幾句話不是可使我們國
家的地位提高的，沒有幾句話不是可以使我們民族的智慧增加
的。……在先生已可對得住國人了，對得住世界了。」

　　2月15日，胡適和胡頌平談到毛子水的來信，胡頌平也勸
告胡適說：「到了這個時候，大家都相信先生會『相忍為國
的』。」胡適笑著回答說：「這裡也有這裡的好處，我有說話的
自由，也有不說話的自由——我可以享受不說話的自由。」[32]

　　1960年2月20日，國民代表大會第三次會議召開，應召出席
者達1576人，胡適到國民大會會場參加開幕典禮。

　　2月21日，胡適在日記中留下了幾份簡報，其中的《公論
報》以《胡適堅決反對總統三度連任》為標題報導說：「我僅有
一句話，就是堅決反對總統連任。」

　　《征信新聞》在《我堅決反對修憲　胡適博士感慨多》一文
中記錄了胡適委曲求全的折中意見：「今天大會開幕以後，曾有
一位記者在車門口問我是否說過反對蔣先生連任的話，我承認兩
年前曾經說過，最近我並沒有談到這個問題；因為我重視的一件
事是堅決反對修改憲法。」

　　2月29日，蔣介石在國民大會上點名讓胡適就無記名投票一
事發表意見，胡適表示贊成無記名投票能保障投票者不受威脅的
自由權利。蔣介石反問道：「在此地誰威脅誰？」等到大會總結
時，蔣介石還公然發表威脅性質的講話：「我不是用總統的身
份，我是用代表的身份來說。對於憲法這等重大的事，我個人是

---

32 胡頌平著《胡適之先生年譜長編初稿》第9冊，臺北聯經出版事業公司，1984
年，第3192頁。

反對無記名投票的。」

3月11日，第一屆「國民大會」第三次會議第六次大會通過凌駕於憲法之上的《動員戡亂時期臨時條款》修正案，其中新增了「動員戡亂時期總統副總統得連選連任，不受憲法第四十七條連任一次之限制」的條款，在不修改憲法的前提之下為蔣介石充當終身總統鋪平了道路。

3月21日，「國民大會」正式投票選舉蔣介石為新一屆總統。當《中央日報》記者詢問胡適的意見時，選擇韌性博弈的胡適，只好委曲求全、言不由衷地表示說：「我站在老百姓的立場上，跟老百姓一樣的高興。」[33]

在掌握臺灣孤島幾乎所有的軍政和財政資源的蔣介石執意連任的情況下，像這樣以冷凍休眠的方式保全既有的憲法條款，應該是當時僅有的一種選項，同時也是胡適等人依據憲法公開護憲的極其有限的一項成果，為蔣介石、蔣經國去世之後臺灣社會依據既有憲法實現非暴力的文明轉型，埋下了伏筆。僅此一點，今天的臺灣人對於憂國憂民發酒瘋的晚年胡適，也是應該抱有一份敬意的。

作為歷史學者，江勇振沒有認識到這樣一個歷史走向，反而在《舍我其誰：胡適（第四部）國師策士1932－1962》裡，給出了一種簡單粗暴的極端評判：

> 最難堪的是，胡適最終還是得推選蔣介石作為非法的第三任總統。……胡適所謂的「這裡也有這裡的好處，我

---

[33] 曹伯言、季維龍編著《胡適年譜》，安徽教育出版社，1989年，第894頁。

有說話的自由，也有不說話的自由」這句話不攻自破。

最讓晚年的胡適難堪，而且也最無情地揭穿了胡適一直為之辯護的「自由中國」其實一點也不自由的事實，就是《自由中國》發行人雷震被蔣介石羅織以包庇匪諜罪名被捕一案。[34]

胡適所謂「不說話的自由」的較早出處，是他的老友陳垣於1949年5月11日在《人民日報》發表的《給胡適之一封公開信》，信中寫道：

去年十二月十三夜，得到你臨行前的一封信，討論楊惺吾《鄰蘇老人年譜》中的問題。……當我接到這封信時，圍城已很緊張，看報上說你已經乘飛機南下了。真使我覺得無限悵惘。記得去年我們曾談過幾回，關於北平的將來，中國的將來，你曾對我說：「共產黨來了，決無自由」。並且舉克蘭欽可的《我選擇自由》一書為證。我不懂哲學，不懂英文，凡是關於這兩方面的東西，我都請教你。我以為你比我看得遠，比我看得多，你這樣對我說，必定有事實的根據，所以這個錯誤的思想，曾在我腦裡起了很大的作用。但是我也曾親眼看見大批的青年都已走到解放區，又有多少青年，正在走向這條道路的時候，我想難道這許多青年——酷愛自由的青年們都不知道那裡是「決無自由」的嗎？況且又有好些舊朋友在那裡，於是你

---

[34] 江勇振著《舍我其誰：胡適（第四部）國師策士1932－1962》，第792頁。

的話在我腦海裡開始起了疑問……

　　接下來，陳垣以犧牲學術良知為代價，向新政權輸誠效忠說：自己以往同胡適的論學方法只是「實證主義」的，在立場上「有著他基本錯誤的」；「我現在明白了毛澤東的政治主張和實際情況，我願貢獻你這種版本，校正你孤證偏見的危險。……在三十年前，你是青年『導師』，你在這是非分明勝敗昭然的時候，竟脫離了青年而加入反人民的集團，你為什麼不再回到新青年的行列中來呢？我以為你不應當再堅持其以前的錯誤成見，應當有敢於否定過去觀點錯誤的勇氣。你應該轉向人民……我現在很摯誠的告訴你，你應該正視現實，你應該轉向人民，幡然覺悟，真心真意的向青年們學習，重新用真正的科學的方法來分析，批判你過去所有的學識，拿來為廣大的人民服務，再見吧！希望我們將來能在一條路上相見。」

　　流亡美國的胡適，是1949年6月19日讀到陳垣公開信的英文譯本的，他在日記裡寫道：「其第一段引我給他最後一信的末段（Dec.13'48），此決非偽作的。全函下流的幼稚語，讀了使我不快。此公老了。此信大概真是他寫的？」

　　6月21日，胡適讀到《華僑日報》轉載的「陳垣公開信」的中文版本，又在日記裡寫道：「我讀了更信此信不是假造的，此公七十歲了，竟醜態畢露如此，甚可伶惜！」

　　1950年2月1日，胡適在《自由中國》2卷3期發表《共產黨統治下決沒有自由──跋所謂〈陳垣給胡適的一封公開信〉》，再次聲稱中國大陸「決沒有言論的自由，也沒有不說話的自由」。

　　事實上，陳垣的這封公開信並不單純是他的個人行為，為他

修改潤色這封信的，是來自延安的第一號紅色歷史學家范文瀾。
1960年2月29日，胡適在國民大會上被蔣介石點名發言，雖然有
威脅逼迫的成分；但是，他依然是可以選擇不發言的。他在以國
民大會代表身份履職發言時，並沒有像陳垣、馮友蘭、郭沫若、
馬寅初、範文瀾、翦伯贊、吳晗、胡風、巴金、曹禺、吳宓、竺
可楨、錢端升等幾乎所有的大陸知名文化人那樣，以出賣朋友和
學術良知為代價言不由衷地說出違心話語。蔣介石雖然當場否定
了胡適的觀點，胡適並沒有因為直抒己見，而像大陸方面包括他
自己的兒子胡思杜等人那樣受盡屈辱甚至於死於非命。從這個意
義上說，胡適和臺灣社會幾乎所有的合法居民雖然不能像美國
人、英國人那樣，在個人自由、甲乙平等、法治民主、限權憲政
的普世價值方面擁有多層次、全方位的人權保障，一定限度內的
說話的自由和不說話的自由，還是存在的。敢於公開批評和挑戰
蔣介石政府當局的《自由中國》，能夠持續出版發行11年共290
期，也不是江勇振所謂「其實一點也不自由」的極端話語，所能
一筆抹殺的。

　　說的更加直白一點，我的爺爺張天霖和大爺爺張木霖，是在
毛澤東發動的強制共產、大煉鋼鐵並且強制到社會主義大食堂吃
大鍋飯的所謂共產主義大躍進期間，被活活鬥死、餓死的；你江
勇振的爺爺和父母，被蔣介石父子的「其實一點也不自由」的武
裝戒嚴及白色恐怖，鬥死或餓死了嗎？假如在大陸的赤色恐怖與
臺灣的紅色恐怖之間進行抉擇，你江勇振以及你的祖輩、父輩，
願意選擇大陸嗎?!

第四節　蔣介石製造雷震案

　　隨著臺灣社會的發展變遷，各界人士的政治訴求日趨強烈。《自由中國》、《民主潮》、《公論報》等多家報刊公開就反攻大陸、言論自由、開放黨禁等禁忌話題展開討論。郭國基、許世賢等本土議員也開始利用議會平臺，對省政府的各項政策進行公開質詢。

　　1958年7月，《公論報》社長李萬居、省議會議員郭國基、前臺北市長高玉樹等78位無黨派人士，申請設置「中國地方自治研究會」，被當局駁回。

　　蔣介石在第三次連任總統之後，與奉胡適為精神領袖的《自由中國》同人團隊之間，面臨著一場攤牌對決。雷震積極推動的組黨活動，成為攤牌對決的導火索。

　　早在1957年8月13日，蔣介石就在日記中記錄了處置《自由中國》的動議：「12日，與陶希聖談『反動雜誌』處置辦法。本日，到革命實踐研究院主持一般會議，討論處理《自由中國》雜誌破壞國策之罪案，決議將慎重其事，待其今後發展再定，『以此時大陸共匪正在圍剿鳴放運動，故非其時也。」[35]

　　1958年10月31日，臺灣警備總司令黃杰在遞交給陳誠的密呈裡談到：「以雷震為社長兼主任編輯委員之《自由中國》半月刊，歷年來假借自由民主，遂行其詆毀元首、打擊本黨、蓄意叛亂、顛覆政府之惡意宣傳與陰謀活動。事蹟昭然，為國人所共見。」

---

[35] 呂芳上主編《蔣中正先生年譜長編》，1957年8月13日。引自江勇振著《舍我其誰：胡適（第四部）國師策士1932－1962》，第794頁。

1959年1月，《自由中國》第20卷第2期刊登署名「陳懷琪」的「讀者投書」《軍人也贊成反對黨》、《革命軍人為何要以「狗」自居》。文章發表之後，陸軍工兵基地勤務處製造廠中校行政課長陳懷琪，用同樣的筆跡在來信中否認自己投遞過前面的兩篇文章，並且在官方控制的黨報、軍報上大登廣告，還向地方法院控告雷震「偽造文書」、「誹謗」和「有利於叛徒之宣傳」。這是由蔣經國控制的情治部門幕後操縱的一樁誘人入罪、釣魚執法的典型案列。1959年4月6日，臺灣國家安全局第二處處長劉醒吾在報告中寫道：「據本部第十諜報組報稱……陳懷琪與雷震訟案期中，雷震曾數訪胡適博士，並聞曾邀胡院長陪同晉謁副總統為其涉訟事緩頰。」談到《自由中國》本期之言論內容，突轉平正，劉醒吾建議說：「以陳案之化小，換取該刊之改變言路，未嘗不無可能。果如此，則陳案之收穫亦可滿意。」[36]

　　1960年初，「必須建立反對黨」在一部分人當中已經成為共識。「副總統」陳誠公開表態，支持在一定條件下成立反對黨。美國「駐台大使」莊萊德表示說，如果新黨成立，臺灣就「可以步上民主國家」。國民黨的兩個「友黨」——青年黨和民社黨——也開始謀求重新整合與定位。

　　1960年5月18日，省議員、縣市長及無黨派人士70多人在民社黨總部舉行檢討座談會，與會者形成決議：即日起組織地方選舉改進座談會，著手在青、民兩黨的基礎上聯合臺灣本土的民主人士，另行組織反對黨。

　　在此之前，《自由中國》發行人雷震已經邀請民社黨、青

---

[36] 陳世宏等編《雷震案史料彙編：國防部檔案選輯》，臺北：國史館，2002年，第13-22頁。

年黨、無黨派及臺灣本土實力派人士，召開過一次預備會議。6月15日，「地方選舉改進座談會」宣佈立即籌組新政黨，由李萬居、高玉樹、雷震為新黨發言人。新黨以李萬居為主席，雷震為秘書長，青年黨的夏濤聲，民社黨的楊毓滋，以及高玉樹、齊世英、郭雨新為主席團成員，定於9月底正式成立。《自由中國》為此專門發表殷海光執筆的社論《大江東流擋不住》，宣稱組黨的趨勢「決不是霸佔國家權力的少數人所能永遠阻擋的」。

1960年7月2日，雷震、夏聲濤以及「地方選舉改進座談會」的其他召集人，為即將赴美的胡適舉行餞行餐會。胡適在餐會上希望大家能以和平的方式、容忍的精神、嚴正的態度和長期的努力，使民主政治、政黨政治走上正軌；懇請大家以在野黨而不是反對黨的名義，對執政黨起到監督制衡作用。

7月9日，胡適乘坐飛機前往美國進行為期三個多月的學術訪問，蔣介石便乘此機會對雷震和《自由中國》下了毒手。

8月31日，蔣介石在日記中詳細規劃了逮捕雷震的善後預案：「一，雷逆逮捕後，胡適如出而干涉，或其在美公開反對政府時，應有所準備：甲、置之不理；乙、間接警告其不宜返國。二、對美間接通知其逮雷原因，以免誤會。三、談話公告應先譯英文。四、何時談話為宜，以何種方式亦應考慮：甲、紀念周訓詞方式；乙、對中央記者談話方式。」

在這項日記之後的「上月反省錄」中，蔣介石明確表示，對雷震逮捕之考慮「不厭其詳」。

9月2日，蔣介石為雷震案定性說：「所謂反對黨之活動與進行，乃以美國與胡適為其招搖號召之標幟。」

由此可知，作為一名無力保全自己的專制獨裁者，蔣介石

內心深處最大的糾結，是對於既要依賴利用又要抵制抗拒的美國社會及其自由、平等、民主、憲政的價值觀念的愛恨交加。提倡「充分世界化」的「健全的個人主義」的胡適，在蔣介石眼裡幾乎等同於美國社會及其文化的化身。從這個意義上說，蔣介石抓捕雷震，就等同於是在整肅胡適。

在此之前的1960年3月16日，胡適曾經私下勸告雷震說：「你說的話，我自己說的話，都會記在我的帳上。你不知道嗎？『殺君馬者道旁兒』：人家都稱讚這頭馬跑得快，你更得意，你更拼命的加鞭，拼命的跑，結果，這頭馬一定要跑死了。現在你以為《自由中國》出了七版、八版，你很高興，這都是你的災害！」[37]

關於此事，雷震在當天日記中也有記錄：

> 上午到社，十一時上南港，在胡先生處午飯，他對《自由中國》再版、三版，極為憂慮。怕當局在勝利之後，得意忘形，故將蔡子民先生辭北大校長登報一句話「殺君馬者道旁兒」告訴我，希望我注意及之。因為大家喝彩，使當局妒嫉，可能使《自由中國》夭折。……飯後談天，我問他今後怎麼辦？他說只有民青兩黨和國民黨民主派和臺灣人民合組反對黨，如果組成了，他首先表示贊成，他自己不參加，留幾個無黨無派分子比較好，如果他參加，我們推他做主席，那便無法推卸了。[38]

---

[37] 胡頌平著《胡適之先生年譜長編初稿》第9冊，臺北聯經出版事業公司，1984年，第3217頁。
[38] 雷震日記，1960年3月16日，《雷震全集》第40冊，臺北桂冠圖書出版公司，1989年，第270頁。

1960年9月4日，臺灣警備總司令部武裝抓捕雷震及《自由中國》雜誌社的三名工作人員，查抄了新黨即將完成的綱領政策及宣言底稿，宣佈雷震（儆寰）等人「涉嫌叛亂」，將由軍事法庭審判。

同一天，國民黨宣傳機關公佈《自由中國》「涉嫌違法言論摘要」，為《自由中國》定下六項罪名：（1）宣導反攻無望，（2）主張美國干涉我國內政，（3）煽動軍隊憤恨政府，（4）為共匪做統戰宣傳，（5）挑撥本省與大陸來台同胞間的感情，（6）鼓勵人民反抗政府流血革命。

同樣是在這一天，「副總統」陳誠按照蔣介石的預案致電胡適：「《自由中國》雜誌最近言論公然否認政府，煽動變亂，經警備總司令部依據《懲治叛亂條例》將雷震等予以傳訊，自當遵循法律途徑，妥慎處理。」[39]

胡適收到電文後當即回復說：

> 鄙意政府此舉不甚明智，其不良影響可預言：一則國內外輿論必認為雷等被捕表示政府畏懼並摧殘反對黨運動。二則此次雷等四人被捕，《自由中國》雜誌當然停刊，政府必將蒙摧殘言論之惡名。三則在西方人士心目中，批評政府與謀成立反對黨與叛亂罪名絕對無關。雷儆寰愛國反共，適所深知，一旦加以叛亂罪名，恐將騰笑世界。今日唯一挽救方式，似只有尊電所謂「遵守法律途徑」一語，即將此案交司法審判，一切偵審及審判皆予公開。[40]

---

[39] 胡頌平編著《胡適之先生年譜長編初稿》第9冊，第3333-3335頁。
[40] 耿雲志、歐陽哲生編《胡適書信集》下冊，第1548頁。

9月6日，陳誠來電為所謂的「軍法審判」進行狡辯，胡適在回電中一針見血地予以揭破：（一）近年政府正要世人相信臺灣是安定中求進步之樂土，似不可因雷案而昭示世人全島今日仍是戒嚴區，而影響觀光與投資。（二）果如尊電所云，拘捕四人中已有一人自認匪諜，則此案更應立即移交司法審判。否則世人絕不相信，徒然使政府蒙濫用紅帽子陷人之嫌而已。

9月8日，因為做賊心虛而密切關注胡適在美國的言論動向的蔣介石，在日記中寫道：

> 胡適對雷案發表其應交司法機關審判，且稱雷為反共人士，而決不叛亂之聲。此種真正的「胡說」，本不足道。但有「胡說」對政府民主體制亦有其補益，否則，不能表明其政治為民主矣，故乃予以容忍。但此人徒有個人而無國家，徒恃外勢而無國法，只有自私而無道義，其人格等於野犬之狂吠。余昔認為可友者，今後對察人擇交更不知其將如何審慎矣。[41]

一邊利用胡適的自由言論充當所謂「政府民主體制」的裝飾花瓶；一邊又為了維護蔣家王朝家天下的專制統治而詛咒胡適「徒有個人而無國家，徒恃外勢而無國法」；蔣介石表裡不一的心理扭曲和精神分裂可想而知。

雷震案發生後，美國各界紛紛要求政府出面干涉。《紐約時報》刊登斯卡拉皮諾的評論文章，公開質問美國政府：「我們的

---

[41] 陳紅民、段智峰《差異何其大》，《近代史研究》2011年第2期，第28頁。

大量經濟及技術援助維持著這一政府當權時，我們必須繼續裝作我們不能有所作為嗎？」作為建議，文章要求美國政府制定新的對台政策，「其中包括一項原則：所有臺灣公民必須有權利決定他們的未來及參加政府工作；否則……歷史將再度指摘我們庇護一個衰微的獨裁政體。」[42]

9月14日，蔣介石出面接見美國記者，一口咬定與雷震同時被捕的《自由中國》工作人員劉子英是中共「匪諜」，說是「每個國家都有它自己的實際情況，而且雷震的逮捕是依據中華民國的法律而辦理的」；進而公開扯謊，說是「任何人可以自由地在臺灣從事政治活動」。[43]

1960年9月16日早晨，國務委員王世杰抵達美國訪問，胡適當天就趕來見他。王世杰在9月17日的日記裡介紹說：

> 日昨胡適之來談。彼對雷震案之憤激，超出餘預計之外。言外之意似有改變其二十餘年來支持政府之一貫態度。餘勸其可向政府作不公開之諍議，但仍以避免公開批評為宜。彼似不甚以餘意為然。餘甚盼辭修能妥善處理此案。值此聯大開會期間，我政府尤應避免予敵人以攻擊口實。[44]

定居美國的民社黨主席張君勱，連續兩次從美國致電蔣介石，明確反對逮捕雷震，並且要求蔣介石辭職，「將其責任交副總統陳誠」。胡適在王世杰等人的勸告之下，接受外國記者時反

[42] 《雷震回憶錄》第37頁，引自陳紅民等著《蔣介石的後半生》，第366頁。
[43] 《聯合報》，1960年9月15日。
[44] 林美莉編校《王世杰日記》上冊，臺北：中央研究院近代史研究所，2012年，第952-953頁。

而顯得比較溫和理性。他一方面盛讚「雷震為爭取言論自由而付出的犧牲精神，實在可佩可嘉，對得住自己、朋友，也對得住國家」；一方面又委曲求全地表態說：「在這個天翻地覆的時候，我覺得要組織在野黨要更加慎重。」[45]

儘管如此，蔣介石日記裡面所採用的依然是最為惡毒的字眼。9月20日，蔣介石在日記中寫道：「胡適挾外力以凌政府為榮，其與匪共挾俄寇以顛覆國家的心理並無二致，故其形式雖有不同，而重外輕內，忘本逐末，徒使民族遭受如此空前洗劫與無窮恥辱。」[46]

所謂「挾俄寇以顛覆國家」，恰恰是蔣介石擔任總司令的1927年北伐戰爭的實質所在。蔣介石不肯認真反省自己的歷史罪錯，反而血口噴人詆毀胡適，中國歷史的是非正誤，就是這樣被肆意顛倒的。

從1960年8月13日到抓捕雷震的9月3日，蔣介石召見警備司令黃杰共七次。從雷震等人被捕到宣判期間，蔣介石又九次召見黃杰等人，一次通過電話指示只准軍法審判，刑期不得少於十年。

到了9月30日，蔣介石在日記之後的「上月反省錄」中回顧說：「本月工作以雷震案為重點，自四日逮捕至廿六日起訴作為第一階段，除國內外少數反動言論外，一般反響並不如所預想之激烈，惟一紐約《時代》雜誌乃受胡適之影響，亦作不良之評論，殊出意外。」

10月3日，臺灣警備總司令部高等軍事法院僅用一天時間就匆匆審理了雷震案，並於8日公佈審判結果：雷震因「明知為匪諜而

---

[45] 《胡適之先生年譜長編初稿》第9冊，第3337-3338頁。
[46] 陳紅民、段智峰《差異何其大》，《近代史研究》2011年第2期，第29頁。

不告密檢舉」、「連續以文字為有利於叛徒之宣傳」等罪名，被判處有期徒刑十年。雷震最不能被蔣介石容忍的組織新黨的罪名，反而被撇開擱置，這幾乎是所有無賴政權鎮壓異議人士的慣用伎倆。

第五節　胡適委曲求全的憲政博弈

隨著手無寸鐵的胡適從美國返回臺灣，執掌生殺大權的蔣介石表現出的卻是高度緊張和異常恐懼。1960年10月13日，蔣介石在日記中寫道：

> 聞胡適定於十六日回來，是其想在雷案未複判以前要求減刑或釋放之用意甚明。此人實為一個最無品格之文化買辦，無以名之，只可名曰「狐仙」，乃為害國家，為害民族文化之蠹賊，彼尚不知其已為他人所鄙棄，而仍以「民主」「自由」來號召，反對革命，破壞反共基地也。[47]

10月14日，臺灣的警備總司令黃杰報告說：「九十三十分蔣副秘書長經國約談……胡適十六日返國，屆時當增派憲兵部隊至機場維持秩序……」[48]

10月17日，胡適乘坐飛機離開美國經日本返回臺灣，蔣介石於第一時間獲取情報，並在18日的日記中寫道：「聞胡適已於昨由美起飛回國，其存心搗亂為難可知，而且若輩所謂自由主義之

---

[47] 陳紅民、段智峰《差異何其大》，《近代史研究》2011年第2期，第29頁。
[48] 陳世宏等編《雷震案史料彙編：國防部檔案選輯》第213頁。引自江勇振著《舍我其誰：胡適（第四部）國師策士1932－1962》第798頁。

文化買辦們從中縱容無疑，應加防範，但以忍耐為重。」

10月19日中午，胡適的飛機抵達日本東京機場，到機場迎接他的是專程自臺北飛抵東京的毛子水。胡適在當天日記中寫道：「下午，與毛子水談。七點，在大使館與張厲生大使、【張】伯謹、毛子水同飯。飯時，伯謹叫通了【陳】雪屏的電話。我在電話上小談。」[49]

臺灣警備總司令部10月20日的報告說：「本日晨八時，行政院陳秘書長雪屏約談。昨（十九）晚接中央研究院院長胡適由東京來電話探詢情形。當經陳秘書長勸告胡氏，目前時期不宜回國，以免受人包圍，影響其超然立場。胡氏當即接受其勸告，決定延緩其本月二十一日返國之行，並表示今後返國行期，將不通知臺北諸友人，以秘其行蹤。」

10月22日，胡適採用大使館提供的化名機票乘坐飛機返回臺北南港寓所，沿路都有軍警人員嚴密把守。胡適在寓所接見記者時表示，雷震是個愛國反共的人，如需要，他可以出庭作證。外傳《自由中國》的編委們有意請他擔任發行人主持復刊，他從未接過相關信函，也無人和他談過此事。「一種雜誌為了爭取言論自由而停刊，也不失為光榮的下場」。如果決定繼續出刊，則只應在臺北，決不應在香港、美國，或任何不負本國法律責任的地方出版。如果新組建的黨「的確是個像樣子的黨，我可以公開支持；如果不好，我可以保留不說話的自由或批評的自由。」[50]

針對胡適回台之後的公開言行，蔣介石在10月24日的日記中

---

49 胡適日記，1960年10月19日，引自江勇振著《舍我其誰：胡適（第四部）國師策士1932－1962》第798頁。大陸出版的曹伯言整理《胡適日記全編》第8冊，沒有記載該項日記。
50 范泓著《風雨前行：雷震的一生》，廣西師範大學出版社，2004年，第2頁。

寫道：「今日聞胡適回來後對雷案各種『胡說』，不以為意，聽之。我行我事可也。」

10月29日，蔣介石還在為胡適的公開言行而咬牙切齒、反復糾結：「本日為胡適無賴卑鄙之言行考慮，痛苦不置。其實對此等『宵小』不值較量，更不宜痛苦，惟有我行我事，置之一笑，則彼自無奈我何矣。」

胡適按照例行公事，通過總統府秘書長張群（岳軍）一再要求會見蔣介石，蔣介石再一次採用避而不見的權術策略：「胡適為雷震張目，回國後似並未變更，故其對國內外反動之鼓勵不少也。」[51]

在「冷落」胡適將近一個月後，蔣介石才於1960年11月18日安排會見：「召見胡適約談三刻時，彼最後提到雷震案與美國對雷案輿論。余簡答其雷系關匪諜案，凡破壞反共復國者，無論其人為誰，皆必須依本國法律處理，不能例外，此為國家關係，不能受任何內外輿論之影響。否則政府無法反共，即使存在亦無意義。餘隻知有國家，而不知其他，如為忌國際輿論則不能再言救國矣。此大陸淪陷之教訓，不能不作前車之鑒也。最後，略提過去個人與胡之情感關鍵，彼或有所感也。」

胡適在當天日記中，留有更加翔實的文字記錄，摘錄如下：

> 總統忽然講一件舊事。他說，去年□□回來，我對他談起，「胡先生同我向來是感情很好的。但是這一兩年來，胡先生好像只相信雷儆寰，不相信我們政府。」□□對你說過沒有？

---

[51] 《蔣介石日記》手稿，1960年10月31日之後之「上月反省錄」。陳紅民、段智峰《差異何其大》，《近代史研究》2011年第2期，第29頁。

我說，□□從來沒有對我說過這句話。現在總統說
了，這話太重了，我當不起。我是常常勸告雷儆寰的。我
對他說過：那年（民國卅八年四月）總統要我去美國。
我坐的輪船四月廿一日到三藩市。四月廿一日在中國已是
四月廿二日了，船還沒有進口，美國新聞記者多人已坐小
汽輪到大船上來了。他們手裡拿著早報，頭條大字新聞是
「中國和談破裂了，紅軍過江了！」這些訪員要我發表意
見，我說了一些話，其中有一句話，「我願意用我道義力
量來支持蔣介石先生的政府。」我在十一年前說的這句
話，我至今沒有改變。當時我也說過，我的道義的支持也
許不值得什麼，但我說的話是誠心的。因為我們若不支持
這個政府，還有什麼政府可以支持？如果這個政府垮了，
我們到那兒去！──這番話，我屢次對雷儆寰說過。今天
總統的話太重，我受不了，我要向總統重述我在民國卅八
年四月廿一日很鄭重的說過的那句話。[52]

　　在蔣介石精心設計的化公事為私情的突然襲擊之下，胡適顯
得有些猝不及防。儘管如此，他韌性博弈的話語邏輯還是前後貫
通的：作為蔣介石及國民黨的「諍友」，他在中共政權與蔣氏國
民黨政權之間是選擇支持蔣氏政權的；作為包括臺灣在內的整個
中華民國的「諍臣」，他在現實中的蔣氏國民黨政權與理想中的
「自由中國」之間，是傾向於後者的。但是，即使蔣氏國民黨政
權嚴重偏離「自由中國」的現代化道路，他在別無選擇的情況下

---

[52] 曹伯言整理《胡適日記全編》第8冊，第722-727頁。據江勇振考證，蔣介石所謂
「去年□□回來」，指的是1959年4月回臺灣述職的駐聯合國代表蔣廷黻。參見
江勇振著《舍我其誰：胡適（第四部）國師策士1932－1962》，第804頁。

也只能繼續支援蔣氏政權。沒有蔣氏國民黨政權，胡適理想中的「自由中國」就沒有了可以依託的現實載體。

按照余英時的說法，胡適一生所受到的精神打擊，沒有一次比雷震案更大。他晚年很少寫日記，這一天的日記差不多寫了近三千字，「以專記一件事而言，這是全部《日記》中最長的一篇了」。關於胡適追求「自由中國」的「公忠」與蔣介石極力維護蔣家王朝家天下的私情之間的巨大錯位與反差，余英時提供的經典分析是這樣的：

> 蔣這一段話完全不理會胡適所爭的原則問題，而轉入個人交情的層次，好像胡適「喜新忘舊」，受了雷震的蠱惑之後，不記得蔣從前對他的好處了。這是蔣過去「結金蘭」的政治觀的反映。……
>
> 胡適好像是在強調：這不僅僅是個人「情感」問題。若就個人層面說，他也曾以自己的「道義力量」支持過蔣的政府，對蔣並沒有情感上的欠負。但他立即藉著「政府」兩個字跳回公的立場，表明他不但沒有受雷震的影響，反而時時曉以大義，因為政府不是任何個人的，而是屬於大家的，政府若垮了，大家都無處可去。最後他的話題陡變，撇開雷案，轉而爭取反對黨的自由。[53]

胡適在這次會見中告訴蔣介石，他回到臺北的第二天即10月23日，「反對黨」的發言人李萬居、高玉樹、郭雨新、王地、黃

---

[53] 余英時著《重尋胡適歷程：胡適生平與思想再認識》，第133-134頁。

玉嬌就登門拜訪。10月26日晚上，他與這些人吃飯面談時，很是誠懇地勸告說：（一）在時間上暫時不要成立新黨，應該看看雷案的發展和世界形勢，尤其是美國的大選。（二）要根本改變態度，最好是爭取政府同情的諒解。對政府黨要採取和平的而不是敵對的態度。只有在不推翻政府的前提下，才有可能取得政府的「諒解」，否則執政黨就會先把你打倒。不要把新黨變成臺灣人的黨，必須和民社黨、青年黨以及無黨派的大陸人士合作。

最後，胡適提起十年前蔣介石建議他組織政黨的事情：「總統大概知道我不會組黨的。但他的雅量，我至今不忘記。我今天盼望的是：總統和國民黨的其他領袖能不能把那十年前對我的雅量分一點來對待今日要組織一個新黨的人？」

當天下午，胡適在辦公室收到美國漢學家費正清教授的一封信，連同許多與雷震案相關的英文剪報。費正清說美國新當選總統甘迺迪是一個關心公民自由和出版自由的真正的自由主義者，他的新政府將繼續注意雷震案之類的事情，他擔心「將來會發生一派思想，主張為了解決『我們的中國問題』，不恤譴責臺灣，認為『不關重要』或認作一種負擔，或一個警察國家，或不配做同盟國家」。他表示不懂得為什麼中國政府竟會容許雷震案發生，「為今之計，最好是讓人們把這案子平靜的忘了，越快越好」。

當天晚上，副總統陳誠請胡適吃飯，陪坐的有張群、黃伯度等人。胡適把費正清的來信和費正清公開刊登在《紐約時報》的公開信，拍照之後帶給了張群。張群等人都誇讚胡適上午與「總統」的談話很好。[54]

讓胡適沒有想到的是，就在蔣介石召見他的前一天即11月17

---

[54] 胡頌平著《胡適先生晚年談話錄》，中華書局，2016年，第75頁。

日，臺灣軍事法庭已經對雷震做出維持原判的終審判決。11月23日晚上，胡適從雷震夫人宋英打來的電話裡得知軍事法庭的終審結果。隨後，多家媒體電話採訪，胡適在委曲求全的韌性博弈又一次失敗的情況下，只有短短的一句話：「現在教我還有甚麼話說？我原來想，複判過程中有著較長的時間，也許複判的判決會有改變，現在我只能說『大失望，大失望！』」

三天之後，胡適向中央研究院評議會表示自己年紀大了，能力不夠，要退休了。[55]

在蔣介石眼裡，如此處置雷震並應付胡適，竟然是他從中國大陸敗退臺灣之後所取得的最為重大的政治勝利。在此前的11月19日，蔣介石在日記之後的「上星期反省錄」中已經自鳴得意地暗自慶倖道：「胡適之『胡說』，凡其自誇與妄語皆置之不理，只明答其雷為匪諜案，應依本國法律處治，不能例外示之，使之無話可說。即認其為卑劣之政客，何必多予辯論矣。」11月24日，蔣介石看過相關報導後，又在日記中寫道：「胡適投機政客賣空與脅制政策未能達其目的，只可以『很失望』三字了之。」

11月30日，蔣介石在日記之後的「上月反省錄」中，對於塵埃落定的雷震案總結道：針對胡適和雷震的這一場「十一年來對內對外的反動投機分子的最激烈之鬥爭，至此或可告一段落」。

第六節　蔣介石寫給胡適的蓋棺之論

1960年12月9日，蔣介石聽說胡適、成舍我等人發起要求特

---

[55] 胡頌平編著《胡適之先生年譜長編初稿》第9冊，臺北聯經出版公司，1984年，第3334-3338頁。

赦雷震的運動，便高度警覺地臆想為「與美國、共產黨同路人內外相應之行動」。儘管如此，蔣介石依然在嫻熟地玩弄威恩並重、兩面三刀的帝王權術。

1960年12月17日是胡適70虛歲的生日。蔣介石為此寫了一個很大的「壽」字以示祝賀。胡適對此很是感激，於12月19日給蔣介石寫信說：

> 回憶三十七年十二月十四日夜，北平已在圍城中，十五日，蒙總統派飛機接內人和我和幾家學人眷屬南下，十六日下午，從南苑飛到京。次日就蒙總統邀內人和我到官邸晚餐，給我們作生日。十二年過去了，總統的厚意，至今不能忘記。[56]

12月21日，蔣介石夫婦在官邸為胡適擺下壽宴，邀請副總統陳誠以及張群、謝冠生、王雲五、黃伯度、陳雪屏、羅家倫、毛子水、沈剛伯、錢思亮、唐縱等十餘人作陪。胡適過生日一直是按周歲計算的，他這一次特別表示說：「我今年是滿六十九歲，今天總統祝我七十歲，我就當作七十歲了，我聲明明年不作七十了。」[57]

1961年11月26日，胡適因為心臟病復發住進台大醫院，他12月17日的70周歲是在醫院裡度過的。12月17日，240多名朋友和學生陸續來到台大醫院，在祝壽冊上簽名留念。毛子水在題詞中寫道：「胡適之先生四十五年來對祖國文化和教育的努力，是沒

---

[56] 耿雲志、歐陽哲生編《胡適書信集》下冊，第1572頁。胡適是1948年12月15日下午從南苑機場離開北平的，「十六日」是他晚年誤記。

[57] 胡頌平編著《胡適之先生年譜長編初稿》第9冊，第3420頁。

有前例的。我們這一代人，得以師生、朋友和同事的關係受先生的啟發、誘掖，無論在知識上或德行上，都有很大的益處。這可以說是我們一生中一件最可慶倖的事情。」[58]

1962年1月10日，胡適離開台大醫院，暫住福州街26號的台大招待所療養，他此次住院的時間長達45天。

1962年2月5日，是舊曆年的大年初一，大約有8、90人前來拜年，為了不影響胡適的病情，他們大都留下名片或簽名就離開了。

2月6日，蔣經國前來拜年，並且代表蔣介石邀請胡適夫婦於2月8日到士林官邸午餐。兩天後，胡適夫婦如約來到士林官邸。飯後，蔣夫人送給胡夫人一些年糕、滷肉，也帶回來了。

16天後的1962年2月24日，胡適到中央研究院蔡元培館主持第五次院士會議，選出任之恭、梅貽琦等7名新院士。下午5時，歡迎新院士酒會開始。6時35分，胡適在酒會散席時因心臟病突發而倒地身亡。

蔣介石聞訊後，在當天日記中寫道：「晚，聞胡適心臟病暴卒。」

2月25日，蔣介石與張群商談胡適喪事，確定了緬懷胡適的一副聯句：「新文化中舊道德的楷模，舊倫理中新思想的師表。」

按照蔣介石日記中的說法，這副挽聯是他與宋美齡在公園遊覽途中想到的，「自認為對胡適並未過獎，更無深貶之意也」。

同一天，宋美齡看望胡適夫人，勸她好好保重。

2月27日，蔣介石送來挽額，上書「智德兼隆」四個大字。

3月1日，蔣介石、張群前往殯儀館瞻仰死者遺容。

---

[58] 耿雲志著《胡適年譜》修訂本，第364頁。

3月2日，蔣介石在日記中為胡適寫下了即使在字面意義上也不能自洽的蓋棺定論：

> 胡適不失為自由評論者，其個人生活亦無缺點，有時亦有正義感與愛國心，惟其太褊狹自私，且崇拜西風，而自卑其固有文化，故仍不能脫出中國書生與政客之舊習也。[59]

3月3日，蔣介石在日記之後的「上星期反省錄」中，淋漓盡致地表達了對於胡適之死的內心感受：「胡適之死，在革命事業與民族復興的建國思想言，乃除了障礙也。」

蔣介石所謂的「革命事業與民族復興」，說到底就是在美國方面的軍事庇護和經濟援助的前提之下，自相矛盾地以抵制抗拒西方先進文明和先進制度為代價，在臺灣孤島維護蔣家王朝家天下的偏安局面。他既信仰中國傳統文化又信仰西方基督教的人格分裂和心理變態，至此走到一種暗黑偽善之極致。

1962年6月27日，蔣介石比照著中國傳統儒教禮義廉恥的道德準繩，為胡適頒佈了一則言不由衷、虛情假意的褒揚令：

> 中央研究院院長胡適，沈潛道義，浚瀹新知。學識宏通，令聞卓著。首倡國語文學，對於普及教育，發揚民智，收次甚宏。嗣講學於寇深患急之地，團結學人，危身明志，正氣凜然。抗戰軍興，特膺駐美大使之命，竭慮殫精，折衝壇坫，勳猷懋著，誠信孔昭。勝利還都以後，仍以治學育才為職志，並膺選國民大會代表，弼成憲政，

---

59 陳紅民、段智峰《差異何其大》，《近代史研究》2011年第2期，第31頁。

獻替良多。近年受命出掌中央研究院，鞠躬盡瘁，罔自顧惜。遽聞溘逝，震悼殊深！綜其平生，忠於謀國，孝以事親，恕以待人，嚴以律己，誠以治學，愷悌勞謙，貞堅不拔，洵為新文化中舊道德之楷模，舊倫理中新思想之師表。應予明令褒揚，用示政府篤念耆碩之至意。此令。

所謂「弼成憲政」，顯然是言過其實的溢美之詞。中華民國及其臺灣社會的「弼成憲政」，是在蔣介石和蔣經國父子去世之後才得以成功實現的一場歷史大變局。胡適生前最為難能可貴之處，在於他幾乎是憑藉一個人的意志力量，與掌握最高權力的蔣介石展開了一場曠日持久並且持之以恆的分權劃界、限權制衡之憲政博弈。

第四章
胡適生前死後的是非罪錯

　　胡適去世之後，圍繞著他的是非罪錯及思想遺產而展開的文化爭奪戰，從來都沒有消停過；其中表現得最為曲折幽暗的，是自以為既讀懂了西方的海耶克又讀懂了中國傳統「聖學」的周德偉、殷海光、林毓生一派人。限於篇幅，本書只能進行初步地梳理和討論。

第一節　徐復觀辱罵胡適之

　　1961年9月6日，是中國青年黨已故領袖、國家主義者曾琦（慕韓）的70壽誕紀念日。胡適在《懷念曾慕韓先生》的短文裡面回憶說：

> 　　在三十年前，我對他的議論曾表示一點點懷疑：我嫌他過於頌揚中國傳統文化了，可能替反動思想助威。我對他說：凡是極端國家主義的運動，總都含有守舊的成分，總不免在消極方面排斥外來的文化，在積極方面擁護或辯護傳統的文化。[1]

---

[1]　歐陽哲生編《胡適文集》第7冊，北京大學出版社，1998年，第624-625頁。

1961年11月6日，胡適在美國國際開發總署亞東區科學教育會開幕式上發表英文演講《科學發展所需要的社會改革》，自稱要以「魔鬼的辯護士」的身分說幾句怪不中聽的話。他在演講中再一次重複了「一九二五年和一九二六年首先用中文演說過並寫成文字發表過，後來在一九二六年和一九二七年又在英美兩國演說過好幾次，後來在一九二八年又用英文發表」的「對科學和技術的近代文明的熱誠頌讚」：

　　　　我認為我們東方這些老文明中沒有多少精神成分。一個文明容忍像婦女纏足那樣慘無人道的習慣到一千多年之久，而差不多沒有一聲抗議，還有什麼精神文明可說？……一位東方的詩人或哲人坐在一隻原始舢板船上，沒有理由嘲笑或藐視坐在近代噴射機在他頭上飛過的物質文明。……我主張把科學和技術的近代文明看作高度理想主義的、精神的。我大約三十多年前說過：「這樣充分運用人的聰明智慧來尋求真理，來控制自然，來變化物質以供人用，來使人的身體免除不必要的辛勞痛苦，來把人的力量增加幾千倍幾十萬倍，來使人的精神從愚昧、迷信解放出來，來革新再造人類的種種制度以謀最大多數的最大幸福——這樣的文明是高度理想主義的文明，是真正精神的文明。」[2]

---

[2]　胡適：《科學發展所需要的社會改革》，徐高阮譯，文載1962年12月1日《文星》月刊第9卷第2期。錄入歐陽哲生編《胡適文集》第12冊，北京大學出版社，1998年，第703-707頁。

在結束語中，胡適另有一段「充分世界化」的經典表述：「沒有一點這樣透徹的重新估量，重新評價，沒有這樣一點知識上的信念，我們只能夠勉強接受科學和技術，當作一種免不了的障礙，一種少不了的壞東西，至多也不過是一種只有功利用處而沒有內在價值的東西。得不到一點這樣的科學技術的文明的哲學，我怕科學在我們中間不會深深的生根，我怕我們東方的人在這個世界裡也不會覺得心安理得。」

對於極力維護蔣家王朝家天下的蔣介石父子及其追隨者來說，胡適大力提倡的「充分世界化」的「健全的個人主義」的價值觀念，連同來自西方社會的相對先進的制度文明和科學技術，一直是被當作「一種免不了的障礙，一種少不了的壞東西，至多也不過是一種只有功利用處而沒有內在價值的東西」而加以限制利用和嚴防死守的。正是由於這個原因，胡適泛泛而談的上述演講，無意之中觸犯了蔣介石父子及其追隨者的致命痛點。

胡適的《懷念曾慕韓先生》刊登於1961年9月16日出版的《民主潮》11卷18期。英文演講稿《科學發展所需要的社會改革》由徐高阮譯為中文，刊登在1961年12月1日出版的臺灣《文星》雜誌第50期。胡適這兩篇文章的公開發表，直接引起新一輪的文化圍剿。

曾經擔任過蔣介石的少將衛侍從室機要秘書的私立東海大學教授兼中文系主任徐復觀，第一個站出來辱罵胡適道：

> 胡博士在東亞科教會的演說⋯⋯以一切下流的辭句，來誣衊中國文化，誣衊東方文化，我應當向中國人，向東方人宣佈出來。胡博士擔任中央研究院院長，是中國人的

恥辱，是東方人的恥辱。我之所以這樣說，並不是因為他不懂文學，不懂史學，不懂哲學，不懂中國的，更不懂西方的，不懂過去的，更不懂現代的。而是他過了七十之年，感到對人類任何學問都沾不到邊，於是由過分的自卑心理，發而為狂悖的言論，想用誣衊中國文化，東方文化的方法，以掩飾自己的無知，向西方人賣俏，因為得點殘羹冷汁，來維持早經摔到廁所裡去了的招牌，這未免太臉厚心黑了。[3]

正是這個徐復觀，在三年前的1958年4月22日，曾經給出任中央研究院院長的胡適寫過頗為肉麻的吹捧書信：

此次得瞻風采，不減當年，真國家之福！謹奉上拙文錄一冊，……敬乞教正。……五四運動之偉大歷史貢獻，將永垂不朽。然四十年之歲月，不僅先生個人學養，與日俱深，即國人對世界文明之感染，亦未嘗無若干進步。先生在學術上所以領導群倫者，不僅為個人在學術上之成就，而尤為知識份子精神上之象徵。[4]

雷震案發生之後的1961年年初，台中農學院的一名教授在學生面前公開主張派一架飛機把「講假民主、假自由」的胡適等人空投到大陸去。徐復觀還為此在《聯合報》發表文章，痛斥空投胡適是

---

[3]　徐復觀：《東方人的恥辱，中國人的恥辱》，《民主評論》第12卷第24期，1961年12月20日，引自胡頌平著《胡適先生晚年談話錄》，中華書局，2016年，第237頁。

[4]　胡頌平著《胡適先生晚年談話錄》，第238頁。

「現今任何原始野蠻部落所想不出的橫暴殘酷下流的方法」。[5]

　　與徐復觀等人的圍剿文章相互配套，立法委員廖維藩在立法院提出質詢，認為胡適的言論侮辱了中華民族。另一立法委員邱有珍也發表公開書信，向胡適提出質疑。1962年1月5日，住在臺灣大學醫院治療心臟病的胡適，在病房裡談到辱罵自己的徐復觀：「這個人有自卑感，又有優越感。有自卑感的人一定也有優越感，喜歡擺臭架子。他來時你不見，可能得罪他。所以他來了，我特地想些話給他談，不給他多談幾句，他不過癮的。」

　　1月13日，出院之後臨時借住臺灣大學學人宿舍的胡適，又對胡頌平談到徐復觀的辱罵文章：「我本來想寫封很客氣的信給某君的。他的文章太輕薄了。你要知道，寫文章的態度要嚴正，切不可流於輕薄！」[6]

　　2月16日，《民主中國》雜誌發表署名牟力非的文章《為什麼反胡適》，其中明確指出：

　　　　在反胡剿胡的背後，有一座反胡司令台負起反胡剿胡的指揮重責。他們師承中共的革命技術，不惜乘胡適心臟病突發入院治療之際調動「質詢」部隊和「反洋」大軍向胡適展開夾攻……他們爭的不是學術思想上的真理，而是「正統」對「異端」的討伐。距離學術思想十萬八千英里，只配作文化特務或文化打手，那裡能談學術思想？[7]

---

[5]　曹永祥等編《徐復觀教授紀念集》扉頁圖片，臺北時報文化出版公司，1984年。
[6]　胡頌平著《胡適先生晚年談話錄》，第237-240頁。
[7]　胡頌平著《胡適先生晚年談話錄》，第265頁。

由於《自由中國》等刊物的長期堅持和不懈爭取，限於學術
輿論界來說，公開支持胡適的「充分世界化」的「健全的個人主
義」——也就是通常所說的自由主義價值觀念——的聲音，在當
時依然佔有明顯優勢。極力維護胡適的李敖，就是在這一輪中西
文化論戰中一鳴驚人、迅速崛起的。患有嚴重心臟病的胡適，始
終沒有介入這一輪因他而起的中西文化論戰。但是，這一輪充滿
政治殺機的文化論戰，還是加速了他的生命終結。

1962年2月24日，胡適到中央研究院蔡元培館主持第五次院
士會議。下午5時，歡迎新院士酒會開始，李濟在講話中提到圍
繞胡適的《科學發展所需要的社會改革》所引起的爭議。胡適
在回應時態度明顯地有些激動：

> 我去年說了二十五分鐘的話，引起了「圍剿」，不要
> 去管它，那是小事體，小事體。我挨了四十年的罵，從來
> 不生氣，並且歡迎之至，因為這是代表了自由中國的言論
> 自由和思想自由。……海外回國的各位，自由中國，的確
> 有言論和思想的自由。各位可以參觀「立法院」、「監察
> 院」、「省議會」。……還有臺灣二百多種雜誌，大家也
> 可以看看。從這些雜誌上表示了我們言論的自由。[8]

胡適正要大聲疾呼的時候，心臟病突然發作，面色蒼白仰面
倒地。時間是6時35分。他的《科學發展所需要的社會改革》的
演講稿，因此成為他提倡「充分世界化」的「健全的個人主義」

---

[8] 胡頌平著《胡適先生晚年談話錄》，第255頁。

價值觀念的一曲絕唱。

第二節　李敖借《文星》異軍突起

　　《文星》雜誌創刊於1957年11月5日，是一份以「生活的、文學的、藝術的」為市場定位的綜合性雜誌。由葉明勳擔任發行人，文星書店老闆蕭孟能親任社長，主要編輯包括何凡（夏承楹）、林海音（林含英）、小魯（陳立峰）等人。第一任主編何凡是林海音丈夫，他在代發刊詞中提出的口號是「不按牌理出牌」，其靈感來自一幅外國漫畫。說是一個旁觀者在牌局終了之時，對得勝者憤憤不平地抱怨說：如果照牌理出牌的話，你沒有贏牌的道理。

　　1960年9月4日雷震案事發，臺灣報刊界最為大膽也最具影響力的《自由中國》半月刊因此終刊；但是，臺灣社會的寒蟬效應並沒有立即見效。繼側重時政評論的《自由中國》之後成為言論重鎮的，是側重於文化討論的《文星》月刊。隨著《自由中國》撰稿人殷海光、夏道平等人趨於沉寂，閃亮登場並且一鳴驚人的，是學生輩的李敖等人。

　　1961年10月1日，《文星》出人意料地在紀念創刊四周年的第48期打出一張亂牌，刊登了遠在英國訪學的前立法院院長居正之子居浩然的人身攻擊文章《徐復觀的故事》，徐復觀是《文星》的主要撰稿人之一。

　　出自李敖之手的《老年人與棒子》，發表於11月1日的《文星》第49期。蕭孟能40多年後回憶說：「《老年人與棒子》這篇文章，主要是講老年人霸住位子不放，年輕人冒不出來。……李

敖又繼續寫了幾篇文章，在很短期間之內，我為他的文采、風度、談吐所吸引……他特別有事務才，辦事有條有理，有速度，乾脆，真是千載難逢的好人才。」[9]

1962年1月1日出版的《文星》第51期，刊登有立法委員胡秋原長達27000字的《超越傳統派、西化派、俄化派而前進》，其中明確表示不以胡適否定中國傳統文化為然，警告人們不可在「復古」、「西化」中二者選一，「因復古只足以促成洋化，而洋化無論西洋化、北洋化，到最後是亡國」。

同一期刊物中，與胡秋原針鋒相對的是李敖的《播種者胡適》，其中比較中肯地評論說：

> 胡適就是這麼一個大而化之的人，如果我們盼他熱情多於理智、傻勁近於俠義，那我們一定會失望的。這種情形，對一國眾望所系的胡適說來，當然是美中不足的，但也是無可奈何的事，他並不想逞快，打翻了一鍋粥，這種委曲求全的微意，都充分顯示了他是一個自由主義的右派，一個保守的自由主義者，在急進者的眼中，太不夠火辣辣了。

> 但在許多方面，胡適也絕非冷冰冰的人：他懷念周作人，不止一次到監獄看他；喜歡南港的小學生，為國民學校捐鉅款；贊助北平的助學運動，也破例賣字；聽說一個年輕朋友的褲子進了當鋪，立刻寄去一千元……從這些小故事上，我們可以看到胡適為人熱情的一面。但他的

---

[9] 范泓：《四十年前的「中西文化論戰」──〈文星〉雜誌與一樁訴訟》，見范泓著《在歷史的投影中》，臺北秀威資訊科技股份有限公司，2008年，第222-226頁。

> 熱情絕不過度，熱情的上限是中國士大夫，下限是英國
> 紳士。

李敖所說的褲子進了當鋪的「年輕朋友」，指的就是與胡適相差44歲的他自己。

李敖1935年4月25日出生於哈爾濱，父親李鼎彝是1920年考入北京大學的公費學生。李敖1949年隨父母舉家定居台中，在八個兄弟姊妹中排行第五。他早在北平讀小學期間，就知道了胡適的大名，

1953年，李敖在台中讀完高中三年級休學在家。這年年底，《胡適文存》的四集合印本，由臺灣的遠東圖書公司重印發行。合印本刪去了公開批評孫中山、蔣介石及國民黨當局的多篇文章，李敖把它跟原版本比較之後深感不滿，認為這些文章恰好是爭取言論自由的經典作品，便寫作一篇《關於〈胡適文存〉》刊登在同學陸嘯釗編輯的《大學雜誌》上。1957年3月1日出版的《自由中國》第16卷第5期，又以《〈從讀胡適文存〉說起》為標題，刊登了這篇文章的刪節版本，這是李敖在《自由中國》發表的第一篇也是僅有的一篇文章。

1958年4月8日，胡適飛抵臺北出任中央研究院院長。4月26日，正在臺灣大學歷史系讀書的李敖，跟隨他的老師、胡適的老學生姚從吾教授一起聆聽了胡適在中國地質學年會的演講《歷史科學的方法》，晚上又在台大校長錢思亮家裡和胡適進行了深入交談。

1961年夏天，李敖在服役期滿後考取台大歷史研究所，不久擔任姚從吾的「國家講座研究助理」。這個講座是胡適任主席的

「國家長期發展科學委員會」專款資助的科研項目，因為「研究助理」的薪金不能按時發放，李敖便致信胡適表示抗議，胡適立即覆信並送來支票一千元。10月10日，李敖為表示感謝，寫下五千字長信備述自己的家世和思想演變過程。在此後的歲月裡，李敖一直把自己當作繼胡適、姚從吾之後在學術思想方面的隔代傳人。

1962年1月2日，胡頌平看到新出版的《文星》月刊第51期封面用的是胡適的照片，裡面又有李敖的《播種者胡適》，便詢問李敖的文章寫得怎樣？一直跟蹤關注著這場因為自己而引起的文化論戰的胡適回答說：「在我的年紀看起來，總感得不夠……他喜歡借題發揮。他對科學會不夠瞭解，何必談它。你要記得，作文章切莫要借題發揮！」[10]

所謂「科學會」，就是成立於1959年2月1日的「國家長期發展科學委員會」，由胡適出任主席，教育部長梅貽琦出任副主席，王世杰、李濟、李先聞、錢思亮、浦薛鳳、李熙謀、楊樹人為執行委員。關於推動成立「科學會」的曲折經歷，胡適在2月2日的日記中有翔實記錄：《國家長期發展科學計畫綱領》的藍本，首先是胡適於1947年在北大校長任上提出的《爭取學術獨立的十年計畫》，其次是胡適在美國邀請吳大猷草擬的計畫書，再其次是胡適重新綜合的五年計劃案，最後還有梅貽琦草擬的概要。該會第一年度的經費是台幣2000萬、美金20萬。[11]

同樣是1962年1月2日，胡適還與胡頌平談到胡秋原長達27000字的《超越傳統派、西化派、俄化派而前進》，指出胡秋

<hr>

[10] 胡頌平著《胡適先生晚年談話錄》，中華書局，2016年，第233-234頁。
[11] 曹伯言整理《胡適日記全編》第8冊，安徽教育出版社，2001年，第545-546頁。

原研究近代史卻偏偏「輕視考據」的諸多錯誤：「批評也有批評的風度，但不能輕薄。我如不在病床上，我不會看到這樣的文章的。」

對於「不按牌理出牌」的蕭孟能來說，文化論戰意味著無限商機。他在1962年2月1日出版的《文星》第52期《編輯室報告》裡，擺出了左右逢源、八面玲瓏的一個賭局：「在這一次論戰中，我們暫時不想指出誰對誰錯，對與錯的問題應當訴諸全民族的理性良知。我們也不準備提供什麼見解，這是需要大多數人來共同討論的。我們所能做的，是把《文星》這座小小的『講臺』貢獻出來，請大家登臺演講，各抒高論……」

正是在這期《文星》中，李敖以一篇《給談中西文化的人看看病》，針對中國歷史上300多年來的50多位文化人，展開了一網打盡的激烈抨擊。文章一開篇就藉著300年前的清代學者徐昌治編撰的《聖朝破邪集》極力發揮說：

> 三百年來，朝代換了，古人死了，這部書的紙張也變黃了，可是聖朝破邪的細菌並沒有消失，它鑽進中國人的感情裡，一代又一代，隨著愚昧程度的深淺而有著不同的病象：有時中體西用的讕語出現了，那好像是一場傷寒；有時超越前進的怪調出現了，那好像是一場白喉；有時義和團的瘋狂出現了，那好像是一場猩紅熱。

李敖認為「取長舍短，擇善而從」地面對西方文化的理論，是行不通的，全盤西化才是走向文明進步的光明大道。面對西方現代文化就好像面對一個美人，你若想佔有她，她的優點和缺點

就得一塊兒佔有。企圖改正美人缺點，就是妄自尊大的厚顏。「我們一方面想要人家的胡瓜、洋蔥、鐘錶、番茄、席夢思、預備軍官制度，我們另一方面就得忍受梅毒、狐臭、酒吧、車禍、離婚、太保（不知害臊）、大腿舞和搖滾而來的瘋狂。」

李敖這篇文章一下子將論戰推向高潮，他後來在《文化論戰的一些史料與笑料》一書中，乾脆將胡適的英文演講稿《科學發展所需要的社會改革》和他自己的《給談中西文化的人看看病》，視為思想「趨向」方面的指路文獻，其他大量文字「有的是這條路上的壓路機，有的是這條路上的攔路虎」。[12]

有道是時勢造英雄，就在蕭孟能與李敖風雲際會的關鍵點上，胡適於1962年2月24日猝然去世，以自己的生命為代價給這場「中西文化論戰」添加了借題發揮的話題和砝碼，造就了李敖橫空出世一鳴驚人的絕佳機遇。

3月1日，《文星》第53期推出「追思胡適之先生專號」，除十一篇紀念文章之外另有三篇論戰文字，分別是胡秋原的《由精神獨立到新文化之創造——再論超越前進》、徐復觀的《過分廉價的中西文化問題——答黃富三先生》、李敖的《為〈播種者胡適〉翻舊賬》。雜誌上市後引起轟動，幾天之內連印四版，共計二萬多冊。

4月1日，李敖在《文星》第54期發表《我要繼續給人看看病》，對前輩學者徐道鄰、胡秋原等人極盡挖苦嘲笑之能事。與李敖取同一立場的，有居浩然、臺灣大學哲學系助教許登源、台大數學系助教洪成完、台大哲學系講師何秀煌、台大哲學系助教

12　《李敖全集》第21卷第7集第3分冊，臺灣遠流出版公司，1986年，第14-15頁。

陳鼓應，以及李彭齡、黃富三、東方望、孟戈等人。站在對立面的，是在國民黨內背景複雜、資歷深厚的徐復觀、胡秋原、鄭學稼、任卓宣（葉青）等人。

《文星》第54期以四篇圍攻胡秋原、三篇圍攻徐復觀的一邊倒，令胡秋原大為惱怒，他因此轉移陣地到《世界評論》雜誌，於是便有了7月1日出版的《文星》第57期的「編輯室報告」：「這次文化問題的討論，《文星》僅供篇幅，讓各種不同意見的人都有發表的機會，但沒料到有人辯翻了臉，反而遷怒於《文星》，這是我們感到很遺憾的。」

論戰另一方的任卓宣（葉青），在其主編的《政治評論》雜誌組織了一系列反擊文章，戲稱李敖是「胡適的鸚鵡」，是1930年代主張全盤西化的陳序經的第三代信徒，是西方文化的「奴下奴」，指責「西化派所謂中國現代化是把中國完全變成外國……我們說在西方資本主義與共產主義是孿生子，在中國西化派與俄化派則是『兄弟夥』，他們共同致力於以唯物思想挖掉民族文化的老根……」

同年9月1日，《文星》第59期發表居浩然從英國寄來的公開信，揭發胡秋原在1933年11月的「閩變」即「福建事變」期間，有過「與虎謀皮的反動行為」。胡秋原出於自衛，於9月18日發表公開談話，宣佈將為反對亂戴紅帽子而奮鬥。在這場文化論戰的背後，一直有一隻政治操作的黑手在跟蹤監視、周密佈局。就在同一天，立法委員邱有珍在立法院提出質詢文星案，把一場文化論戰引向政治較量。

10月1日，《文星》第60期發表李敖的長文《胡秋原的真面目》，同時在「舊文重刊」欄目集中推出關於「閩變真相」

的五篇史料，對胡秋原在「福建事變」期間和中國共產黨方面祕密接觸實施秋後算帳。氣急敗壞的胡秋原專門創辦《中華雜誌》與《文星》對壘，與此同時還積極主動地為臺灣情治機關充當打手。

第三節　殷海光對胡適的高調讚美

在圍繞胡適生前死後之是非罪錯的文化爭奪戰中，表現出比較極端的言論反差的，第一個是一直站在維護蔣介石及其國民黨政權之立場上的徐復觀，第二個是反復轉換其極端立場的《自由中國》撰稿編委、徐復觀的湖北同鄉殷海光。

殷海光原名殷福生，1919年12月5日出生在黃岡回龍山鎮殷家樓村。13歲那年，被其伯父、參加過辛亥革命的殷子衡帶到武昌念書。1938年秋，殷海光在哲學家金岳霖幫助下考入西南大學哲學系，四年後考入清華大學哲學研究所專攻西方哲學。殷海光在西南聯大期間加入國民黨，是有名的反共學生。晚年成為大陸學界標誌性人物的李慎之，在寫給舒蕪的書信中回憶說：「昆明西南聯大有一個叫殷福生的人，年齡大概與我們差不多，專與學生運動作對。十來年後，他在海外華人中以殷海光的大名，被推為提倡民主的一代宗師，不過在那個時候，他是根本不入我們眼中的，因為無非是一個『反動學生』而已。」[13]

1944年，殷海光參加由美國人主導的抗日遠征軍，在印度學習過軍用汽車駕駛技術。據徐復觀回憶，1944年他初次遇到殷海

---

[13] 范泓：《「五四後期人物」殷海光》，見范泓著《在歷史的投影中》，臺北秀威資訊科技股份有限公司，2008年，第28-33頁。

光，覺得殷海光的樣子和說話的神情很像希特勒，殷海光並不拒絕他的這種觀感。[14]

抗日戰爭勝利後的1945年，殷海光在重慶出版《光明前之黑暗》，書中極力吹捧蔣介石說：「假如我們說委員長偉大，那末他最偉大的地方倒不是這些有形的功業，而是他具有強烈的意志力和責任感。……我們不要東倒西歪。最可靠的辦法只有聽委員長的話，擁護他底政策，跟著他埋頭苦幹，國家才有出路。」[15]

1946年秋，殷海光被同鄉前輩、蔣介石身邊的御用寫手陶希聖介紹到國民黨中央宣傳部和《中央日報》任職，同時還在南京金陵大學任教。1947年10月，殷海光寫過為蔣介石祝壽的文章，期望蔣介石像救世主、大救星一樣「著手去做全國人民心中渴望著去做的事，為中國人民掃除眼前陰暗的影子，放出幸福的光芒」[16]

1949年6月，殷海光隨《中央日報》來到臺灣，任該報主筆和代總主筆，同時兼任《民族報》總主筆。同年5月12日，殷海光在《中央日報》發表社論《設防的基礎在人心》，因為指責逃亡臺灣的軍政人員是「政治垃圾」而觸怒蔣介石，被迫離開《中央日報》到臺灣大學哲學系擔任講師。

1949年11月，殷海光加盟雷震等人在臺北創辦的《自由中國》半月刊，任撰稿編委。按照殷海光的說法，他當年抱持的主

---

[14] 徐復觀《對殷海光先生的憶念》，見《徐復觀雜文──憶往事》，臺北時報文化，1985年，第172頁。

[15] 殷海光《光明前之黑暗》，重慶明用出版出版社，1945年，第90-91頁。

[16] 殷海光：《蔣主席與現代中國──祝蔣主席六十晉一誕辰》，引自潘光哲：《不死的麥種：殷海光與他的著作》，臺灣《全國新書資訊月刊》，1990年4月號第160期。

要是英國費邊社的拉斯基等人的民主社會主義思想，尤其相信「經濟平等」可以應對共產黨用來蠱惑民眾的能夠解決吃飯問題的高調宣傳。[17]

當年的雷震和殷海光一樣，極力主張政治民主加經濟平等的思想。1949年3月，胡適看到雷震寫給李宗仁代總統的秘書長邱昌渭的書信，其中有「政治要民主，經濟要平等」的主張，立即表示不同意這種社會改革的辦法。[18]

傅斯年在《自由中國》創刊號上發表有《自由與平等》一文，認為在「自由」和「平等」都不充分的情況下，與其要求絕對的平等而受了騙，毋寧保持一部分的「自由」而暫時放棄一部分的經濟平等。胡適專門給雷震寫信讚揚了這篇文章。[19]

隨著《自由中國》的創刊，編委會成員的意見逐漸趨於一致，雷震在一次專家學者座談會上總結說：「最近本社同人，有一個共同的看法，即國家對於經濟事務，如果管得太多，則政治上的民主自由，不免受其影響，如果進一步走到國家資本主義的話，則政治一定是獨裁。」[20]

由此可知，殷海光、雷震等人認知領悟自由主義價值觀念和理論體系的成色與境界，從一開始就與胡適、傅斯年等人存在差距。正是因為這個原因，《自由中國》時代的殷海光、雷震等人違背自由主義的自由自主、意思自治、獨立擔當的基本原則，甘

---

[17] 《我們走那條路》，《殷海光選集》，第28-42頁。
[18] 傅正主編《雷震日記》，臺北桂冠出版公司，1989年，第150-152頁。
[19] 適致雷震函，1950年1月9日。參見張忠棟著《胡適·雷震·殷海光——自由主義人物畫像》，臺北自立晚報社文化出版部，1990年12月，第10頁。
[20] 《自由中國社第二次座談會記錄》，《自由中國》第2卷第7期，1950年4月1日，第21頁。

心情願地把胡適奉為精神導師並加以追捧和依賴。

1956年12月，臺灣中央研究院歷史語言研究所出刊《慶祝胡適先生六十五歲論文集》，其中最為高調的是殷海光在《胡適思想與中國前途》一文裡的如下表態：

> 作者在此所要著重指出的，是保守主義與極權主義二者對自由主義構成的聯合打擊。「胡適思想」是中國自由主義的核心。所以，前述二者對自由主義的聯合打擊，在實際上就是對胡適思想的打擊。……羅素先生說：「談到中國現存人物中具有必要的才智者，就我親自接觸到的而論，我願意舉胡適博士為例。他具有廣博的學識，充沛的精力，對於致力中國之改革則抱著無畏的熱望。他所寫的白話文鼓舞著中國進步分子的熱情。他願意吸收西方文化中的一切優點；但是他卻不是西方文化之盲目的崇拜者。」直到目前為止，就作者所知，在一切對胡適先生的評斷中，沒有比這更公正的了！

作為結論，殷海光認為：「必須胡適思想在中國普及，中國人才有辦法，中國人才能坦坦易易地活下去，中國才有起死回生的可能。其他的思想路子，不是情感的發洩，就是歷史的浪費。」

殷海光隨後還有口徑大體一致的《共黨為甚麼清算「胡適思想」》和《胡適與國運》，發表在《自由中國》。從1957年到1960年，殷海光每年都有紀念五四運動的文章，作為《自由中國》的社論發表。1960年，和雷震一樣希望胡適出面領導反對黨

派的殷海光，在《五四是我們的燈塔》中寫道：「我們今天仍需要胡先生的領導。胡先生應恢復當年發動五四的精神，促使大家一起覺醒，照著他自己開闢的道路，跟著五四的腳步前進。」[21]

1958年胡適就任中央研究院院長前後，臺灣忽然出現一本打著「學術研究」的招牌專門詆毀胡適的小冊子《胡適與國運》。行政院責成警方立案調查，調查結果是：編撰這本小冊子的是兩位大學教授。其中一個叫徐子明，71歲，江蘇宜興人，臺灣大學教授。此人早年留學英國，回國後曾在多所大學執教，據說與胡適在北京大學有過「短暫」的同事關係。另外一位叫李煥燊，51歲，廣東陽江人。此人畢業於德國漢堡大學，當時是臺灣國防醫學院教授。

殷海光為此事專門在《自由中國》發表《請勿濫用「學術研究」之名》一文，義正辭嚴地為胡適辯護說：「無論甚麼人……只要提得起一支筆擺出一副衛道的架勢，塗鴉詆毀胡適思想，就不愁在市場上沒有銷路。君不見，近幾年從香港到臺灣，籍反五四思想，播弄文化口號，成就了多少大師，多少英雄豪傑，以及各式各樣的打手！」

在我的閱讀印象裡，殷海光是在胡適生前為胡適寫作過篇目最多、調子最高、內容又相對空洞的吹捧辯護文章的一個人，甚至可以說他是把1949年之前高調吹捧民族救星蔣介石的文字，移情嫁接到了胡適身上。讓人意想不到的是，借助《自由中國》半月刊紅極一時的殷海光，一旦落入遭受政治迫害的人生低谷，竟然和他的學生林毓生等人一到，充當起反噬詆毀胡適的文化「打手」。

---

[21] 《殷海光選集》，第545-554頁。

第四節　歷史夾縫裡的殷海光

雷震被捕後，刊載殷海光執筆的社論《大江東去擋不住》的最後一期《自由中國》也遭到封殺，持續出版發行十一年共290期的《自由中國》從此停刊。殷海光為此起草了一份聲明，以殷海光、夏道平、宋文明的名義公開發表，其中寫道：

> 雷震先生是《自由中國》半月刊的發行人，因而他對《自由中國》半月刊的言論負有法律的責任；可是，我們是撰稿人，對於我們自己寫的文字，我們從來沒有打算規避自己應負的言論責任。[22]

殷海光在雷震案發生後並沒有受到太大衝擊，主要原因是胡適的存在，相當於在蔣介石父子的政治強權與臺灣社會的學術文化及科學教育界之間，橫亙屹立了一道遮風避雨的牆體堤壩。關於這一點，認知最為清醒的並不是得到實實在在的扶持庇護的殷海光們，而是把晚年胡適視為第一號對手和仇敵的蔣介石：「胡適之死，在革命事業與民族復興的建國思想言，乃除了障礙也。」[23]

陶希聖的三公子陶恒生曾對《雷震傳》作者范泓說過，追隨同鄉前輩陶希聖來到臺灣的殷海光，經常到陶公館聊天。當傅斯年任台大校長時，臺灣當局暗示傅斯年讓殷海光離開台大。傅斯

---

[22] 殷海光、夏道平、宋文明：《〈自由中國〉言論撰稿人共同聲明》，《殷海光選集》，第621-622頁。

[23] 蔣介石日記之「上星期反省錄」，1962年3月3日。引自陳紅民、段智峰《差異何其大》，《近代史研究》2011年第2期，第31頁。

年與陶希聖商議之後決定不予理睬，繼續留任殷海光。[24]

傅斯年的侄子傅樂成也回憶說，殷海光對傅斯年抱有一種特殊情感。1950年12月20日傅斯年在臺灣大學校長任上去世，殷海光於深夜獨自在傅斯年靈前痛哭不止，並作長文追悼之。倘若「孟真先生」能多活十年、二十年，殷海光「或許不會遭遇後來的橫逆」。[25]

假如胡適能多活十年、二十年，殷海光「或許不會遭遇後來的橫逆」同樣是可以成立的。可悲的是，殷海光和同時代的相關人等眼光太短、見識太少、悟性太差，幾乎沒有能力領悟這一重要事實。於是乎，《自由中國》的幾位年輕編委和撰稿人，在聶華苓筆下便成了欺軟怕硬、忘恩負義的驚弓之鳥：

> 1960年，雷震先生等四人被捕，《自由中國》被封。我住屋附近總有人來回徘徊。警總藉口查戶口，深夜搜查我家好幾次。……一直到胡適由美返台前夕，《自由中國》劫後餘生的幾個編輯委員才見面。那時雷先生已判刑，以莫須有的「煽動叛亂罪」判決有期徒刑十年，大家見面，欲哭無淚，沉痛，絕望。殷海光緊鎖眉頭，一句話也沒說。有人提議去看胡適，他只是沉沉搖幾下頭，也沒說話。大家要探聽胡適對雷案究竟是什麼態度，一起去南港看胡適。殷海光也去了，仍然不說話。胡適闊闊的微笑，模棱兩可的談吐，反視出殷海光作為一個中國知識份

---

[24] 范泓：《「五四後期人物」殷海光》，見范泓著《在歷史的投影中》，第32頁。

[25] 傅樂成：《悼念殷海光兄》，見《殷海光先生紀念集》，香港友聯出版社，1971年，第66-72頁。

子的深沉悲哀。[26]

殷海光是具有蠱惑能力和領袖欲望的一個人，同時又是習慣於頂禮膜拜和追隨依賴權威人物的一個人，他先後崇拜希特勒、蔣介石、胡適，就是很好的證據。殷海光在胡適去世之後和李敖崛起之前，幾乎成為臺灣異議人士當中最具有影響力的頭牌人選，他自己也是這樣認為和標榜的。但是，置身於歷史夾縫之中的殷海光，事實上連保全自己的能力和膽量都不具備，更談不上像胡適那樣為整整一個時代的學人尤其是年輕學人充當遮風避雨的牆體堤壩。在不能也不敢像前一輩的胡適和學生輩的李敖那樣依據憲政法律向蔣介石父子要求自由、平等、民主、憲政之基本人權的情況下，殷海光就像是被拋棄冷落的棄兒怨婦一樣，針對已經去世的胡適發洩自己的滿腔幽怨。

雷震案發生後，青年黨人夏濤聲、陳啟天等人於1960年11月16日邀請胡適到《時與潮》雜誌社參加晚宴。第二天，胡適給胡頌平談到殷海光在前一天宴會上與陳啟天吵架的情形，覺得殷海光的態度不夠好：「過去《自由中國》半月刊的社論可能有許多是他做的，他是一個書呆子。那年為了吳國楨的事情，我寫了一篇文章。那是殷海光得到美國國務院四個月的補助到美國去。他給我一封很不客氣的信。」[27]

按照張忠棟的說法，凡是有人和殷海光談起當年的雷震案，殷海光的反應都是「怎麼得了啊！」、「胡適這個人，真未免太……」1962年2月胡適去世，連關在監獄裡面的雷震都寫下一

---

[26] 聶華苓《三生三世》，百花文藝出版社，2004年。
[27] 胡頌平著《胡適先生晚年談話錄》，中華書局，2016年，第73-74頁。

副挽聯：「宣導白話文學，宣揚科學精神，百世永發光輝，先生已無遺憾。」殷海光卻沒有留下任何一點感恩哀悼的表示。1962年10月，殷海光給留學美國的林毓生寫信，說是自己覺得胡適的識度不夠深宏。[28]

另據參與編輯臺灣大學版《殷海光全集》的潘光哲介紹，殷海光對晚年胡適的作為評價不高，特別是1960年「雷震案」以後，胡適好似沒有公開仗義執言，讓殷海光相當失望。可是，當殷海光在1961年想要離開臺灣去美國謀發展的時候，還是必須仰仗胡適的幫助。從胡適紀念館發現的一封殷海光以殷福生之本名寫給胡適的信，便是最好的證據。這封過去不曾公開問世的信件，顯示了殷海光其實並不是完全不曉世事人情的書呆子。[29]

殷海光給胡適寫求助信的時間是1961年8月21日，其中寫道：

> 一二三十年前還年輕的人受到您影響的人很多，先生對我的認識不淺。這是我對先生信賴和希望的真實基礎。自己播下的種子，碰到天時不利，自己總得收藏幾粒起來。我深信歷史終會是自由人勝利的記錄。在這一意識下，您所幫助的，似乎不止我一個人而已。[30]

在這封書信裡，已經42歲的殷海光像學生輩的李敖一樣把胡適認定為播種者，但是，他自己卻是只會惹事兒而不能扛事兒的

---

[28] 張忠棟著《胡適‧雷震‧殷海光──自由主義人物畫像》，臺北自立晚報社文化出版部，1990年12月，第40頁。

[29] 潘光哲：《不死的麥種：殷海光與他的著作》，臺灣《全國新書資訊月刊》，1990年4月號第160期。

[30] 根據筆名席雲舒的席加兵博士複製提供的圖片錄入，特此致謝。

一個人。在沒有能力像李敖那樣意思自治、自我健全、自由成長、獨立生存的情況之下，殷海光便只能充當期待胡適的扶持和庇護的一顆永遠長不大的「種子」。借用李敖的話說，胡適式的嚴格意義上的自由主義者或健全的個人主義者，是這樣的一類人：

> 「不教別人牽著鼻子走」，這不是大丈夫的獨立精神嗎？「好漢做事好漢當」，這不是大丈夫的負責氣概嗎？做大丈夫不是每個男子漢起碼的要求嗎？這樣的個人主義還有什麼可非議的嗎？知道胡適這種基本態度，才會明白為什麼他主張「用負責的態度，說平實的話」；為什麼他「不說專為大家拍手叫好的話」；為什麼他不在外國說、租界說，卻一定要跑回國內來說話；為什麼朋友被抓起來，他不說「抓破臉」的話；在他眼中，為輿論坐坐牢，算不了什麼，並沒什麼不像話。[31]

胡適生前並沒有滿足殷海光的「信賴和希望」。1962年2月春節期間，胡適看到政治大學研究所畢業的徐傳禮，用「韻笙」的署名在夏濤聲主持的《民主潮》發表一篇《論思想或觀念的僵化和簡化》，欣賞之餘打算通過夏濤聲約談徐傳禮。2月20日，胡適在與胡頌平談話時，對徐傳禮和殷海光進行了一個比較：「我曾想過，起初以為是殷海光寫的嗎？但殷海光還寫不出這樣，因這個人寫得很和平。」[32]

---

[31] 李敖《播種者胡適》，《文星》月刊第51期，1962年1月1日。
[32] 胡頌平著《胡適先生晚年談話錄》，中華書局，2016年，第256頁。

同樣是在1962年2月春節期間，任鴻雋、陳衡哲的女兒任以都從美國給胡適寄來《康南耳君傳》的影印件，這是胡適1911年在康奈爾（Cornell）大學留學期間，用文言文為該校創辦人、同時也是北美洲電報事業創辦人Ezra Cornell寫作的傳記，發表於《留美學生季報》1915年第1期。胡適收到後重新進行了一番考據改寫，於2月23日交給胡頌平12本油印本和一張便條，便條上用紅色圓珠筆寫了幾行字：

　　校改本，送給
　　　　徐高阮、毛子水、台靜農、姚從吾、台大圖書館、成功大學圖書館、李教、蔣夢麟、沈宗翰、錢天鶴。

　　從這份名單可以看出，晚年胡適確實沒有把自視甚高的殷海光，看作自己以及五四新文化的精神傳人。

　　殷海光被趕出臺灣大學，是胡適去世之後的事情。導致他遭受迫害的罪魁禍首，當然不是胡適，而是他曾經寫文章表示效忠而且至死都不敢公開點名加以譴責的蔣介石。雷震案發生之後，是蔣介石親自在中常委會議上給殷海光定下了調子：「殷海光不是與黨國一條心的人。在大陸那一段，他反共是積極的，我曾經召見過他，對他期望甚大。……他在《自由中國》上寫的那些東西，實際上是在幫共產黨的忙。我們不能養蛀蟲蛀自己的船。」[33]

　　1965年9月14日，殷海光在為他所翻譯的《到奴役之路》中文單行本改寫《自序》時，沒有針對迫害自己的蔣介石父子表示

---

[33] 范泓：《「五四後期人物」殷海光》，見范泓著《在歷史的投影中》，臺北秀威資訊科技股份有限公司，2008年，第34頁。

嚴正抗議，卻把棄兒怨婦式的一腔哀怨，發洩到了已經去世的胡適頭上。殷海光在這篇《自序》中先是舊事重提：

> 一九五四年三月五日，胡適之先生在當時的「自由中國社」歡迎茶會上講演詞裡說：「二月二十二日，紐約時報的新聞記者同我談話時，我曾對他說：『我所知道的，在臺灣的言論自由，遠超過許多人想像的。』我還舉了個例子。他們大概是因為篇幅的關係，沒有登出來。我舉的例子是說：比方我們「自由中國」最近七八期中連續登載殷海光先生翻譯的西方奧國經濟學者海耶克（原系奧國經濟學者，後來住在英國，現在美國芝加哥大學任教）所著的《到奴役之路》。我舉這個例子，可以表示在臺灣有很多的言論自由。（載在自由中國半月刊第十卷第六期）[34]

接下來，殷海光採用雞蛋裡面挑骨頭的強橫態度質問道：那時的胡適能注意及《到奴役之路》的出版和翻譯，這表示他的自由主義的餘暉猶存。不過，在臺灣能翻譯並發表《到奴役之路》，對當時「臺灣的言論自由」究竟有什麼證明作用就頗不易斷言。他說的「許多人」是多少人？是些什麼種類的人，這些人當時所「想像」的「臺灣的言論不自由」的程度有多大？胡適之先生所說的「臺灣的言論自由，遠超過許多人所想像的」，「超過」的程度有多大？這些問題，我從他的講詞裡得不到解答。我所能確切指出的，是當時《到奴役之路》有發表的自由。不過，

---

[34] 殷海光《自序》，《到奴役之路》，臺北傳記文學出版社，1978年，第1-7頁。

這是十一年前的往事了。往事如煙！在這十一年之間，臺灣的言論自由是進步了，退步了，或是停在原處未動，這是一個頗為複雜的問題。

作為一名歷史親歷者，殷海光不願意也不甘心承認的基本事實是：這十一年之間臺灣社會的言論自由，是以1960年9月的雷震案為轉捩點的。在此之前，胡適以及《自由中國》團隊的雷震、殷海光、夏道平等人，確實為臺灣社會爭取和拓展了一部分的言論空間。隨著雷震案發生和胡適的去世，臺灣社會的言論空間逐步萎縮，一方面是因為蔣介石父子專制跋扈的政治高壓；另一方面是自以為比「餘暉猶存」的胡適更加具有「自由之光」的殷海光自己，在爭取和維護言論空間的力度上，遠遠沒有前一輩的胡適和後一輩的李敖那樣勇敢和強大。

1966年12月20日，殷海光奮筆寫下《我被迫離開臺灣大學的經過》，說是第一個寫文章攻擊他的是中央研究院的徐高阮，起因是美國學者易社強（John Israel）在1960年英國倫敦出版的《中國季刊》（China Quarterly）發表一篇文章，隱然把殷海光推為臺灣自由主義思想的領袖。徐高阮的這篇文章發表在1964年3月出版的《中華雜誌》，其中指責殷海光實際上是一專斷分子、政治煽動者、沒有學術真誠。1966年6月是申請「國家長期發展科學補助金」的時候，專門為反擊李敖等人而創辦《中華雜誌》的胡秋原，繼徐高阮之後公開指責殷海光不配得到這筆錢。毛子水為此登門拜訪殷海光，轉告臺灣大學校長錢思亮的意思，說是當時的中央研究院院長王世杰，在「中常會」上被國民黨大員張其昀當眾大罵，理由是講三民主義的學者總是請不到補助金，像殷海光這樣專門攻擊政府的人卻年年能請到。在這種情況下，殷海

光只好於6月14日致信「國家長期發展科學委員會」，聲明撤銷補助金的申請文檔。[35]

按照殷海光的解釋：「這每月六十美元的補助，恰為我過一最低生活的費用之一半。我必需靠這一半，所以每年申請。」

在此之前的1961年9月5日，胡頌平記錄了胡適講給他所預定的中央研究院之院長接班人吳大猷的一段話：

> 我已被人罵了四十年。我覺得應該做的，只要百分之六十對國家有利，百分之四十被罵，我還是不怕被罵的。……譬如說，科學會今年補助的五百多人，這五百多家的生活解決了，這五百多人可以安心作研究工作了。科學會也是有人在罵，我不怕人家罵我，我已補助了五百多人的生活了。[36]

由此可知，殷海光從1961年6月開始，從胡適忍受辱罵鼎力主持的「國家長期發展科學委員會」，連續五年申請了他所「必需」的補助金，從來沒有為此說過一句感謝胡適的好話。

妨礙殷海光繼續領取補助金的徐高阮、毛子水、錢思亮，恰好是胡適生前交往密切的幾個人，尤其是早年畢業於清華大學、受業於陳寅恪的徐高阮，是1935年12月「一二九」運動中的一名學生領袖，1936年初曾任中共北平市委宣傳部長，後因對中共北方局最高領導人劉少奇有所不滿而憤然脫黨。他於1949年追隨國

---

[35] 殷海光：《我被迫離開臺灣大學的經過》，張忠棟著《胡適‧雷震‧殷海光——自由主義人物畫像》，第191-204頁。
[36] 胡頌平著《胡適先生晚年談話錄》，中華書局，2016年，第186-187頁。

民政府來到臺灣，任職於中央研究院，是把胡適的英文文章翻譯得最好的一名中文譯者。徐高阮1969年去世前，在遺囑裡要求和董作賓一樣埋葬在胡適墓旁，成為死後陪伴胡適長眠的兩位追隨者之一。

應該說，標榜自己是什麼五四之子和自由主義者的殷海光，並不是當真具備了意思自治、財富獨立、邊界明確、敢作敢為、自我健全的自由意識和理性智慧的一個人，胡適去世後，徐高阮帶頭在敵對刊物上攻擊殷海光，難免會讓殷海光有所聯想和猜疑。

第五節　李敖快意恩仇之「殷鑒記」

關於徐高阮、胡秋原、徐復觀一派人與李敖一派人之間的中西文化論戰，殷海光在《我被迫離開臺灣大學的經過》中介紹說：

> 在論戰中，胡秋原君知識上的短缺，思想上的混亂，被我的一群學生指破。尤其是他參加「閩變」的往事，被李敖君指出。這一下使他的名流聲威掃地。他痛心疾首之餘，認為系我在背後策動，於是在《中華雜誌》上參加徐君對我的圍攻。這二位先生的言論，充滿對我的污蔑、毒罵及構陷，但卻儼然為學術尊嚴及自由民主而仗義執言。標榜歷史文化儒家道德的某君，則從旁助威。對於這一切，我依然保持沉默。[37]

---

[37] 殷海光：《我被迫離開臺灣大學的經過》，張忠棟著《胡適‧雷震‧殷海光——自由主義人物畫像》，第193頁。

這裡的「徐君」，就是徐高阮。「標榜歷史文化儒家道德的某君」，就是徐復觀。「一群學生」指的是臺灣大學哲學系助教許登源、台大數學系助教洪成完、台大哲學系講師何秀煌、台大哲學系助教陳鼓應等人。《李敖快意恩仇錄》之第九篇《殷鑒記》，是專門圍繞殷海光展開的，其中寫道：

　　　　殷海光在《自由中國》時代，風光八面，如日中天，《自由中國》被迫停刊後，他頓失地盤、漸形索寞。一九六〇年以後，到一九六九年死去，這九年間，他「一年老一年，一日衰一日」，卻正好趕上我在文星時代，由於我的幫助，他雖在迫害頻仍、衰病侵尋之中，卻得以在出書上、生活上、醫療上和精神上，獲得不少支援和安慰。在一九六四年到一九六六年間，他在文星書店共出了四本書，都是我主持的。四本書是：一、《思想與方法》、二、《到奴役之路》、三、《海耶克和他的思想》、四、《中國文化的展望》。[38]

　　按照李敖的說法，殷海光雖然「為人應世笨拙不堪」，卻處處不忘自己是高級知識份子，從他生活細節上也可看到一斑。他從不坐公共汽車，他認為人的尊嚴會給擠掉；他喝高級咖啡，吃英國餅乾，去貴族醫院看病。即使離開臺灣大學之後，殷海光的收入雖然有所下降，生活方面的困難並不嚴重：

　　　　在《自由中國》時代，雷震給他滿好的待遇；《自由

---

[38]　《李敖快意恩仇錄》，臺灣商業週刊出版公司，1998年，第277-284頁。

中國》以後，我自文星給他大力的支援。費正清到臺灣的時候，約我陪他去看殷海光，後來在南港請殷海光同我吃飯。因為殷海光曾向我表示希望美國有學術機構幫助他，我側面問費正清可否設法，費正清說，他已對殷海光有幫助。……我雖然大力支持殷海光，但對他的為人，卻總是以看一個不通人情的高級書呆的眼光來給他定位。他並非全無心機與權術，但這種心機與權術，總是湖北人式的，格局甚小，所以我始終不怎麼喜歡他這個人。

1966年7月，臺灣警備總司令部總司令、陸軍二級上將陳大慶，親自簽名查禁殷海光在蕭孟能、李敖幫助下出版的《中國文化的展望》，罪名是「反對傳統文精神，破壞社會倫常觀念」。而在事實上，殷海光在這本書中已經開始幫助信奉「禮義廉恥」之類傳統文化的蔣介石當局，清算起胡適的思想「毒素」。他先是感歎胡適後來做考據去了，「由做考據而訓練出來的思想模式與心理狀態，怎樣對付得了近四十多年來五花八門的思想魔術？」接著又給胡適羅織了很是勉強的一個罪名：面子是中國人的第二生命，胡適說中國「百不如人」，又要中國人「死心塌地的去學人家」，這話很傷中國人的「民族自尊心」。[39]

這裡的問題是：既然面子是中國人的第二生命，愛面子的、擁有「民族自尊心」的中國人，為什麼要忍受蒙古人成吉思汗、忽必烈的野蠻侵略和強制殖民呢？為什麼會在滿族八旗軍隊的逼迫下留頭不留髮呢？國共兩黨在來自蘇俄的金錢槍炮以及共產文

---

[39] 殷海光著《中國文化的展望》，臺北桂冠出版公司，1988年，第365-431頁。另見張忠棟著《胡適・雷震・殷海光——自由主義人物畫像》，第45頁。

化的全面武裝之下，所發動的曠日持久的國內戰爭，難道就沒有傷及「民族自尊心」麼？偏安臺灣的「中華民國」只能依賴美國第七艦隊來加以庇護，所謂中國人的「民族自尊心」又跑到哪裡去了呢？為什麼胡適僅僅說了幾句殷海光自己也曾經說過的中國「百不如人」的大實話，殷海光就要在《中國文化的展望》中那麼賣力地羅織罪名呢？

骨子裡崇洋媚外的殷海光，在非議胡適「由做考據而訓練出來的思想模式與心理狀態」的同時，對於海耶克新書《自由的憲章》裡面更加繁瑣的另一種考據引證卻讚不絕口：

> 這部大著，一開局就不同凡響：氣象籠罩著整個自由世界的存亡，思域概括著整個自由制度的經緯。不僅此也，海耶克先生不僅能作此大幅度的開展，而且能將他所立原則，具體地引用於一些緊要的個別問題。這是一般思想家所望塵莫及的地方。論其為學，書中注釋，真是三步一崗，五步一哨；附注之多，簡直逼得人透不過氣來。我把查附注叫做「盤底子」。我把書後的老底子一盤，發覺海耶克為學之深切，實在少有。[40]

1966年9月20日，海耶克第二次訪問臺灣，土地銀行董事長蕭錚邀請殷海光參加22日歡迎海耶克的座談會，殷海光卻被警備司令部的情治人員堵在了家裡。臺灣大學歷史系的許倬雲通知殷海光說：「海耶克教授住統一飯店，約殷先生往談，請定一時

---

[40] 殷海光致林毓生，1962年6月，《殷海光‧林毓生書信錄》，上海遠東出版社1994年版。

間。」殷海光把自己被情治人員堵在家裡的情況告訴許倬雲，海耶克就再也沒有約談殷海光。[41]

當時的海耶克夫婦以能夠見到蔣介石夫婦為人生大幸，這位《自由憲章》的寫作者似乎沒有意識到，自己應該像胡適救助羅隆基、陳獨秀、雷震等人那樣，在蔣介石面前談一談第一個用中文翻譯《到奴役之路》的殷海光的基本人權和人身自由。殷海光所謂海耶克的「自由的憲章」的「緊要的個別問題」，一旦落到實處也不過如此。

對於胡適過分熱衷於整理國故的「歷史癖」、「考據癖」，李敖此前在《播種者胡適》中也有過非議：

> 他以一個曾經「很熱烈地頌揚西方的近代文明」的人、一個曾經主張「全盤西化」的人，居然花極大部分的時間與精力在東方「學術」的考證上、辨偽上……他不在推行「全盤西化」上認真，卻在吳稚暉筆下《〈國故〉的臭東西》上認真，認真搞他自己筆下的那種「開倒車的學術」，寧肯犧牲四五十條的「漫遊的感想」來換取「白話文學史」的上卷，毫不考慮兩部著作對世道人心孰輕孰重，這是他的大懵懂！

有趣的是，在關鍵時刻支撐李敖贏得訴訟的，恰恰是胡適用於整理考據歷史國故的科學方法。

1962年11月，在《中華雜誌》辯論不過李敖的胡秋原，聯合鄭

---

[41] 殷海光：《我被迫離開臺灣大學的經過》，張忠棟著《胡適‧雷震‧殷海光——自由主義人物畫像》，第203頁。

學稼向臺北地方法院控告蕭孟能、李敖。《文星》依據「刑法」第三一〇條第三項提出反訴，要求自訴方提出真實事實，以證明原訴狀中「國家檔案機關的資料可否如此盜用來作清算私人之用」。

胡秋原訴狀中的「國家檔案機關」，指的是以羅家倫為主任委員的國民黨黨史委員會。1961年11月，窮困潦倒的李敖離開台大歷史研究所，來到陶希聖、羅家倫負責主持的「中華民國開國五十年文獻編纂文員會」充當臨時雇員，胡秋原認為李敖收集考據來的關於「閩案」即「福建事變」的歷史資料，是李敖利用調借黨史委員會資料之便利從事誹謗活動。關於此事，陶希聖的表侄子、當年和李敖一起在「文獻會」工作的阮繼光回憶說：

> 李敖在《文星》發表文章寫「閩變」，這下惱怒了胡秋原，他專辦一個《中華雜誌》和李敖對上。《文星》和《中華雜誌》你來我往，極盡攻守之能事。胡秋原招架不住，竟告到法院。李敖不知道從哪裡找到「閩變」當時的報章雜誌，一捆捆、一包包地搬到法庭作證。當然，胡秋原的官司又敗了。這其間，陶先生是不作任何偏袒的，沒有說一句話。胡秋原惱羞成怒之餘，竟把箭頭直接指向陶先生，說李敖是陶先生的先鋒、打手。陶先生沉默不語，不作反應。胡秋原計無可施，於是聯絡湖北籍的立法委員如錢納水、郎維漢等人向陶先生施壓，並向黨部陳說。胡又直接找陶先生，陶先生看到目標轉移到他的頭上，大有野火燒不盡的情勢，於是解除了李敖的職務。這大約是民國五十二年的事。[42]

---

[42] 錄自阮繼光寫給表弟陶晉生的書信，參見范泓著《在歷史的投影中》，第244頁。

1963年2月，《文星》刊出李晉芳律師代表蕭孟能的答辯狀，在法理上站不住腳的胡秋原，只好在立法院裡大做文章。蔣介石曾經的少將秘書徐復觀也高調揚言，「如果和解不成」，將於3月29日向「總統」報告文星書店出版的《中國現代史料叢書》「侮蔑總統」。當年的蕭孟能，還在日記中記錄了情治機關從幕後走到台前的諸多表現：

> 五月一日，臺北調查局官員汪淦與我見面，表示如果胡、鄭及蕭、李雙方能夠各讓一步，他願出面擔任調人。這位官員顯然是奉命出來幹旋的。三日，汪君與李敖見面，勸他接受和解。李敖提出三點要求：（一）今後可以不再寫批胡的文章；（二）胡應該對罵他的話道歉，他可以就尖刻的話向胡道歉，但對史實不認有錯；（三）願意把所搜集的有關胡秋原的資料，全部贈送給胡秋原。汪見李態度堅決，也知道胡絕不可能同意這三點，便說：「這樣演變下去，陶希聖恐怕不便留你在『文獻會』了。到那時你和蕭孟能很可能走到從前《自由中國》的路上去，後果將不堪設想。」李答說：「我沒有這種野心和膽量。如果有，今天不會在這兒跟你談話了。」[43]

1963年5月5日，即將飛往東京訪問的陶希聖指示秘書高蔭祖轉告李敖，希望他在官司未結束以前暫時不必來「文獻會」上班，可辦理停職留薪。李敖離開「文獻會」後不久，蕭孟能安排

---

[43] 引自范泓著《在歷史的投影中》，第246頁。

他擔任《文星》主編,並為他在臺北市安東街231號租了一層公寓,出錢讓他購買所需的家具。5月19日,李敖搬入新家,開始與臺灣大學農經系美女學生王尚勤同居。作為獎賞,蕭孟能還預付一萬元稿費約請李敖撰寫《胡適評傳》。這是27歲的李敖一生當中擁有的第一筆鉅款。

李敖主持《文星》編務之後所刊發他自己的第一篇文章,是第69期的《為「一言喪邦」舉證》,其中變本加厲地挖苦胡秋原「不堪造就,竟然惱羞成怒,老下臉皮來控告我」,勸他「趁早投筆毀容,披髮入山」。

1963年9月5日,胡秋原起訴李敖、蕭孟能的初審判決公佈,確認兩被告為共犯,各罰一千元。法庭採用高蔭祖的證詞,認為控方用「盜用」二字誹謗了對方,罰胡秋原六百元。胡秋原提出上訴,要求取消罰款六百元,追訴恐嚇罪。案子隨即進入二審程序,先後開庭調查十餘次。

1965年11月29日,余紀忠在《征信新聞報》發表社論《黨紀國法不容誣陷忠良──請謝然之交出證據來!》,把矛頭直指蔣經國手下負責言論管制的謝然之。李敖一方面請蕭孟能與余紀忠聯合作戰,一方面在12月1日出版的《文星》第98期發表《我們對「國法黨限」的嚴正表示》,企圖運用借力打力的超限戰法,既要控訴謝然之違反蔣介石的「不應憑藉權力,壓制他人」的最高指示;又要依據「王在法下」的憲政原則,批評蔣介石言行不一,未按既有憲法的明確規定把黨部從司法界和軍隊中撤出。

胡適去世之後的一段時間內,《自由中國》的殷海光、夏道平等人很是知趣地選擇了沉默,在臺灣島內敢於公開表達這樣的限權憲政之訴求的,只有李敖一個人。蔣介石得知這篇文章後大

為震怒，1965年12月25日，《文星》月刊第99期在印刷廠裡慘遭封殺。五年後的1971年3月19日，李敖被國民黨當局正式拘捕。1975年8月12日，李敖因蔣介石去世才僥倖得到減刑判決：「預備以非法之方法顛覆『政府』，處有期徒刑八年六月，褫奪公權六年，減處有期徒刑五年八月，褫奪公權四年。」

到了1979年3月，國防部總政治部屬下的黎明文化事業股份有限公司出版一本紅皮燙金的《慎師七十文錄》，「慎師」就是曹慎之，他是長期輔佐蔣經國總管軍隊「政工系統」的國防部總政治部副主任兼執行官王升的重要幹將。該書中有一篇《胡秋原先生序》，專門介紹自己與曹慎之的交往經歷：

> 一九六二年，鄭學稼先生和我因為一個同我們兩人有投稿與書業往來的書店，在所謂文化論戰後忽然對我們兩人先後送紅帽子，我們便先後對那書店及其作者提出誹謗案之訴訟，法院合併審理。這種官司在中國原很少見，所以開始之時旁聽的人不少。當時一般朋友對鄭先生與我的批評大抵是「修養不夠」，「不上算」，甚至於說「好事」；只有三個人同情我們的遭遇，經常到法院旁聽，這便是任卓宣、曹慎之、徐高阮三位先生。任先生是我們兩人的老朋友，徐先生則因我而認識鄭先生，曹先生那時與鄭先生在國防部的一個研究部門同事，他是因鄭先生而去，於是我在法庭開始認識慎之。

> 當官司尚在進行之時，到一九六六年，美國國會為越戰舉行聽證，費正清、巴奈特趁機主張討好中共以解決越戰。有一天，慎之邀約我和學稼、高阮三人，主張寫一

封對美國人民公開信，結果有一千數百人簽名的公開信在
《紐約時報》發表，一時發生相當大的影響。此我與慎之
合作之一事。[44]

另據1966年7月3日的《聯合報》報導，時任臺灣新聞局長的
沈劍虹在立法院內政委員會報告施政成績時說：「臺灣學人教授
一千六百餘人駁斥美國姑息分子費正清之流的謬論，曾於五月發
表《致美國人民一封公開信》，已由『新聞局』譯成英文，現已
洽妥《紐約時報》，於近日內連同簽署者一千六百餘人名單在該
報刊登。」

由此可知，由胡適1961年11月6日的英文演講《科學發展所
需要的社會改革》引發的中西文化論戰，從一開始就在蔣介石父
子的掌控佈局之中。曹慎之邀約胡秋原、鄭學稼、徐高阮三人策
劃起草的《致美國人民一封公開信》，當時也送到了殷海光面
前，與費正清關係密切的殷海光，堅決拒絕在表面是「自由簽
名」、實際是「忠貞檢查」的公開信上簽名，因此驚動臺灣大學
的一名高級黨務人員登門勸簽。在這樣的背景之下，針對殷海光
的政治迫害迅速升級。

1866年8月7日，臺灣大學哲學系主任洪耀勳來到殷海光家
裡，通知說教育部來了一紙公文，要將他調離台大。這張公文的
妙處在於「聘書另發」四個字。

8月12日上午，殷海光被情治人員「請」到臺灣警備總司令
部關押政治犯的辦事處，教育部聘請殷海光擔任研究委員的聘

---

[44]　《李敖快意恩仇錄》，臺灣商業週刊出版公司，1998年，第280-281頁。

書，就這樣送到了殷海光面前。經過幾個回合的交涉，殷海光斷然拒絕道：「我敢拿生命打賭，我不會接受那張聘書，我也不會去做官。」

寫作《我被迫離開臺灣大學的經過》的殷海光，其實並沒有當真與臺灣大學脫離關係，而是維持了一段「課表照貼，但終止上課」的奇特現象，他為此感歎說：「十八年來，從中國大地逃到臺灣島上的自由知識份子被摧殘得所剩無幾。我這樣的一二人之被清洗，乃是『事有畢至』的，問題只在等待機會。」[45]

殷海光所遭遇的這種特殊待遇，包括我本人在內的許多大陸方面的異議反對者，直到今天依然在面對和忍受著。2006年11月，我應美國國務院的國際訪問者計畫（International Visitor Leadership Program）之邀請，到美國鄉村考察基督教和農會之類的民間自組織，回國後被文化部中國藝術研究院以「擅自出國」的罪名加以解聘，同時又保留了基本的工資待遇。我的實際罪名是被某些人羅列出來的十篇異議文章。2009年12月，在獲得和平大獎的老友劉曉波被審判期間，我作為2008「憲章」之改稿人被限制出門，住所樓下的中型汽車裡是幾名正式員警在值班，家門口的樓道裡還有來自農村的不足十八歲的兩名小協警，在嚴寒的冬季裡晝夜看守。2012年初，我因為在網路上採用調侃語調建議薄熙來與習近平通過競選上演一場民主大戲，又被北京市祕密員警作為「專案」全面調查並且跟蹤監視，這種赤色恐怖的周密嚴酷程度，遠遠超出蔣介石父子的「白色恐怖」。在這樣的恐怖氛圍當中，我牢記的是傅斯年1947年2月4日勸阻胡適出任政府高官

---

[45] 殷海光：《我被迫離開臺灣大學的經過》，張忠棟著《胡適‧雷震‧殷海光——自由主義人物畫像》，第192頁。

的一番話：「自由主義者各自決定其辦法與命運。……我們自己要有辦法，一入政府即全無辦法。與其入政府，不如組黨；與其組黨，不如辦報。」[46]

傅斯年所說的若干「辦法」，我個人是沒有的；但是，我知道傅斯年對於「自由主義」的準確理解，是殷海光從來沒有過的。我的爺爺張天霖和大爺爺張木霖是在1959年的所謂「社會主義大躍進」當中，被活活鬥死、餓死的，單憑這一點，我自己的立場和態度就不可動搖。既然我自己做出了選擇，我就應該為此忍辱負重、無怨無悔地付出代價、擔當風險，尤其是應該具備相對獨立地養活自己及家人的各種「辦法」；而不是像殷海光那樣揪住自己曾經崇拜和依賴過的胡適發洩怨氣。

按照張忠棟的描述，殷海光去世以前的兩、三年中，凡給學生朋友寫信，常常說到胡適的心智已死，並且自稱在思想努力的進程上超過胡適至少一百年，超過唐（君毅）、牟（宗三）至少三百年，超過錢穆至少五百年。[47]

歷史夾縫之中的殷海光在寫給張灝的一封書信中，表現出來的活脫脫就是一種自以為是、孤芳自賞的棄兒怨婦之心態：作為「五四的兒子」，本希望以「五四」的觀念和那一時代傳衍下來的理想主義銳氣來創造一個新時代，奈何「時代的變動畢竟來得太快」，結果「任何團體都不要他」，連被歲月磨掉了光彩的「五四的父親」也就是胡適等人，也認為他是一個「欠穩健的時代叛徒」，有意無意和他alienate（疏遠）起來。保守人物「視他為禍根」，下一輩人則「和他分立在兩個不易交通的『心靈世

---

[46] 傅斯年致胡適信，《胡適來往書信選》下冊，中華書局，1979年，第169-170頁。

[47] 張忠棟著《胡適‧雷震‧殷海光──自由主義人物畫像》，第47頁。

界」裡」，要麼被激刺成沖陣的火牛，要麼被壓成醃菜。他成了斷線的風箏，留給自己的只有孤獨。[48]

行文至此，筆者禁不住有一個好奇之問：假如胡適當年不是推薦錢思亮而是殷海光接任傅斯年遺留的臺灣大學校長之職位；或者提名殷海光當選中央研究院的院士，殷海光的人生道路和人生態度，又會是什麼樣子呢？

第六節　林毓生談論胡適罪錯[49]

我此前通過網路接觸過林毓生（Yu-sheng Lin）邏輯混亂的部分文章和演講視頻，當時並沒有特別在意，只記得他有幾個還算光鮮的身分符號：美國威斯康辛大學麥迪森校區歷史系教授，臺灣中央研究院院士，殷海光在臺灣大學的從業弟子，1974年諾貝爾經濟學獎獲得者弗里德里希・奧古斯特・馮・海耶克的關門弟子。2011年1月10日，我在武昌參加由共識網主辦的辛亥革命研討會期間，陪同范泓、李潔、陳浩武三位師友到華中師範大學拜訪何卓恩教授，承蒙何教授贈送一本《殷海光與近代中國自由主義》。在該書代序《我所瞭解的殷海光和自由民主——林毓生先生答本書作者》中，我意外讀到林毓生及其業師殷海光，關於胡適罪錯的奇談怪論。

2003年3月，在臺灣訪學的何卓恩在殷海光基金會幫助下，見到了正在臺灣中央研究院史語所做研究的林毓生，《我所瞭解的殷海光和自由民主——林毓生先生答本書作者》，是兩個人長

---

[48] 《殷海光致張灝》，1967年3月8日，盧蒼編《殷海光書信集》，臺北桂冠出版公司，1988年，第73-81頁。
[49] 本節內容改寫自張耀杰《與林毓生談胡適罪錯》，《粵海風》，2015年第3期。

達三個小時問答錄音的整理稿。據林毓生介紹：

> 殷先生從來沒有說硬搬西方，把我們中國變成美國人，那是胡適之才這樣講。殷先生看不起胡適，跟我當面講話的時候，非常厲害的。當然表面上因為不好意思，因為他是長輩吧，而且他是前輩，在一個傳統裡面，在一個自由主義傳統裡面。所以，殷先生在文章裡面寫過幾篇，也是對胡先生還是比較維護的。因為把胡先生這個旗子打倒以後，更沒有人頂了。還有胡先生政治上跟蔣家也可以說說話呀，保護保護他。但是殷先生跟我們學生在家裡單獨講話的時候，非常看不起他。因為胡適沒有東西，沒有什麼正確的東西……[50]

作為佐證，林毓生引用了《殷海光‧林毓生書信錄》中的一段文字：「胡適之流的學養和思想的根基太薄。以『終生崇拜美國文明』的人，怎能負起中國文藝復興的領導責任？更何況他所崇拜的美國文明主要是五十年前的！他雖常在美國，其實是在新聞邊緣和考據紙堆裡過日子，跟美國近五十年來發展的學術沒有相著幹。」

關於胡適的為人，林毓生議論說：「胡先生人格並不是太壞，胡先生不是一個什麼英雄啦，但是人還是一個正派人，還是一個很好的人，而且發揮了一些儒家思想的美德啦。比如說，他在美國當大使的時候，他回到家裡比較晚，進門，趕快把鞋子脫下來，拿兩隻手提著，穿著襪子走，怕皮鞋吵著別人睡覺。這是恕道吧？人倒挺好的。他是個普通人，他不是個偉大人物。這有

---

[50] 《我所瞭解的殷海光和自由民主——林毓生先生答本書作者》，何卓恩著《殷海光與近代中國自由主義》之「代序」，上海三聯書店，2004年，第1-19頁。

什麼不好？這很好嘛，就是這個人還不錯，但是，但是他沒有什麼偉大的氣息，不是一個領導人物啊！胡先生的缺點就是太好名。他好名，好名好得厲害，好到自戀的程度。他是大人物呀，大人物沒有他那麼好名的呀！」

行文至此，不難發現林毓生自相矛盾的價值混亂：一方面說「把胡先生這個旗子打倒以後，更沒有人頂了。還有胡先生政治上跟蔣家也可以說說話呀，保護保護他」；另一面說胡適「沒有什麼偉大的氣息，不是一個領導人物」。一方面說胡適是「硬搬西方，把我們中國變成美國人」；另一方面又說胡適是「一個很好的人，而且發揮了一些儒家思想的美德」，這種美德叫做「恕道」。與已經去世的胡適所表現出來的「恕道」相比較，自以為「能負起中國文藝復興的領導責任」的殷海光、林毓生，在不能自圓其說的自相矛盾的話語表達中，分明就是在糟蹋敗壞被他們叫做「恕道」的「儒家思想的美德」。

為了證明胡適不能夠「負起中國文藝復興的領導責任」，林毓生主要從三個方面論證胡適的是非罪錯。其一是所謂「科學主義」；其二是所謂「太好名」；其三是所謂「全盤西化」。

關於胡適的「科學主義」，林毓生議論說：

> 因為胡先生永遠沒有進步。到臨死的時候，還是他早年的那些科學主義，科學救國什麼的。實際上胡先生對科學的瞭解是誤解的，把科學當做宗教來崇拜。……實際上科學有些貢獻，但最主要的大問題，科學有困難，是要用人文來解決。胡先生全都弄錯了嘛，在大關大節的地方，思想上都沒有弄對。新儒家這方面，我覺得比他強。什麼科學救

國?我現在舉個例子,自由民主都不能用科學來證明,自由民主是哲學問題。……人的價值也不能用科學證明。為什麼人有價值呢?科學證明不出來。甚至科學最基本的觀念,科學自己都沒辦法證明。是理性的東西也好,是上帝的也好,反正永遠不是科學。這些很複雜的東西,胡先生沒有接觸。因為什麼?他根本沒有到這個程度。一些哲學思考他沒有想到。他為什麼沒有想到?一天到晚去應酬。

在我個人的閱讀印象裡,胡適並不是「把科學當做宗教來崇拜」的「科學主義」的宣導者,而只是「科學的人生觀」又稱「自然主義的人生觀」的宣導者。1923年11月29日,胡適在為上海亞東圖書館出版的《科學與人生觀》一書所寫序言中,通過他自己所謂「粗枝大葉的敘述」得出的結論是:

> 在那個自然主義的宇宙裡,天行是有常度的,物變是有自然法則的,因果的大法支配著他——人——的一切生活,生存競爭的慘劇鞭策著他的一切行為——這個兩手動物的自由真是很有限的了。然而那個自然主義的宇宙裡的這個渺小的兩手動物卻也有他相當地位和相當的價值。他用的兩手和一個大腦,居然能做出許多器具,想出許多方法,造成一點文化。……總而言之,這個自然主義的人生觀裡,未嘗沒有美,未嘗沒有詩意,未嘗沒有道德的責任,未嘗沒有充分運用「創造的智慧」的機會。[51]

---

[51] 胡適:《〈科學與人生觀〉序》,歐陽哲生編《胡適文集》第3冊,北京大學出版社,1998年,第163頁。

從這樣一段話中，絲毫看不到林毓生所謂「把科學當做宗教來崇拜」的「誤解」。林毓生所謂「甚至科學最基本的觀念，科學自己都沒辦法證明」，同樣可以套用於他所謂的「哲學」：「甚至哲學最基本的觀念，哲學自己都沒辦法證明。」

道理很簡單，無論是「科學」還是「哲學」都沒有「自己」，擁有「自己」的主體地位和主體價值的，是作為精神生命體的個人及其大同人類。是每一位主體個人利用自己包括自然科學與人文科學的文化積累和精神創造，賦予自己以及人類社會以約定俗成、可供度量的價值要素和價值譜系。我自己一直把這種價值譜系概括為六個相輔相成、環環相扣的價值要素：主體個人的自由自治，簡稱為自由；甲乙雙方的契約平等，簡稱為平等；公共領域的法治民主，簡稱民主；制度建設的限權憲政，簡稱憲政；國際交往的大同博愛，簡稱博愛；人和自然界的生態和諧，簡稱和諧。

單就作為主體個人及人類社會第一位的價值要素的個人自由而論，無論其內涵和外延多麼複雜，都是可以用科學思維和科學方法來加以限定和度量的：

其一，自由意味著主體個人意思自治、自我擔當、自我規定、自我健全的責任與權利。

其二，自由需要主體個人運用自己的私有財產和財富創造，來充當底線支撐和最低保障。

其三，每一位主體個人的自由都是以力所能及的量力而行作為閾值閾限的。

第四，每一位主體個人的自由，都是以其他個人的自由權利作為明確邊界的。

在工商契約及民主憲政的現代文明社會裡，度量個人自由的方式，除了高度抽象地度量財富自由的金錢貨幣之外，還有人與人之間邊界明確的平等契約和公共領域裡切實可行的法律條款。從這個意義上說，林毓生所謂「人的價值也不能用科學證明」，顯然是一個違背基本常識的偽命題。在這些常識性問題上，需要的只是誠實理性而不是什麼高深程度，真正缺乏包括人文科學在內的科學思想之常識理性的並不是胡適，反而是林毓生自己。

關於胡適的「太好名」，林毓生的說法是：

> 何炳棣先生，他是一個很好的史學家，很有成就的……胡先生請何先生住在院長官邸，胡先生很器重他，因為何先生在海外很有成就嘛。……何先生吃了早飯以後，要出去找老同學啦什麼，很多事情；胡先生也忙得要死。他倆就是每天早晨吃一次早飯，晚飯也不在一起吃。這樣待了五六天，有一天吃完早飯，何炳棣先生問胡先生，「胡先生，您照我的看法，我的觀察，您是不是在醒的時間，三分之二是用在會客上面？」胡先生思考片刻，說「大概不太遠，大概是這樣。」一個人用了三分之二醒的時間到處去會客，那怎麼能夠變成個大思想家呢？……何先生的文章還提到，有幾次當著外國人的面前，胡先生說自己是中國文藝復興之父。太好名了，好名好得過分了。好名哪個人不好名，但是有個程度不同嘛，人都有點虛榮心，又不是上帝，也不是天使。問題就是有程度的不同，過分了嘛。

1926年7月，胡適到英國倫敦參加「中英庚款顧問委員會」會議，在英國停留了將近5個月，期間還去過法國巴黎、德國的法蘭克福和愛爾蘭的都柏林，圍繞著「中國的文藝復興」（*The Renaissance in China*）的話題，做了多次演講。

　　這一年的10月8日，胡適在日記裡貼有一張《每日新聞》（*The Daily News*）的剪報，剪報裡說：「胡適是當今中國知識份子的思想領袖，也是『中國文藝復興之父』。」這是可以查到的胡適首次被西方人稱為「中國文藝復興之父」。[52]

　　11月18日的胡適日記裡，附有都柏林大學邀請他演講的廣告，大意是：「11月18日（星期四）下午四點將在三一學院的董事會議廳舉行演講會，演講者為北京大學教授胡適博士。題目是《中國之首次文藝復興》……胡適博士被譽為『中國文藝復興之父』。在他能熟練運用文言文之後，轉而在散文和韻文方面提倡白話文，主張以白話文代替文言文成為書面語言，從而掀起了一場聲勢浩大、席捲全國的白話文運動。」[53]

　　由此可知，「中國文藝復興之父」並不是胡適說給外國人的，而是西方社會對於胡適的一種認可。這種擬人化的「中國文藝復興之父」的稱謂，雖然在學術層面上不夠嚴謹，胡適作為中國文藝復興第一人的歷史地位，卻是不可抹殺的。

　　正如西方社會的文藝復興所涵蓋的是超越族群、超越宗教、超越國境、超越語種的古希臘人本主義、古羅馬法治傳統和基督教世俗改革一樣，真正意義上的「中國文藝復興」，是必須沿著

---

[52] 胡適：《歐洲日記（三）》，1926年10月8日日記注釋①，見《胡適全集》第30卷，安徽教育出版社，2003年，第364頁。

[53] 胡適：《歐洲日記（三）》，1926年11月18日日記注釋②，見《胡適全集》第30卷，第414頁。

胡適所開闢的充分世界化的大同路徑來不斷創新、不斷進步的。林毓生在美國求學時的導師海耶克，在經濟及泛人文科學領域所取得的世界性成就，也是他在英國、美國以世界公民身分從事教學研究的一種結果，而不僅僅限於對奧地利經濟學派的保守主義的創造性轉化。

至於殷海光、林毓生所謂「負起中國文藝復興的領導責任」，本身就是一個違背常識的偽命題。「中國文藝復興」與西方社會的文藝復興一樣，不是孔夫子「克己復禮」式的復興周公的禮儀道德、典章制度，而是在人類文化的大視野裡復興從古希臘社會已經初步呈現的自由主義也就是「充分世界化」的「健全的個人主義」的價值觀念和價值譜系。這樣的文藝復興難免會在各個不同的領域裡出現若干導向性、標誌性的先驅人物（Leader），但是，無論如何也不需要任何個人和黨派承擔起統一思想、總攬全域、惟我獨尊的精神教主加神聖偶像式的「領導責任」。

胡適所謂的「中國文藝復興」，也就是通常所說的圍繞北京大學與《新青年》雜誌而展開的新文化運動，其主要功績至少包括三個方面：

其一是對於中國社會自古就有的傳統白話文的提倡普及；

其二是對於外國先進文明及其經典文本的介紹引進；

其三是對於相對純正的自由主義——也就是「充分世界化」的「健全的個人主義」——的人生價值觀的宣導與踐行。

儘管「中國文藝復興」由於國共兩黨借助於蘇俄的金錢槍炮所發動的北伐戰爭及國共內戰而中途夭折，卻並不影響胡適作為「中國文藝復興」第一人的歷史地位。

第七節　林毓生早年的求助書信

在臺灣胡適紀念館，保存有林毓生寫給胡適的兩封書信，內容恰好涉及到「中國文藝復興」即新文化運動。第一封寫於1959年12月3日，摘錄如下：

> 胡老先生：
>
> 　　去年四月二十二日及今春五月二十三日，蒙您在百忙當中兩次指教，並承賜《留學日記》四冊，您對年輕人的關懷與獎掖實在使人有如沐春風的感覺。
>
> 　　明年二月退伍以後，我準備開始做這些年來一直縈繞在心中的一個題目「五四與新文化運動」，現在距離「五四時代」已經四十年了，四十年的時間也不算太短，想到當年熱血青年們誠懇、真摯、自動自發的行動與介紹「德先生」和「賽先生」來中國，為的是給國家建立一個深厚廣遠的基礎，再看看今天政治、社會與文化各方面的情形，真使人百感交集。且似乎還沒有人做過一個通盤平允的研究，我極想化（花）幾年工夫在這方面做一個嘗試。[54]

林毓生1958年畢業於臺灣大學歷史系，他比較心儀的老師是講授英國歷史的沈剛伯和講授邏輯學選修課的殷海光。林毓生給

---

[54] 兩封書信根據筆名席雲舒的席加兵博士複製提供的圖片錄入，特此致謝。

胡適寫信時，正在離臺北不遠的湖口裝甲兵基地服役，他在信中關於「五四與新文化運動」的議論過於膚淺，不僅與胡適1959年連續兩篇「容忍與自由」的歷史反思不很搭界，比李敖學長隨後寫作的《播種者胡適》也相差很遠。他在信中希望胡適針對自己用英文寫給哈佛大學和哈佛燕京的關於「五四與新文化運動」的「研究計畫」，給出「一些指教」，說穿了就是希望聞名世界的胡適親自出面給他推薦聯絡。由於胡適沒有及時回信，林毓生於12月16日又寫了第二封信：

> 本月三號我曾給您寫過一封信，不知您收到沒有？您一定非常忙，然而，您總不會教一個祈求您的指導、敬仰您的年青人失望吧？……請您安排一個時間，讓我再來看您好嗎？

「一定非常忙」並且患有嚴重心臟病的68歲的胡適，顯然沒有滿足林毓生充滿期待的邀寵心理；但是，有哪一個人能夠做到「總不會教一個祈求您的指導、敬仰您的年輕人失望」呢？「對年輕人的關懷與獎掖實在使人有如沐春風的感覺」的胡適，無論如何也想不到，自己無意之中在一個叫林毓生的年輕人心裡播下了怨恨的火種。

出任中央研究院院長的胡適作為站立在臺灣地區的學術崗位和言論空間最前沿的標誌性人物，已經不再是一名單純的學者。他晚年就任中央研究院院長之後的會客對象裡面，已經先後兩次出現過林毓生。晚年胡適「用了三分之二醒的時間到處去會客」，主要是為了保證包括殷海光、林毓生在內的更多學人尤其

是「年青人」能夠專心致志地從事學術教育活動，而不是為了他自己「能夠變成個大思想家」。林毓生為此批評胡適「太好名了，好名好得過分了」，所暴露出的其實是他自己邀寵失敗的恩將仇報。

關於「全盤西化」，林毓生的議論更加離奇：「他的全盤西化也不通。全盤西化是什麼意思？連西方最壞的東西也接收嗎？那是李敖這樣說。第一，全盤西化本身是不可能的事，世界上沒有這種事，不可能全盤西化。第二，你的目的是什麼？問題提清楚嘛。後來胡先生過了幾年又說，我不是全盤西化，我是『一心一意的』現代化，『充分』現代化。充分現代化最後還是全盤西化。雖然不可能達到全心全意的西化，還是西化呀，因為沒有一個限定嘛。」

查勘胡適發表於1935年6月21日天津《大公報》的《充分世界化與全盤西化》一文，其中誠懇檢討了自己1929年「因為用字不小心，引起的一點批評」，為了消解六年前的「全盤西化」所引起的不必要誤會，「此刻穿著長袍，踏著中國緞鞋子，用的是鋼筆，寫的是中國字」的胡適通過認真糾錯表現出了明顯進步：「我現在很誠懇的向各位文化討論者提議：為免除許多無謂的文字上或名詞上的爭論起見，與其說『全盤西化』，不如說『充分世界化』。『充分』在數量上即是『儘量』的意思，在精神上即是『用全力』的意思。」

在大力提倡中國傳統的白話文字並且終身堅持白話文寫作的胡適，已經於1935年明確糾正自己的不恰當表述的情況下，林毓生依然要莫須有地詆毀攻擊胡適「把我們中國變成美國人」的「全盤西化」，分明就是中國傳統刀筆吏的「欲加其罪，何患無

辭」。換句話說，就是他對於作為「儒家思想的美德」的所謂「恕道」的公然敗壞。林毓生以諸如此類的文化心態從事學術研究，無論是介紹其外國恩師海耶克的自由主義經濟學，還是寫作他引以為傲的《中國傳統的創造性轉化》，都是難於貫通自洽的。

林毓生所謂「充分現代化最後還是全盤西化。雖然不可能達到全心全意的西化，還是西化呀，因為沒有一個限定嘛」，恰恰反證了他一方面對於中國傳統文化缺乏起碼的信心；另一方面對於洋導師海耶克的相關理論的領悟理解也不夠通透。

按照海耶克的學術邏輯，相對落後的中國社會走向「充分現代化……還是西化」的邊界「限定」，並不是某個人的「致命的自負」所能做到的，而是一種與「人們的設計或意圖」並不吻合的「自發秩序」或「擴展秩序」的「自發的產物」：

> 擴展秩序以一種單憑良好的願望無法做到的方式，彌補了個人的無知（由此也使我們——就像前面討論的那樣——適應了未知事物），因而確實使我們的努力產生了利他主義的結果……
>
> 這樣一個秩序，雖然遠不是盡善盡美，甚至經常失效，但是它和人們特意讓無數成員「各得其所」而創造出來的任何秩序相比，卻能夠擴展到更大的範圍。這種自發秩序的大多數缺陷和失效，多是因為有人試圖干涉甚至阻礙它的機制運行，或是想改進它的具體結果。[55]

---

[55] 海耶克著，馮克利、胡晉華等譯《致命的自負》，中國社會科學出版，2000年，第91-95頁。

通讀林毓生的《中國傳統的創造性轉化》一書，我始終沒有看到他從中國傳統文化中創造性地轉化出過任何一個足以與個人自由、甲乙平等、法治民主、限權憲政相提並論的充分世界化的價值要素，所能看到的反而是他企圖阻礙中國社會及中國文化走向世界的「致命的自負」。作為一個美國籍的華裔學者，林毓生是沒有資格指責終其一生都在大力提倡中國傳統的白話文字並且終身堅持通過白話文寫作來推動中國社會文明發展的胡適，是什麼「全盤西化」的。他針對「穿著長袍，踏著中國緞鞋子，用的是鋼筆，寫的是中國字」的胡適幾近於全盤否定的上述議論，無論如何是站不住腳的。

能夠保護低級文明的，只有更為高級的文明實體。能夠解決低端人群的生存困境的，只有擅長於科技發明和財富創造的更為高端的社會群體和工商企業。要想保守中國傳統文化當中僅有的一些有價值、有生命活力的東西，最合適的辦法是把中國社會的整體文明提升到個人自由、甲乙平等、法治民主、限權憲政的現代化、普世化的新高度。脫亞入歐、成功轉型的日本，和初步實現個人自由、甲乙平等、法治民主、限權憲政的臺灣，對於漢文化遺產相對妥善的傳承保護，就是最為有力的事實證據。

在胡適去世前後的中西文化論戰中，主張「全盤西化」的李敖確實有過「連西方最壞的東西也接收」的極端話語，快意恩仇的李敖對於「多是靠殷海光提拔而不能有像樣的回饋」的「殷門弟子」，也有過一番反擊清算：

> 林毓生口口聲聲罵李敖，但是為了發表文章，卻不能不托殷海光，到文星來借光。他們這些所謂學人，寫起信

來，罵《文星》「輕挑」（該是「佻」）、罵《文星》，「不三不四」（《殷海光‧林毓生書信錄》頁七十七），但是為什麼要到「輕挑」的、「不三不四」的雜誌來投稿呢？這不顯然是偽君子嗎？何況，這種人的文章根本都寫不通的，殷海光收到後，寫信給他：「……你的作品和譯文，我收到時當即看了一下，『可惡』之聲，脫口而出。蓋因小的毛病大多，恐需花我三天修改，且需重抄。你應請我吃一頓好飯以補心血。」（《殷海光‧林毓生書信錄》頁八十三）

結果殷海光沒有重抄，就給了我，我為之好笑！

「殷海光的得意門生的中文，原來是這樣子的！」我在《給書呆子上一課》一文中，曾經把這篇由殷海光逐字逐句修改的不通文章第一頁製版發表，鐵證如此，林毓生還能賴嗎？[56]

關於「殷門弟子」的「空談方法而實學粗疏」，李敖接著舉例說：林毓生寫《漫談胡適思想及其他》，說他初中時「細看」過《胡適文存》，看過《胡適文選》自序一文云云，事實上，《胡適文選》自序只是「介紹我自己的思想」一篇文章的副標題，又何能把它作為題目？何況，當時此文並沒有收入《胡適文存》，而是只收入了《胡適論學近著》，收入《胡適文存》是到臺灣以後的事。當時既沒收入《胡適文存》，林毓生又是如何從《胡適文存》中看到這篇文章的呢？可見他是憑空胡吹、自炫年

56　《李敖快意恩仇錄》，臺灣商業週刊出版公司，1998年，第300頁。

少博學也！又如張灝寫《烈士精神與批判意識》，作者儼然譚嗣同專家，但書中一開頭就說譚嗣同活了三十六年，事實上，譚嗣同生在一八六五，死在一八九八，何來三十六年？這些人今天還是中央研究院院士呢！真是騙局呀。他們徒知抱洋書談中國，但一還原就鬧笑話。[57]

　　1967年4月，已經擁有一定的名人效應的殷海光被查出胃癌，他在生命的最後兩年裡表現得意志更加脆弱、精神更加遊移，以至於成為以蔣介石、蔣經國父子為後臺老闆的中國傳統文化派，和以蔣介石、宋美齡夫婦為幕後總導演的基督教勢力爭奪利用的對象。殷海光的一生像《西遊記》裡面的孫悟空一樣，無論他如何騰雲駕霧七十二變，最終也沒有跳出蔣介石既要利用儒教又要利用基督的政教合謀之手掌心。

　　按照李敖的介紹，第一批利用殷海光的是陳鼓應這批人。他們斷章取義、東拼西湊，編造了一本《春蠶吐絲——殷海光的最後話語》，說殷海光臨死前對中國文化的看法有根本性改變，甚至把殷海光描繪成一個臨終的悔罪者。參加這種誣衊活動的，除陳鼓應這批人外，「國民黨文化特務徐復觀和頭腦不清的韋政通等也都在內」。陳鼓應這批人從來沒有任何殷海光的親筆或錄音以證明他的轉變，這顯然是一本為取悅某方面而供自己做敲門磚的偽書。第二批利用殷海光的是殷太太這批人。殷太太夏君璐是非常賢慧的女性，同時也是一個虔誠得近乎狂熱的基督徒！[58]

　　被李敖列入利用殷海光死後餘熱的長名單之中的臺灣大學歷史系教授張忠棟，部分採信了李敖等人的相關指控。他在《胡

[57]　《李敖快意恩仇錄》，臺灣商業週刊出版公司，1998年，第302-303頁。
[58]　《李敖快意恩仇錄》，臺灣商業週刊出版公司，1998年，第289-290頁。

適與殷海光》一文的注解中寫道：陳鼓應在《春蠶吐絲》中所記錄殷海光最後的談話，被部分殷海光弟子認為有斷章取義之處。「他們強調殷在最後肯定中國文化某些層面的同時，對中國文化其他部分仍然時有抨擊」。[59]

第八節　周德偉褒貶胡適之

查勘胡適日記及其他相關文獻，他第一次從美國抵達臺北的時間是1952年11月19日，離開臺北的時間是1953年1月17日，此行主要是應臺灣大學和臺灣師範學院的邀請赴臺講學，期間並沒有留下與周德偉會見的正式記錄。到了1954年2月18日，胡適為了出席「國民大會」第二次會議，第二次從美國抵達臺北，4月5日離開臺北返回美國，在臺灣逗留了46天，只是在3月20日的日記中提到了周德偉的名字：「下午七時周德偉先生請。（新生南路三段十六巷一號）。」[60]

臨近臺灣大學的新生南路三段十六巷一號，是時任財政部關務署長周德偉日式風格的「尊德性齋」所在地。這裡不僅可以舉辦家宴，而且在1951年冬天一度成為《自由中國》的部分編撰人員張佛泉、徐道鄰、殷海光，以及臺灣大學若干研究生座談討論的場所。1981年，「尊德性齋」被周德偉兒子周渝改名為「紫藤廬」，作為茶館對外開放營業，現在是臺北市的一處市定古跡和文化座標。

胡適去世之後，周德偉應《文星》老闆蕭孟能約稿，在《我

---

[59]　張忠棟著《胡適‧雷震‧殷海光——自由主義人物畫像》，第67頁。
[60]　曹伯言整理《胡適日記全編》第8冊，第338頁。

與胡適先生》一文中以他特有的小說化筆調介紹說,他在召集張佛泉、徐道鄰、殷海光等人聚會時,官氣十足地分派了各自的角色任務:「張先生並表示已開始著自由與人權,將來可提出討論。徐先生亦表示將來從事法學的著作。」周德偉從書架上取出《到奴役之路》交給殷海光:「你喜歡作政治論文,此書遠超過拉斯基的作品。最好由殷先生翻譯出來,我則從事另一較大的工作。」[61]

周德偉所謂「較大的工作」,就是寫作即將於1955年由中央文物供應社出版的《人文現象的理解》。對於周德偉來說,「人文現象的理解」既不是他所擅長的本職專業,也不是臺灣社會的當務之急,他之所以把對於臺灣社會經濟發展至關重要的《到奴役之路》的翻譯工作,委託推卸給並不是恰當人選的殷海光,主要原因是這項工作有著「詆毀政府」之風險:

> 不幸這個座談會只維持半年就沒有繼續辦下去。殷先生譯《到奴役之路》,分期刊載於《自由中國》,但殷先生過於喜愛加上自己的意見,附注太多,若干人誤會這是一本詆毀政府的書,貶損了本書的普及。其實,海耶克是奧國人,根本沒有到過中國,也不識中文,畢生從事學術工作,沒有詆毀過任何政府。我現在還希望殷先生做完這個譯事,去掉自己加上的附注,重新出版,對於中國的思想將有裨益。胡先生看到殷譯之後,非常愛好,故發表了一次談話。

「詆毀政府」是蔣介石父子的國民黨當局強加給《自由中

---

[61] 周德偉著《自由哲學與中國聖學》,中國社會科學出版社,2004年5月,第277-287頁。

國》半月刊以及雷震、胡適、殷海光等人的一項政治罪名。周德偉極力強調海耶克「畢生從事學術工作，沒有詆毀過任何政府」；無非是想要與雷震、胡適、殷海光等人劃清政治界線。他在自己家中主持召集的學術思想座談會之所以「只維持半年就沒有繼續辦下去」，同樣是他不敢像雷震、胡適、殷海光等人那樣擔當政治責任和政治風險的一種表現，用他兒子周渝的話說，就是「我們家常被監視，電話更是被監聽。……使他十分沒有安全感。」[62]

反復研讀周德偉的《我與胡適先生》，不難發現他是站在國民黨政權以及中國傳統社會的「正統」立場上，既要與被蔣介石父子當作「異端」加以圍剿清算的胡適思想劃清界線，又要對留下大宗思想文化遺產的胡適有所攀附和利用的。

周德偉1902年出生於湖南長沙，比胡適年輕11歲。1920年秋季考入北京大學預科，他在此之前已經閱讀過《新青年》雜誌：「《新青年》給時代影響甚大，但我不大喜歡，我嫌《新青年》的文筆太潑辣，分析及陳述不如《甲寅》及嚴氏譯述之精密而有系統，當然白話文的主張對我有深刻的影響。」

周德偉介紹說，1956年前後，他曾經應胡適的電話邀約，在臺灣大學校長錢思亮的公館裡關起門來回憶自己早年的黨派生涯：「我為好奇加入了馬克思學說研究會。入會之後發現該會主持人為陳獨秀、李守常。……入會半年左右，鄧中夏、羅章龍請我去長辛店做工作，並說有優厚的報酬……」

周德偉談到自己因為與鄧中夏、羅章龍發生爭執而當場宣佈脫會時，還沒有忘記利用已經死掉的李大釗（守常）來抬舉標榜

---

[62] 周渝：《序五：不容青史盡成灰》，見周德偉著《落筆驚風雨：我的一生與國民黨的點滴》，臺北遠流出版事業股份有限公司，2011年6月。

他自己：「據說李守常先生曾責他們操之過急，會裡喪失一個有望的青年。」[63]

　　周德偉最為離奇的說法還在於打著「我不是在詆毀前人」的旗號，對於湖南同鄉易培基的「詆毀」：「我在民國九年秋季，一位中學同學名叫吳先瑞來訪，他沒有考取大學，他說即要去蘇俄留學，……『不需要自己的費用，易某某經手給我俄國的津貼。』……後來做了元老的吳稚暉先生當時常常與青年混在一起……」

　　易培基奉命擔任孫中山駐北京全權代表與蘇聯公使加拉罕談判庚款分配問題，是1924年而不是1920年即民國九年的事情。當年國共兩黨的易培基、吳稚暉、李大釗、顧孟餘等人利用分到手的庚款盧布，一方面在北京發動學潮，一方面輸送包括蔣介石的兒子蔣經國、陳獨秀的兒子陳延年和陳喬年在內的大批學生到莫斯科中山大學去留學。正是在1924年前後，周德偉沒有畢業就離開北大參加了國民黨的祕密地下活動，他就讀北大的最大收穫是認識並且投靠了國民黨元老顧孟餘。在此後的很長時間內，他是依靠顧孟餘、汪精衛派系的庇護提攜而混跡官場的。

　　1933年夏天，周德偉受鐵道部長顧孟餘派遣到英國公費留學，在倫敦政治經濟學院研究所接受羅賓斯、海耶克的指導。按照他的說法，他和殷海光、林毓生一派人反復用於貶低非議胡適的「理論科學比歷史更重要」的斷論，就是從海耶克那裡得到的：

　　　海耶克特別指導我研究孟格爾及歷史學派的論爭。讀到了孟格爾等《關於社會科學及經濟學之方法的研究》及

---

[63] 周德偉著《自由哲學與中國聖學》，中國社會科學出版社，2004年5月，第292頁。

《德國經濟學中歷史主義的錯誤》二書，從這兩本書知道了理論科學和歷史科學的分殊，知道了分析的、抽象的、演繹的綜合方法為研究經濟學的正確方法，歷史學派硬性的以歷史法則代替經濟法則無異於否定了經濟學的地位，……我與胡先生特別看重歷史觀點，距離越遠。

在這段話裡，周德偉不惜把孟格爾的「德國經濟學中歷史主義」與「歷史學科」等同起來，接著又把與經濟學同樣歸屬於人文學科並且同樣需要「分析的、抽象的、演繹的綜合方法」的「歷史科學」，排除在所謂「更重要」的「理論科學」之外，然後在他自己與「特別看重歷史觀點」的胡適之間拉開「距離」。但是，自認為找到了「研究經濟學的正確方法」並且與胡適拉開距離的周德偉，並沒有義無反顧、一往直前地去開拓建構屬於自己的理論體系，反而回過頭來不厭其煩地向胡適碰瓷揩油討便宜。於是，周德偉在1950年春天發表了點名挑戰胡適的《經濟與行動》一文，並且專門印成單行本寄給遠在美國的胡適。

1952年11月19日，胡適應臺灣大學及臺灣師範學院的邀請到臺灣講學，周德偉在《我與胡適先生》中談到此事時，藉著已經去世的胡適的嘴巴，又把自己讚美誇耀了一番：

記不起四十冬或四十一年胡先生返國（這要考查胡先生的日記），寓錢校長公館，我去拜訪他，名片遞進之後，立即接見，我說：「胡先生恐怕不認識我這一北大學生了。」他用外交辭令答我：「鼎鼎大名的周德偉先生豈有不認識之理。」

按照周德偉真假難辨的說法，這次會面幾天後他為胡適安排了一場洗塵晚宴，請到的都是學術界有聲望的人士，諸如朱家驊（騮先）、王世杰（雪艇）、錢思亮、李濟之、李壽雍、毛子水。晚宴之後，他與胡適進行了深入討論。到了胡適第二次從美國來到臺灣的時候，他又去拜訪胡適，並且又為胡適舉辦了一場學術盛宴：

> 　　大概在一九五三年春，胡先生又回國了，我去拜訪他，我告知他正寫一篇「歷史事象的領悟」（此文已收入拙著《人文現象的理解》）……胡先生高興了，說到：「……你的文章反沒有今天的談話明白曉暢。你為什麼要寫這樣艱深的文章，結果只是不生效力。」……有一次向胡先生提議舉行一個宴會請胡先生與若干學人談談哲學問題……經這個宴會後的長談（午夜才散），若干人變成了胡先生的好友，為避免朋友間的誤解，我不能說出參加此次會談的人物。
> 　　記不清是四十三年（一九五四）或四十四年（一九五五）的事，胡先生在一個雜誌的周年會上發表「從到奴役之路說起」的一篇談話，恭維資本主義，而取消早年贊成社會主義的見解。事後羅敦偉先生有信給他，表示不同意見，羅敦偉先生最近在《暢流》上寫文章提到此事，並說胡先生曾請我代他自己作答。我今日承認確有其事。

　　周德偉筆下故作神祕的「與若干學人談談哲學問題」的宴會，準確時間並不是「一九五三年春」，而是胡適日記中明確記載的1954年3月20日。在此之前的3月5日中午，胡適先是會見行政院長陳

誠並參加史尚寬的宴請，下午四點來到青島路裝甲兵軍官俱樂部參加《自由中國》茶會，現場演講了《從〈到奴役之路〉說起》，其中特別提到「我今天帶來了一點材料，就是兩年前，我在外國時，有一位朋友寫給我一封討論這些問題的長信（這位朋友是公務員；為了不願意替他闖禍，所以把他信上的名字挖掉了）。」[64]這位公務員朋友，在書信中闡釋了社會主義計劃經濟的危害性：

> 中國士大夫階級中，很有人認為社會主義是今日世界大趨勢；其中許多人受了費邊社會主義的影響，還有一部分人是拉斯基的學生。但是最重要的還是在政府任職的許多官吏，他們認為中國經濟的發展只有依賴政府，靠政府直接經營的工業礦業以及其他的企業。從前持這種主張最力的，莫過於翁文灝和錢昌照，他們所辦的資源委員會，在過去二十年之中，把持了中國的工業礦業，對於私有企業（大都是民國初年所創辦的私有企業）蠶食鯨吞，或則被其窒息而死。他們兩位（翁文灝、錢昌照）終於靠攏，反美而羨慕蘇俄，也許與他們的思想是有關係的。

按照張忠棟的說法，胡適所說的公務員朋友，指的是時任財政部關務署署長的周德偉。[65]

到了2009年6月21日，南京學者邵建在《博客中國》專欄發表「隱名於胡適《從〈到奴役之路〉說起》之後的人」，說是

---

[64] 歐陽哲生編《胡適文集》第12冊，北京大學出版社，1998年，第832-833頁。
[65] 張忠棟著《胡適‧雷震‧殷海光——自由主義人物畫像》，臺北自立晚報社文化出版部，1990年12月，第61頁，註解33。

他在2009年5月4日到臺北參加「胡適與近代中國的追尋——紀念『五四』九十周年學術研討會」期間，意外解開了一個謎題：

> 迷的解開是五四那天中午。在南港中央研究院胡適紀念館內的一間小屋午飯時，現任館長潘光哲博士告訴我，那個人就是周德偉。那時我正在向座中的林毓生先生請教周德偉的有關情況，因為林先生雖然與周德偉隔輩，但都是哈耶克的中國弟子。林在成為哈耶克弟子前，是殷海光的學生，殷海光在年齡上是周德偉的後輩。是周向殷推薦了哈氏的《到奴役之路》，接著才有了殷海光的翻譯，又有了胡適這次的講演。這樣，胡適在他的講演中隱形地提到周德偉就不奇怪了。當然，另一更重要的原因則是1950年代初，周德偉在自己家中舉辦過包括殷海光等人參與的自由主義沙龍，曾受到國民黨情治系統的監視。此刻，剛從國外回來的胡適，主觀上不想給周德偉添麻煩。

邵建這一說法流傳很廣，近年來幾乎是作為定論被反覆引用。針對邵建的這一說法，江勇振在《舍我其誰：胡適（第四部）國師策士1932－1962》裡重新考證說：

> 胡適在演講裡說他把名字挖掉的發信人不是周德偉，而是陳之邁。大家只要上胡適紀念館的網站檢索，就會發現周德偉寫給胡適的信，沒有幾封，而且沒有一封是長信。更重要的是，周德偉的字，龍飛鳳舞。反觀胡適挖掉了發信人名字的那封長信，寫得極為工整。是用印好直

線、但沒印橫線的直行稿紙寫的，長達25頁。……讀者如果上胡適紀念館的網站檢索，胡適挖掉名字的那封信，明明目錄上登錄的發信人就載明：根據字跡判斷，是陳之邁。[66]

陳之邁給胡適寫下這封長信的時間是1951年11月4日，他在信裡相當徹底地批判了國民黨的「三民主義」。他直言那是抱殘守缺，八股式地執著於孫中山十九世紀末、二十世紀初過時的看法。

11月8日，陳之邁再次給胡適寫信，申論臺灣頭重於國營企業、腳輕於私人企業，嚴重地違反了自由世界揚棄社會主義的潮流。他同時又從社會主義計劃經濟的角度評論說：「無論國民黨如何的『進步』，如何『左傾』，究竟是不如中共來的徹底。」

陳之邁當時是國民黨臺灣政府駐美國大使館的公使銜參事，他在書信後請胡適務必不要洩露他的姓名：「我現在是中國政府的一個小職員。妄議大政是有違紀律的。這兩封信所說的只是與先生的私信，恐怕不宜發表。」[67]

胡適《從〈到奴役之路〉說起》的演講稿於1954年3月16日在《自由中國》公開發表並引起轟動效應，周德偉在時過境遷的長篇回憶文章《我與胡適之先生》中，竟然把發生在《自由中國》茶會之後的一場私家晚宴，故弄玄虛地提前了一年多時間。正是周德偉半真半假的故弄玄虛，給張忠棟、潘光哲、林毓生、邵建等人造成了胡適所說的不便透露姓名的公務員就是周德偉的閱讀錯覺。

1959年12月24日和30日，幫助同鄉前輩趙恒惕（字炎午）整

[66] 陳之邁致胡適，1951年11月4日。胡適紀念館，HS-US-079-004。引自江勇振著《舍我其誰：胡適（第四部）國師策士1932－1962》，第680頁。

[67] 陳之邁致胡適，1951年11月4日。胡適紀念館，HS-US-079-005。引自江勇振著《舍我其誰：胡適（第四部）國師策士1932－1962》，第681頁。

理書信箚記的周德偉，給時任中央研究院院長的胡適連寫兩封短信，並且附上自己為趙恒惕寫作的半文半白的《趙公八十壽序》。即使是在這樣一種遠離現實政治的書信中，從來不肯正大光明地發表自己的相關主張的財政部關務署署長周德偉，依然要求胡適替他保守祕密，於是就有了胡適在1960年1月2日回信中的鄭重承諾：「你的兩信，都可留存做史料，決不會發表。」[68]

周德偉說，他最後一次看望胡適是在1961年冬天從臺灣大學醫院出院之後，他在談話過程中特別提到中央研究院院士人選問題：「我希望不要專在學人的技術成就上著眼，思想上的領導人物，比技術專門人才更重，我並立即聲明，我並非為我自己說話，我已脫離學術崗位十餘年，我無資格也不希求學術界的任何榮譽頭銜。」

話雖這麼說，對胡適既要百般攀附又要恣意抹黑的周德偉，與徐復觀、殷海光、林毓生等人一樣，確實是以「思想上的領導人物」自負自居的。周德偉在《我與胡適之先生》中鄭重宣佈「在學問方面早已與胡先生分道揚鑣」，除了謀求在政治層面上與胡適思想劃清界線的左右討好佔便宜之外，也恰好可以坐實他內心深處的一個缺憾：沒有像同為海耶克及門弟子的蔣碩傑那樣，經胡適提名而順利當選為中央研究院院士。

第九節　胡適對蔣碩傑的賞識扶持

和周德偉相比，得到海耶克一部分的真傳並且能夠靈活應用，從而卓有成效地推動了臺灣社會經濟轉型的，是在海耶克名

---

[68] 耿雲志、歐陽哲生編《胡適書信集》下冊，北京大學出版社，1996年，第1480頁。

下取得過博士學位的蔣碩傑。

　　蔣碩傑，湖北應城人，1918年出生於上海，是辛亥革命時期的陸軍次長、國民黨元老蔣作賓的第四個兒子。他早年跟隨駐日本大使蔣作賓畢業於慶應大學預科。1937年「七七事變」後回到國內，在父親支持下自費到英國求學。1941年，蔣碩傑在英國利物浦領事館任職期間考入倫敦大學政經學院，跟隨海耶克攻讀哲學與經濟學博士學位。1942年蔣作賓去世，蔣碩傑一度陷入困頓，是海耶克親自出面為他爭取到了一份助學金，並且幫助他發表了一些學術論文。在蔣作賓的生前好友何成濬、吳忠信等人的要求下，蔣介石專門撥款五萬元資助蔣碩傑完成了學業。

　　蔣碩傑留學英國期間遇到的另一位貴人是胡適。1945年9月6日，留美養病的胡適被任命為北大校長。11月1日至16日，胡適作為中國代表團首席代表到倫敦出席聯合國教科文組織的第一次正式會議，參與制定該組織之憲章。在此期間，胡適專門約見27歲的蔣碩傑，邀請他到北大經濟系擔任教授。蔣碩傑後來曾回憶胡適留給他的第一印象：「他人非常和氣，知識淵博得很，跟他談話，一見如故，而且覺得好像到處都可從他那裡學到點東西。」[69]

　　1945年冬天，蔣碩傑學成回國。1947年，蔣碩傑到北大任教，胡適親自充當了蔣碩傑和馬熙靜的證婚人。

　　1948年10月，國民政府違背市場規律強制推行的「金元券」宣告失敗，胡適當面向蔣介石和行政院院長翁文灝推薦了三名主張市場經濟的法政及經濟學者：吳景超、劉大中、蔣碩傑。

　　蔣碩傑當時在《新路》週刊公開發表《經濟制度之選擇》一

---

[69] 引自林建剛：《從「邊緣」到「主流」》，《經濟觀察報》2013年6月21日。

文，已經提出與海耶克的《到奴役之路》相近的觀點：

> 在全面的社會主義之下，生產事業盡屬國營，全國的
> 就業人員，除極少數自由職業者外，盡屬政府之公務員或
> 雇員。有野心的政府即可利用之以控制全國人事之黜陟。
> 在集體的計劃經濟之下，則一切商品之生產與分配以及生
> 產因素之配布，更無不在政府統制之下。如此龐大的權力
> 如何能防止其不被濫用？英儒艾克敦Lordacton嘗謂：「權
> 力必使人腐敗，絕對的權力絕對使人腐敗」。然則社會主
> 義下政府之經濟統制大權，能不使統制當局腐化否？這是
> 決定經濟制度時必需慎重考慮的大問題。[70]

　　清華大學經濟學教授劉大中曾留學美國，對美國的經濟自由
政策情有獨鍾，當時是宋子文幕後支持的《新路》週刊的兼職
編輯。

　　清華大學資深教授吳景超在抗戰時期是計劃經濟的擁護者，
抗戰勝利之後開始重申市場經濟的必要性，在他看來，抗戰時期
實施計劃經濟只是特殊時期的權宜之計。

　　一貫主張蘇俄式計劃經濟的翁文灝，雖然表面上答應要借重
胡適推薦的吳景超、劉大中、蔣碩傑，他內心深處卻並不情願。
到了蔣介石敗走大陸退守臺灣之際，主張計劃經濟和獨裁政制的
「反美而羨慕蘇俄」的吳景超、錢昌照、錢端升、張慰慈、張奚
若、周鯁生等人，選擇留在了大陸；對於蘇俄式的計劃經濟和政

---

[70] 中國社會經濟研究會主辦《新路》週刊第1卷第3期，1948年5月29日，第10頁。

治制度有所懷疑和保留的胡適、傅斯年、王世杰、陳之邁、劉大中、蔣碩傑、周德偉、殷海光、夏道平、高叔康、戴杜衡等人，選擇了離開。被中共新政權列入戰犯名單的前行政院長翁文灝先到臺灣，後來去了法國，1950年1月由法國輾轉英國返回了大陸。

1961年4月30日，胡適給臺灣大學校長錢思亮夫婦以及秘書胡頌平談論翁文灝說：「翁文灝的父親是個大少爺，他本人也是個大少爺出身。後來在比利時進一個修士辦的學校，又受了這些修士的訓練，養成一種非常刻薄的性格，人家很難做他的下屬的。」[71]

國民黨退守臺灣初期，擔任行政院院長的是俞鴻鈞，主管經濟的核心人物是張茲闓。張茲闓是凱恩斯干涉主義的信徒，這一時期的臺灣仍然堅持計劃經濟。在這樣的大環境下，蔣碩傑經胡適推薦到臺灣大學教了幾個月書，便在羅賓斯、海耶克等人幫助下去了美國，和劉大中一起在國際貨幣基金會擔任專職經濟學家。

國民黨當局遷台初期，為安撫人心和恢復發展生產進行了一系列改革，其中至關重要的是土地改革。1950年3月，力推「三七五減租」的土地改革政策的臺灣省主席陳誠，被蔣介石任命為行政院長。

土地改革分三步完成：三七五減租、公地放領和耕者有其田。進行到第三步時，由於財政資源嚴重匱乏不足，如何將地主手中的土地轉移到農民手中成為一大難題。為使改革順利進行，陳誠採取阮毅成、蕭錚等技術官僚的主張，先後通過《公營事業

---

[71] 胡頌平著《胡適先生晚年談話錄》，中華書局，2016年，第142頁。

轉移民營條例》、《實施耕者有其田法》，以公營企業的股票以及土地債券換取地主的土地，在保護私家財產的前提下初步實現了「耕者有其田」的目標。

陳誠的這些做法引發了一場公營民營大辯論，《自由中國》雜誌社的經濟學者夏道平也撰文表示支持：「國營事業的浪費和效率低，已是大家熟知的事實；改歸民營後，由於私人企業的發揮，這些缺點可以大大改進。」[72]

被陳誠倚重的經濟部長，是跟隨宋子文長期涉足經濟金融領域的技術官僚、前資源委員會成員尹仲容。1952年，蔣碩傑回臺灣休假期間見到尹仲容，相互之間並沒有留下什麼好感。儘管如此，蔣碩傑返回美國之前，還是把英國的自由社會主義經濟學家詹姆斯·米德（James Meade）的名著《計畫與價格機制》（Planning and the Price Mechanism）寄給了尹仲容，希望多少對他有些幫助。尹仲容當時正在尋求相應的經濟方案，他從米德的《計畫與價格機制》一書中找到了他想要的一部分答案。這是臺灣經濟學界膾炙人口的一段佳話，一本書改變了尹仲容的經濟理念，也改變了臺灣經濟發展的方向。

1953年，尹仲容開始推動民營化改革。1954年，他更加明確地主張放寬管制、發展民營企業、推動外匯貿易改革。從此，他成了臺灣「民營化、自由化」的代言人，後人更是把他追認為「臺灣經濟之父」、「臺灣經濟的總設計師」、「財經教父」。

國民黨遷台之後，財政收支始終不能平衡，尤其是貿易和外匯方面面臨很大困難。臺灣行政院於1954年向美國求援，美國總

---

[72] 夏道平：《「國營事業」轉投資問題的商榷》，《民營事業的使命》，《夏道平文存》第1冊，臺北遠流出版公司，1995年，第111-126頁。

統艾森豪為此專門派遣了一個顧問團來到臺灣。經濟部長尹仲容覺得純粹美國人的顧問團不一定能瞭解臺灣，便特別邀請國際貨幣基金組織的華裔經濟學家蔣碩傑、劉大中回台擔任行政院經濟顧問。蔣碩傑、劉大中回到臺灣後提出兩個大膽建議：1.放棄複式匯率，改采單一匯率，並將台幣貶值到合理的水準。2.實行貿易自由化，解除各種管制，讓臺灣產品和世界市場接軌。尹仲容充分採納蔣碩傑、劉大中的建議，國民政府因此出臺政策，要求將美援全部補助給民營經濟。以此為契機，臺灣開啟了一股「民進國退」的經濟浪潮，為臺灣經濟騰飛夯實了基礎。

行政院長陳誠對於號稱「財經鐵三角」的技術官僚嚴家淦、尹仲容、楊繼曾充分信任和支持，1954年3月2日，他親自出面宣示保護私人財產和民間資本的經濟政策：「政府現在已深深感到，要充分發展經濟建設，必須具備一個最基本的條件，此即保障私人財產，擴大企業自由，替私人資本開闢一條平坦廣闊的出路。……今後我們不但要修改妨礙企業自由的各種法令和辦法，同時應該有計劃、有步驟地將可以讓與民間的企業，儘量開放民營。……這是一個政策問題，同時也是一個觀念問題。」[73]

正是在這樣的大背景下，才有了《自由中國》半月刊對於海耶克《到奴役之路》的翻譯連載，也才有了1954年3月5日下午胡適在《自由中國》茶會上以《從〈到奴役之路〉說起》為標題的應景演說。也就是說，在當時的臺灣經濟改革大合唱中，像蔣碩傑、殷海光、夏道平、胡適等人那樣公開推廣海耶克的經濟及政制觀點，雖然與國民黨當局此前的經濟政治政策存在牴觸，也是

---

[73] 引自郭岱君：《半個世紀前臺灣改革路徑選擇的大辯論》，《南方都市報》，2012年3月25日。

不需要冒太大風險的。作為財政部關務署長的經濟官僚周德偉，不肯切合實際地、光明磊落地發表自己的專業建議，反而把翻譯自己導師哈耶克的經典名著《到奴役之路》的重任，交給自己並不充分滿意的殷海光，只能歸結於他自己沒有足夠的學術膽識和責任擔當。

1958年，胡適在中央研究院第二批院士選舉中，親自提名推薦了臺灣島內最為傑出的經濟學家蔣碩傑。順利當選院士的蔣碩傑時年40歲，是中央研究院最為年輕的一名院士。兩年後，主持設計臺灣稅制改革的劉大中，也順利當選為中央研究院院士。作為經濟學家，蔣碩傑和劉大中對於臺灣社會經濟發展和制度轉型的貢獻，在臺灣社會是有目共睹的。在海耶克的兩位中國弟子周德偉和蔣碩傑之間，胡適有效合作並且賞識推舉的理想對象，顯然是蔣碩傑而不是周德偉。

周德偉的紫藤廬一直掛著趙恒惕題寫的對聯：「豈有文章覺天下，忍將功業苦蒼生。」這副對聯其實是北宋理學家張載以所謂天道天理及家國天下為本體本位進而在剛性的政權架構和制度設計層面獨尊君權、在柔性的文化思想或意識形態層面獨尊儒術的「為天地立心，為生民立命，為往聖繼絕學，為萬世開太平」的大話狂言之翻版，活現出的恰好是周德偉不敢像胡適那樣正大光明地憑藉人為設計的「王在法下」的憲政法律，來限定防範蔣介石父子的極權專制，反而拿子虛烏有、自欺欺人的「中國的聖學」來虛張聲勢、大話欺人的精神面貌。

就是這樣一位既是西方的自由主義經濟學家海耶克的中國弟子，又是堅持用半文半白的方塊漢字從事隱晦寫作的所謂「中國的聖學」之傳承者，等到秋後摘桃子的時候倒是表現得十分高調

踴躍,以至於在回憶文章《我與胡適先生》中,遮遮掩掩、閃爍其詞、煞費苦心地把自己包裝成胡適晚年接受海耶克的經濟學理論的啟蒙導師引路人。

通讀徐復觀、胡秋原、周德偉、殷海光、林毓生等人針對胡適的所有攻擊非議,隱隱之中是有一套腳本臺詞存在的,其關鍵點其實就是蔣介石在1962年3月2日的日記中,寫給剛剛去世的胡適的即使在字面意義上也不能自洽的蓋棺定論:「胡適不失為自由評論者,其個人生活亦無缺點,有時亦有正義感與愛國心,惟其太褊狹自私,且崇拜西風,而自卑其固有文化,故仍不能脫出中國書生與政客之舊習也。」[74]

1967年,65歲的周德偉在財政部關務署長的位置上退休,他在退休前沒有對蔣介石、蔣經國父子公開說過半個「不」字。在將近20年的時間裡,蔣介石父子既沒有免除他的職務,他也沒有主動辭職的表示,當然可以視之為在事實上默認順從了蔣介石父子在臺灣鐵腕推行蔣家王朝家天下的現實合法性。

1975年蔣介石去世之後,周德偉夫婦前往美國與子女團聚。置身於異國他鄉的周德偉,卻以效法孔子作《春秋》的「以禮為綱,以經為緯,斷以自己的識解及社會共遵共守之道德法……(讓)後世垂為典範」為標榜,在回憶錄中對蔣介石父子進行真假難辨的大肆攻擊,甚至於無聊到編造各種八卦傳言,其中較為奇葩的一段文字是這樣的:「吳稚暉是蔣介石的國師,他每天有日記,死後,蔣介石派其機要秘書整理吳的資料,預備大事宣傳,但整理之下發現吳稚暉晚年有不利於老蔣及小蔣的言論,老

---

[74] 陳紅民、段智峰《差異何其大》,《近代史研究》2011年第2期,第31頁。

蔣就命其一火燒之」。

假如說胡適當年說過的這樣一段話——「爭取自由和民主從不靠一個怯懦自私的政客在當權時噤聲不語，失勢之後，安全地離開了自己的國家，開始肆意地詆謗自己的國家和政府，而他自己是不能自外於每一個錯誤和失職的行為，更難逃道德上公正的評判。」[75]——用在吳國楨身上顯得過於嚴苛，移用在寫作《落筆驚風雨：我的一生與國民黨的點滴》的周德偉身上，可以說是恰如其分的。

按照至聖孔子的教導，一個儒生的本份應該是「克己復禮為仁」，也就是要克制自己的各種欲望衝動來恢復周公制定的獨尊君王天子的禮教制度。按照亞聖孟子的解釋，「孔子成《春秋》，而亂臣賊子懼」。按照《春秋公羊傳》的解釋，「《春秋》為尊者諱，為親者諱，為賢者諱（閔西元年）」。周德偉跑到異國他鄉毫不避諱地攻擊詆毀給自己任命官位的已經去世的「尊者」蔣介石，分明就是「亂臣賊子」不仁不義的背叛行為，他所謂的「以禮為綱，以經為緯」，到底是從何說起呢？以「周子若」自比孔夫子的周德偉，連孔子《論語》分明是魯國曲阜一帶活靈活現的大白話的基本事實都看不明白，他又是如何使用半文半白、夾纏不清的方塊漢字創立所謂「中國的聖學」，並且還要會通「西方的自由哲學」的呢?![76]

---

[75] 引自周質平：《張弛在自由與威權之間：胡適、林語堂與蔣介石》，文載《二十一世紀》2014年12月號。

[76] 周渝：《不容青史盡成灰》，周德偉著《落筆驚風雨：我的一生與國民黨的點滴》序言，臺北遠流出版事業股份有限公司，2011年6月。

第五章
胡適的「健全的個人主義」
人生觀

　　北京語言大學席雲舒博士在長篇論文《胡適的哲學方法論及其來源》中認為，胡適思想中始終貫穿著一種方法的自覺，他的哲學方法論主要有三個來源，分別是中國傳統的考證學方法、赫胥黎的進化論及其「存疑主義」方法、杜威的實驗主義哲學。其中杜威的實驗主義方法對他影響最大，但他對杜威的方法既有繼承也有發展。[1]

　　對於上述結論，我基本上是予以認同的。我在本文裡想要指出的是：胡適一生當中的價值追求，同樣有一條時隱時現、曲折搖擺的脈絡紅線貫穿始終，這條時隱時現、曲折搖擺的脈絡紅線，就是「充分世界化」的「健全的個人主義」的人生價值觀。這種「充分世界化」的「健全的個人主義」的價值追求，與胡適注重懷疑加實證的哲學方法論之間，總體上保持著相輔相成、相得益彰的互補關係。

　　關於這一點，我在2010年的《陳胡的聯合戰線與核心價值》、[2]

---

[1]　席雲舒：《胡適的哲學方法論及其來源》，文載《社會科學論壇》2016年第六期，第21-43頁。
[2]　文載《溫故》十七，廣西師範大學出版社，2010年1月。

《胡適的以人為本與自我健全》、[3]《自我健全的胡適及其核心價值觀》[4]等多篇論文，以及《民國紅粉》、《北大教授與〈新青年〉》、《喋血梟雄：改變歷史的民國大案》、《民初命案：陳其美黑道傳奇》、《伊斯蘭與基督教的大同神話》等多部專著當中，已經有過初步探討，本章節是在既有研究成果基礎上更進一步的概括總結。

第一節　胡適提倡「健全的個人主義」

德國哲學家黑格爾在哲學名著《美學》中給出了一個本體論意義上的戲劇定義：戲劇所要表現的是「自由的個人的動作的實現」。古希臘悲劇所表現的是悲劇性人物獨自承擔相關罪責的崇高品質，「對自己的罪行負責正是偉大人物的光榮」。相比之下，中國社會只有「一種戲劇的萌芽」，這種處於萌芽階段的戲劇「不是寫自由的個人的動作的實現，而只是把生動的事蹟和情感結合到某一具體情境，把這個過程擺在眼前展現出來」。在中國特色的演員演故事的傳奇戲劇當中，所充斥的是委曲求全的悲歡離合和歌舞雜耍的煽情表演；「對自己的罪行」承擔責任的悲劇性崇高，是幾乎不存在的。[5]

換言之，是不是擁有「自由的個人」，是東西方社會的一個實質性區別，也是普世性質的現代文明與前現代文明之間難以逾越的一道分水嶺。

3　錄入聶聖哲主編《德源學術學刊》，華藝出版社，2010年3月。
4　文載《社會科學論壇》半月刊，2010年第13期。
5　黑格爾著、朱光潛譯《美學》第3卷下冊，商務印書館，1981年，第309頁。

在中國文化史上，表現「自由的個人的動作的實現」的西方經典戲劇的完整引進，是從1918年6月出版的《新青年》「易卜生號」開始的。負責編輯這期刊物的胡適並沒有採用黑格爾的「自由的個人」的概念，而是在《易卜生主義》一文中採用了「易卜生主義」和「寫實主義」的概念：

> 易卜生的人生觀只是一個寫實主義。易卜生把家庭、社會的實在情形都寫出來，叫人看了動心，叫人看了覺得我們的家庭、社會原來是如此黑暗腐敗，叫人看了覺得家庭、社會真正不得不維新革命──這就是易卜生主義。表面上看去，像是破壞的，其實完全是建設的。……他主張個人須要充分發達自己的才性，須要充分發展自己的個性。[6]

「易卜生主義」是英國戲劇家蕭伯納於1891年提出的概念，真正把「易卜生主義」確立為以創造以人為本、自我健全的戲劇人物為第一目標的現代戲劇本體論的，卻是胡適。

1930年12月，專門為少年學生編選的《胡適文選》，由上海亞東圖書館出版發行，胡適在為該書所寫自序《介紹我自己的思想》中，認為《易卜生主義》「代表我的人生觀，代表我的宗教」，並且專門提出了「健全的個人主義」的概念。他為此提供的說明是：

---

[6]　胡適：《易卜生主義》，《新青年》3卷6號（易卜生號），1918年6月15日。

易卜生最可代表十九世紀歐洲的個人主義的精華，故
　　我這篇文章只寫得一種健全的個人主義的人生觀。……這
　　個個人主義的人生觀一面教我們學習娜拉，要努力把自己
　　鑄造成個人；一面教我們學斯鐸曼醫生，要特立獨行，敢
　　說老實話，敢向惡勢力作戰。[7]

　　接下來，胡適教導「少年的朋友們」說：「現在有人對你們
說：『犧牲你們個人的自由，去求國家的自由！』我對你們說：
『爭你們個人的自由，便是為國家爭自由！爭你們自己的人格，
便是為國家爭人格！自由平等的國家不是一群奴才建造得起來
的！』」

　　胡適所說的「健全的個人主義的人生觀」，其實就是哲學本
體論意義上的以人為本的現代文明價值觀。在胡適眼裡，「健全
的個人」必須具備兩個條件：「第一，須使個人有自由意志。第
二，須使個人擔干係、負責任。」

　　娜拉在家裡被丈夫當作玩具木偶一樣哄騙利用，她一旦發現
事實真相便毅然離家出走，重新選擇了自己的人生道路，這是她
通過自我健全來承擔個人責任的第一步。

　　《國民之敵》中的斯鐸曼醫生發現溫泉裡面存在病菌，就建
議溫泉浴場停業整治。當地的浴場老闆、政府官員及普通市民，
擔心這樣做會影響旅遊收入和經濟繁榮，堅決反對斯鐸曼醫生揭
露事實真相，並且在大會上宣佈斯鐸曼醫生是「國民之敵」。易
卜生從事戲劇創作的主要成就，就是呼籲全社會容忍並且鼓勵包

---

[7]　胡適：《介紹我自己的思想》，歐陽哲生編《胡適文集》第5冊，北京大學出版
　　社，1998年，第507-521頁。

括娜拉、斯鐸曼醫生之類「健全的個人」，從而保障現實社會中不斷湧現敢於說出真話、敢於承擔責任的「國民之敵」。

1935年4月29日，胡適在《紀念「五四」》一文中較為全面地反思了《新青年》同人及北大師生，在「五四運動」前後熱衷於各種政治活動的盲目樂觀：

> 我們現在追敘這個運動的起源，當然不能不回想到那個在蔡元培先生領導之下的北京大學。蔡先生到北大，是在六年一月。在那兩年之中，北大吸收了一班青年的教授，造成了一點研究學術和自由思想的風氣。……
>
> 當時在北方的新勢力中心只有一個北京大學。蔡先生初到北大，第一天就提出「研究學術」的宗旨，這是不致引起政府疑忌的。稍稍引起社會注意的是陳獨秀先生主辦的《新青年》雜誌，最初反對孔教，後來提倡白話文學，公然主張文學革命，漸漸向舊文化、舊禮教挑戰了。
>
> ……單有文學禮教的爭論，也許還不至於和政治勢力作直接衝突。七年的《新青年》雜誌是有意不談政治的。不談政治而專注意文藝思想的革新，那是我的主張居多。陳獨秀、李大釗、高一涵諸先生都很注意政治的問題。蔡先生也是關心政治的改善的。這種政治興趣的爆發是在歐戰終了（七年十一月十一日）的消息傳來的時候。
>
> 停戰的電報傳出之夜，全世界都發狂了，中國也傳染著了一點狂熱。北京各學校，十一月十四日到十六日，放了三天假，慶祝協約國的戰勝。……這時候，蔡先生（他本是主張參戰的）的興致最高，他在那三天慶祝之後，還

向教育部借了天安門的露天講臺，約我們一班教授做了一
天的對民眾的「演說大會」。……從這一天起，北京大學
就走上了干涉政治的路子，蔡先生帶著我們都不能脫離政
治的努力了。[8]

1935年5月5日，胡適這篇《紀念「五四」》公開發表在他自
己主編的《獨立評論》第149號。就在同一天，他早年在上海中
國公學讀書並且兼職講授英語時的老學生、清華大學政治學教授
張奚若（熙若），在天津《大公報》星期論文專版發表紀念五四
運動的《國民人格之修養》。張奚若認為，辛亥革命的時候，由
於政治領導人只知道民主政治的形式，並不瞭解其精髓，所以只
是抄襲模仿了一些民主政治的皮毛而已。到了五四運動以後，大
家才逐漸認識到歐美民主政治的根本，這個根本就是個人的解
放。[9]

關於個人主義政治哲學的精髓，張奚若概括了三個方面的內
容：第一，承認政治是非的最終判斷者是個人，而不是國家或政
府；第二，承認個人有批評政府的權利；第三，承認個人有思想
自由和言論自由。

張奚若認為，當一個人擁有這些權利之後，「他才能覺得
他與國家的密切關係，他才能感覺他做人的尊嚴和價值，他才能
真愛護他的國家」。儘管個人主義無論在理論上還是事實上都有
許多缺陷和流弊，由於「救國是一種偉大的事業，偉大的事業惟

---

8 胡適：《紀念「五四」》，《獨立評論》第149號，1935年5月5日。歐陽哲生編
　《胡適文集》第11冊，第575-578頁。
9 《張奚若文集》，清華大學出版社，1989年，第354-358頁。參見智效民著《民
　國舊夢》，新星出版社，2014年，第11-12頁。

有偉大人格者才能勝任」；而個人主義恰恰可以養成忠誠勇敢的人格，所以只要不是有意與人民為敵的政體，都應該尊重個人主義。遺憾的是國民黨政府不懂得這麼一個簡單道理，而總是想統一思想、剷除反動，從而白白喪失了許多「有志氣有能力的好國民真人格」，這實在是很痛心的一件事情。

胡適讀到張奚若的文章很是感動，便續寫一篇《個人自由與社會進步──再談五四運動》，其中寫道：

> 這年頭是「五四運動」最不時髦的年頭。前天五四，除了北京大學依慣例還承認這個北大紀念日之外，全國的人都不注意這個日子了。張熙若先生「雪中送炭」的文章使人頗吃一驚。他是政治哲學的教授，說話不離本行，他指出五四運動的意義是思想解放，思想解放使得個人解放，個人解放產出的政治哲學是所謂個人主義的政治哲學。……張先生所謂「個人主義」，其實就是「自由主義」（Liberalism）。我們在民國八九年之間，就感覺到當時的「新思潮」、「新文化」、「新生活」有仔細說明意義的必要。無疑的，民國六七年北京大學所提倡的新運動，無論形式上如何五花八門，意義上只是思想的解放與個人的解放。[10]

接下來，胡適把自己率先提倡的「健全的個人主義」的現實依據和標杆榜樣，直接追溯到蔡元培和杜威身上。

---

[10] 胡適：《個人自由與社會進步──再談五四運動》，原載1935年5月12日《獨立評論》第150號。歐陽哲生編《胡適文集》第11冊，第580頁。

關於蔡元培，胡適寫道：「蔡元培先生在民國元年就提出『循思想自由言論自由之公例，不以一流派之哲學一宗門之教義梏其心』的原則了。」

關於杜威，胡適認為：「我們當時曾引杜威先生的話，指出個人主義有兩種：（1）假的個人主義就是為我主義（Egoism），他的性質是只顧自己的利益，不管群眾的利益。（2）真的個人主義就是個性主義（Individuality），他的特性有兩種：一是獨立思想，不肯把別人的耳朵當耳朵，不肯把別人的眼睛當眼睛，不肯把別人的腦力當自己的腦力。二是個人對於自己思想信仰的結果要負完全責任，不怕權威，不怕監禁殺身，只認得真理，不認得個人的利害。這後一種就是我們當時提倡的『健全的個人主義』。我們當日介紹易卜生（Ibsen）的著作，也正是因為易卜生的思想最可以代表那種健全的個人主義。」

針對社會上流行的「個人主義的人生觀是資本主義社會的人生觀」的說法，胡適頗為天真盲目地追問道：

難道在社會主義的國家裡就可以不用充分發展個人的才能了嗎？難道社會主義的國家裡就用不著有獨立自由思想的個人了嗎？難道當時辛苦奮鬥創立社會主義共產主義的志士仁人都是資本主義社會的奴才嗎？……還有一些人嘲笑這種個人主義，笑它是十九世紀維多利亞時代的過時思想。這種人根本就不懂得維多利亞時代是多麼光華燦爛的一個偉大時代。馬克思、恩格斯都生死在這個時代裡，都是這個時代的自由思想獨立精神的產兒。他們都是終身為自由奮鬥的人。我們去維多利亞時代還老遠哩。我們如何配

嘲笑維多利亞時代呢！……一個新社會、新國家，總是一些愛自由愛真理的人造成的，決不是一班奴才造成的。

　　胡適一生當中比較明顯的精神誤區就是盲目樂觀。他所迷戀的以莫須有的天道天理及家國天下為本體本位的一個輪回又一個輪回的公天下、打天下、坐天下、平天下、家天下、私天下的「存天理，去人欲」的中國本土歷史，一直是由流氓強盜奴隸主及其儒教幫兇帶領無數的奴才打造起來的。馬克思、恩格斯、列寧、史達林的所謂社會主義及共產主義，也註定要通向奴役之路的。基於「健全的個人主義」以主體個人為本體本位的邏輯原點進行反思，包括胡適在內的《新青年》同人和北大師生，在1919年的「五四運動」前後誤入歧途的最深層次的內在動因，就是動不動就要凌駕於相關法律所明確規範的公民權限之上的「存天理，去人欲」式的既不民主也不科學的愛國救國。由《新青年》雜誌率先啟動的既提倡白話文寫作又提倡「思想的解放與個人的解放」的新文化運動，正是由於五四運動的突然爆發而逐步偏離正常軌道的。

　　同樣是1935年，胡適在《中國新文學大系・建設理論集・導言》中談到了《新青年》雜誌直接啟動新文化運動的歷史事實：

　　　民國七年一月《新青年》復活之後，我們決心做兩件事：一是不作古文，專用白話作文；一是翻譯西洋近代和現代的文學名著。那一年的六月裡，《新青年》出了一本「易卜生專號」，登出我和羅家倫先生合譯的《娜拉》全本劇本，和陶履恭先生譯的《國民之敵》劇本。這是我們

第一次介紹西洋近代一個最有力的文學家，所以我寫了一篇《易卜生主義》。在那篇文章裡，我借易卜生的話來介紹當時我們新青年社的一班人公同信仰的「健全的個人主義」。[11]

　　需要糾錯的是，「健全的個人主義」並不是所謂「當時我們新青年社的一班人公同信仰的」；與胡適關係最為密切的陳獨秀，此前除了在日本短暫留學之外，並沒有踏上過歐洲和美國的半寸土地，也從來沒有紮實認真地學習過歐美社會的現代文明。習慣於中國傳統社會以所謂天道天理及家國天下為本體本位，一方面在剛性的政權架構之制度設計層面獨尊君權、一方面在柔性的文化思想之意識形態層面獨尊儒術的政教合謀之絕對專斷思維的陳獨秀，在《新青年》同人的小圈子當中經常是以容不得反對意見的專制家長的精神面貌出現的；出任中共地下黨總書記之後，他依然是以黨內「老頭子」即專制家長的精神面貌出現的。

　　僅就胡適來看，他在口頭上提倡「健全的個人主義」是一回事，在現實生活當中真正成為自由自治、自我健全的「健全的個人」，是另一回事。借用易卜生《國民之敵》中的斯鐸曼醫生的話說：「世上最強有力的人就是那最孤立的人」；也就是說，像斯鐸曼醫生那樣的「健全的個人」，即使在歐美文明國家也是比較罕見的。《新青年》同人魯迅當年的著名演講《娜拉走後怎樣》的最後結論，就是對於胡適所提倡的「健全的個人主義」的公開否定：像易卜生筆下的娜拉那樣自主追求個人尊嚴和愛情自由的「健全」女

---

[11] 胡適輯錄《中國新文學大系・建設理論集》，上海良友圖書印刷公司，1935年10月出版。

性，在中國社會裡是沒有出路的。她要想繼續生存下去，要麼離開舊家庭墮落為妓女，要麼回歸舊家庭而甘受奴役。[12]

第二節　「全盤西化」與「充分世界化」

1935年的胡適在強調「健全的個人主義」的同時，還對自己此前提倡的「全盤西化」進行了自我檢討和公開糾錯。

1935年6月23日，胡適在天津《大公報・星期論文》發表《充分世界化與全盤西化》一文，首先檢討了自己1929年「因為用字不小心，引起的一點批評」：

> 那一年（1929）《中國基督教年鑒》（Christian year book）請我做一篇文字，我的題目是《中國今日的文化衝突》，我指出中國人對於這個問題，曾有三派的主張：一是抵抗西洋文化，二是選擇折衷，三是充分西化。我說，抗拒西化在今日已成過去，沒有人主張了。但所謂「選擇折衷」的議論，看去非常有理，其實骨子裡只是一種變相的保守論。所以我主張全盤的西化，一心一意的走上世界化的路。潘光旦先生在《中國評論週報》裡寫了一篇英文書評，差不多全文是討論我那篇短文的。他指出我在那短文裡用了兩個意義不全同的字，一個是Wholesale westernization可譯為「全盤西化」；一個是Wholehearted modernization，可譯為「一心一意的現代化」，或「全力

---

[12] 魯迅：《娜拉走後怎樣》，見《魯迅全集》第1卷，人民文學出版社，1981年，第162頁。

的現代化」或「充分的現代化」。潘先生說，他可以完全贊成後面那個字，而不能接受前面那個字。這就是說，他可以贊成「全力現代化」，而不能贊成「全盤西化」。[13]

　　為了消解「全盤西化」所引起的不必要誤會，胡適公開糾錯說：「我現在很誠懇的向各位文化討論者提議：為免除許多無謂的文字上或名詞上的爭論起見，與其說『全盤西化』，不如說『充分世界化』。『充分』在數量上即是『儘量』的意思，在精神上即是『用全力』的意思。」

　　接下來，胡適從三個方面解釋了自己的糾錯提議。

　　第一，「可以免除一切瑣碎的爭論」：

　　　　例如我此刻穿著長袍，踏著中國緞鞋子，用的是鋼筆，寫的是中國字，談的是「西化」，究竟我有「全盤西化」的百分之幾，本來可以不生問題。這裡面本來沒有「折衷調和」的存心，只不過為了應用上的便利而已。我自信我的長袍和緞鞋和中國字，並沒有違反我主張「充分世界化」的原則。

　　第二，容易得著同情的贊助：

　　　　依我看來，「充分世界化」的原則之下，吳景超、潘光旦、張佛泉、梁實秋、沈昌曄⋯⋯諸先生當然都是我們的同志，而不是論敵了。就是那發表「總答覆」的十

<hr>

[13] 歐陽哲生編《胡適文集》第5冊，第554頁。

教授，他們既然提出了「充實人民的生活，發展國民的生計，爭取民族的生存」的三個標準，而這三件事又恰恰都是必須充分採用世界文化的最新工具和方法的，那麼，我們在這三點上邊可以歡迎「總答覆」以後的十教授做我們的同志了。

第三，數量上的「全盤西化」是不容易成立的：

> 文化只是人民生活的方式，處處都不能不受人民的經濟狀況和歷史習慣的限制，這就是我從前說過的文化惰性。你儘管相信「西菜較合衛生」，但事實上決不能期望人人都吃西菜，都改用刀叉。況且西洋文化確有不少的歷史因襲的成分，我們不但理智上不願採取，事實上也決不會全盤採取。你儘管說基督教比我們的道教佛教高明的多多，但事實上基督教有一兩百個宗派，他們自己就互相詆毀，我們要的是那一派？若說，「我們不妨採取其宗教的精神」，那也就不是「全盤」了。這些問題，說「全盤西化」則都成爭論的問題，說「充分世界化」則都可以不成問題了。

事實上，像「全盤」、「一切」、「全力」之類的整全性字眼，在許多場合是不科學和反科學的，胡適一邊在「全盤」二字上糾錯，與此同時卻接連使用著和「全盤」二字幾乎等量齊觀的整全性字眼，足以說明他在文字表達的科學嚴謹方面依然是不達標、不通透的。

最為關鍵的是，無論西方還是東方的文化都談不上什麼本體本位，文化歸根到底是人為、人造、人化的產物，其本體本位只能是主體個人以及由主體個人所構成的人類社會。人類社會所有的文化積累和文化傳統，都是人為創造並且被一代又一代的主體個人所再度激活、再度創造、再度轉化的。是個人及人類社會創造轉化出了各種各樣的文明，然後才有文化傳統對於個人及人類的反作用、反轉化。胡適在文章中雖然一再用第一人稱的主體之「我」來擺事實講道理，他對於中西方文化的本體本位的主體認知，還遠遠沒有「充分世界化」到「健全的個人主義」所應該達到的「充分」和「健全」的程度。

胡適所說的「十教授」，指的是1935年1月在《文化建設》雜誌聯名發表《中國本位的文化建設宣言》的王新命、何炳松、武堉幹、孫寒冰、黃文山、陶希聖、章益、陳高傭、樊仲雲、薩孟武。他們在「宣言」中公開表示，在文化的領域中，我們看不見現在的中國了，有的只是古人的骷髏或者洋人的天堂，兩者都不能拯救中國。要使中國能在文化的領域中抬頭，要使中國的政治、社會和思想都具有中國的特徵，必須從事於中國本位的文化建設。這種文化建設既不模仿蘇聯、德國、義大利，也不模仿英國、美國，而是以此時此地的需要為中國文化的基礎。

《文化建設》是陳立夫、陳果夫為蔣介石的「新生活運動」搖旗吶喊而組織的「中國文化建設協會」的機關刊物，《宣言》擬好後，「十教授」中的王新命、何炳松等人四處寫信要求著名人士公開表態。

1935年3月31日，胡適在《大公報‧星期論文》發表《試評所謂「中國文化本位的文化建設」》，針對十教授的《中國本位

的文化建設宣言》批評說：

> 十教授在他們的宣言裡，曾表示他們不滿意於「洋
> 務」「維新」時期的「中學為體西學為用」的見解。這是
> 很可驚異的！因為他們的「中國本位的文化建設」正是
> 「中學為體西學為用」的最新式的化裝出現。說話是全變
> 了，精神還是那位《勸學篇》的作者的精神。「根據中國
> 本位」，不正是「中學為體」嗎？「採取批評態度，吸收
> 其所當吸收」，不正是「西學為用」嗎？[14]

《勸學篇》的作者指的是洋務運動的領袖人物張之洞。張之
洞明明知道西方文明遠遠優勝於當年的日本文明，卻偏偏要投機
取巧、避重就輕地勸說本國的年輕學子留學西洋不如留學東洋，
從而耗費大量社會資源培養了一批又一批充滿著走捷徑、抄近路
的革命愛國之激情的日本留學生。民國社會幾乎所有的群體性鬧
劇裡面，都活躍著這些日本留學生的身影。但是，胡適在批評十
教授「中學為體西學為用」的自相矛盾的同時，他自己同樣沒有
走出十教授所謂的「中國本位」的話語怪圈：

> 文化各方面的激烈變動，終有一個大限度，就是終不
> 能根本掃滅那固有文化的根本保守性。這就是古今來無數
> 老成持重的人們所恐怕要隕滅的「中國本位」。這個本國
> 本位就是在某種固有環境與歷史之下所造成的習慣；簡單

---

[14] 胡適：《試評所謂「中國文化本位的文化建設」》，歐陽哲生編《胡適文集》第
5冊，第448-450頁。

說來，就是那無數無數的人民，那才是文化的「本位」。那個本位是沒有毀滅的危險的。物質生活無論如何驟變，思想學術無論如何改觀，政治制度無論如何翻造，日本人還是日本人，中國人還是中國人。試看今日中國女子，腳是放了，髮是剪了，體格是充分發育了，曲線美顯露了，但她無論如何摩登化，總還是一個中國女人，和世界任何國的女人都絕不相同。一個澈底摩登化的都市女人尚且如此，何況那無數無數僅僅感受文化變動的些微震盪的整個民族呢？所以「中國本位」，是不必勞十教授焦慮的。

基於嚴格意義上的「充分世界化」的「健全的個人主義」的價值立場，胡適所謂「這個本國本位……就是那無數無數的人民，那才是文化的『本位』」；顯然是不能成立的。無論是國家的本體本位，還是文化的本體本位，歸根結底都是主體個人的自由自治、自主擔當以及相關個人的契約平等、分工合作；而不是在集體主義意義上宏大敘事、大言欺人的無主體、無本位的「無數無數的人民」。

對於主體個人來說，真正不可替代的是他的個人性和人類性，而不是凌駕於個人性和人類性之上或之外的「中國的特徵」、「中國本位的文化」。所有的文明成果和文化現象，都是人為和人造的人性衍生品，或者說是以主體個人為本體本位的人性衍生品。人類社會只存在以人為本的文化，而不存在所謂的「中國本位的文化」或者「西方本位的文化」。只要主體個人在「充分世界化」的「健全的個人主義」的立場上充分健全並且充分自信地承認和接受各種「調和」，就不會像當年的胡適那樣在以主體個人為本體本位

的根本點位上，表現出「葉公好龍」式的左右搖擺、自相矛盾：

> 我的愚見是這樣的：中國的舊文化的惰性實在大的可
> 怕，我們正可以不必替「中國本位」擔憂。我們肯往前看
> 的人們，應該虛心接受這個科學工藝的世界文化和它背後
> 的精神文明，讓那個世界文化和我們的老文化充分自由接
> 觸，自由切磋琢磨，借它的朝氣銳氣來打掉一點我們的老
> 文化的惰性和暮氣。將來文化大變動的結晶品，當然是一
> 個中國本位的文化，那是毫無可疑的。

　　1935年5月27日，胡適在《今日思想界的一個大弊病》中，
點名批評十教授之一的陶希聖，在《為什麼否認現在的中國》一
文中濫用名詞，「在思想上它造成懶惰、籠統的思想習慣；在文
字上它造成鏗鏘空洞的八股文章」。陶希聖為此給胡適寫信加以
辯解說，「文化無國界」在長久的理想上是應當承認的；在國民
教育上，國界還得留下來。

　　6月12日，胡適給陶希聖回信說，這種兩面標準等於說，在教
育上應當宣傳自己在學術上所不相信的東西，亦即做欺人之談。

　　奇怪的是，胡適剛剛批評完陶希聖的兩面標準，轉眼就給自
己的「充分世界化」的「文化無國界」的相關言論，包裝上了自
相矛盾的「愛國太深」的保險套：「只有講真話，可使這個民族
獨立自主。……我們正因為愛國太深，故決心為她作諍臣，作諍
友，而不敢，也不忍為她諱疾忌醫，作她的佞臣損友。」[15]

---

[15] 耿雲志、歐陽哲生編《胡適書信選》中冊，北京大學出版社，1996年，第642-
643頁。

胡適這種既不通透也不誠實的自相矛盾的兩面標準,在他以外國人為閱讀對象的英文著述裡面,表現得尤其突出。關於胡適為了彰顯「愛國」而替本國社會及其文化包庇護短的相關表現,周質平在《胡適英文筆下的中國文化》中介紹說:「胡適在中英文兩種著作中,對中國文化的態度有著一些微妙的不同。一般來說,胡適在英文著作中對中國文化少了一些批評,多了一些同情和迴護。」[16]

與胡適、陶希聖等人自相矛盾的兩面標準不同,曾經在北京大學校長任上破格錄用過梁漱溟的蔡元培,當年在寫給前北大教授何炳松的公開答覆中,針對所謂「中國文化本位的文化建設」另有更加明確也更加經典的一段回應:

> 現在最要緊的工作,就是擇怎樣是善,怎樣是人類公認為善,沒有中國與非中國的分別的。怎樣是中國人認為善,而非中國人或認為不善;怎樣是非中國人認為善,而中國卻認為不善的。把這些對象分別列舉出來,乃比較研究何者應取,何者應舍。把應取的成分,系統地編制起來,然後可以作一文化建設的方案,然後可以指出中國的特徵尚剩幾許。若並無此等方案,而憑空辯論,勢必如張之洞「中體西用」的標語,梁漱溟「東西文化」的懸談,贊成、反對,都是一些空話了。[17]

---

[16] 周質平:《胡適英文筆下的中國文化》,見《胡適英文文存》,外語教學與研究出版社,2012年,第1頁。

[17] 蔡元培:《複何炳松函》,高平叔編《蔡元培全集》第6卷,中華書局,1984年,第484頁。

第三節　胡適晚年的「容忍與自由」

反復提倡「充分世界化」的「健全的個人主義」的胡適，在很長時間裡並沒有達到充分世界化和充分健全的人生境界，他早年論述「充分世界化」和「健全的個人主義」的相關言論，總體上還停留在左右搖擺、自相矛盾的初級階段。

到了1953年11月24日，胡適在日記中談到《自由中國》刊登由殷海光翻譯的兩章F‧A‧海耶克（又譯哈耶克）的《通向奴役之路》，連帶著有談到了他的「健全的個人主義」之價值觀：

> Hayek（海耶克）此書，論社會主義與自由主義不能共存，其意甚可取，我在二十年前，尚以為Socialism is a logical sequence of the democratic movement（社會主義是民主運動的邏輯發展），近十年來，我漸見此意之不是，故蔣廷黻兄提議我們發起一個「社會黨」，我不贊成。我是一個自由主義者，其主要信條乃是一種健全的個人主義（individualism），不能接受各種社會主義信條。[18]

1954年2月18日，胡適從美國紐約經三藩市、洛杉磯、東京抵達臺北參加「國民大會」第二次會議。3月5日中午，胡適會見行政院長陳誠並參加史尚寬的宴請之後，來到青島路裝甲兵軍官俱樂部參加《自由中國》茶會，並以《從〈到奴役之路〉說起》

---

[18]　曹伯言整理《胡適日記全編》第8冊，安徽教育出版社，2001年，第320頁。

為標題發表演講。曾經和丁文江、蔣廷黻、翁文灝、錢昌照等人一起「羨慕蘇俄」的胡適，對自己二十七年前即1926年在《我們對於西洋近代文明的態度》一文裡說過的一段話表示懺悔，這段話的原文是：「十八世紀的新宗教信條是自由、平等、博愛；十九世紀中葉以後的新宗教信條是社會主義。」

胡適當眾懺悔說：「當時講了許多話申述這個主張。現在想起，應該有個公開懺悔。不過我今天對諸位懺悔的，是我在那時與許多知識份子所同犯的錯誤；在當時，一班知識份子總以為社會主義這個潮流當然是將來的一個趨勢。我自己現在引述自己的證據來作懺悔。」[19]

胡適在現身說法表示懺悔的同時，還進一步表示說：「我希望政府的領袖，甚至於主持我們國營事業、公營事業的領袖，聽了這些話，翻一翻《自由中國》、《中國經濟》、《中國文摘》等，也不要生氣，應該自己反省反省，考慮考慮，是不是這些人的話，像我胡適之當眾懺悔的話值得大家仔細一想的？大家不妨再提倡公開討論：我們走的還是自由之路，還是到奴役之路？這是一個很重要的問題。」

事實上，胡適在《我們對於西洋近代文明的態度》一文中犯下的更深層次的錯誤，還在於他自覺不自覺地信奉「天下為公」之類均產大同的儒教天條而蔑視個人權利及私有財產：

> 西洋近代文明本建築在個人求幸福的基礎之上，所以向來承認「財產」為神聖的人權之一。但十九世紀中葉以

---

[19] 胡適：《從〈到奴役之路〉說起》，歐陽哲生編《胡適文集》第12冊，北京大學出版社，1998年，第834頁。

後，這個觀念根本動搖了，有的人竟說「財產是賊贓」，有的人竟說「財產是掠奪」。現在私有財產制雖然還存在，然而國家可以徵收極重的所得稅和遺產稅，財產久已不許完全私有了。[20]

財產私有的本義，只是說某項財產的所有者擁有消費或讓渡此項財產的有限權利，這種有邊界、有限度的所有權一直是可以變動和交易的。胡適所謂的「完全私有」，是從來沒有存在過的違背基本常識的假命題。

在《從〈到奴役之路〉說起》的演講中，粗略閱讀過海耶克著作的胡適開始牽強附會地重新解釋「資本主義」：

> 什麼叫做資本主義？資本主義不過是「勤儉起家」而已。我們的先哲孟子說：老百姓的勤苦工作是要「仰足以事父母，俯足以蓄妻子，樂歲終身飽，凶年免於死亡」。老百姓的辛勤終歲，只是希望在年成好時能吃得飽，年成不好時可以不至於餓死。這怎能算是過分的要求？但這個要求可以說是資本主義的起點。我們再看美國立國到今天，是以什麼為根據的？他們所根據的「聖經」是《佛蘭克林自傳》——一部資本主義的聖經。這裡邊所述說的，一個是「勤」，一個是「儉」。「勤儉為起家之本」，老百姓辛苦血汗的所得，若說他們沒有所有權是講不通的。從這一個作起點，使人人自己能自食其力，「帝利何有於我哉！」這是資本主義的哲學，個人主義、自由主義的哲學。這個是天經地義，顛

---

[20] 歐陽哲生編《胡適文集》第4冊，北京大學出版社，1998年，第11頁。

撲不破的。由這一點想，我們還是應由幾個人來替全國五萬萬人來計畫呢？還是由五萬萬人靠兩隻手、一個頭腦自己建設一個自由經濟呢？這是我們現在應該討論的。

孟子時代以家族為財產單位的尊卑有序、等級森嚴、自食其力、勤儉起家、「帝利何有於我哉」的小農經濟；與以個人及擬人化的實體法人為財富創造和商品交換的資本主體，以甲乙雙方意思自治、契約平等、自主交易、合作共贏的市場平臺為流通載體，通過社會化甚至於國際化的擴大再生產實現資本擴張並且為全社會提供財富創造、就業機會和公共稅收的「資本主義」經濟形態，是人類發展史上明顯不同的兩個階段。胡適把區別明顯的兩種經濟及社會形態混為一談，恰好證明他對於現代經濟及法政學科缺乏專業性的學習和認知。

在此之前的1939年8月24日，胡適在寫給韋蓮司的書信裡曾經承認過這一事實：「我一直覺得經濟學的理論很難懂。我的經濟學是跟艾爾文・詹森學的。他是一個好教師，可是他從來沒有教懂我經濟思想的各個學派。經濟理論對我來說太過抽象，而我又最討厭抽象的思考方式。」[21]

1959年1月7日，胡適在臺灣國際學舍對華僑學生演講《一個人生觀》時，再一次談到他所提倡的「健全的個人主義」的人生價值觀：首先把自己培養、訓練、教育好，成為一個有道德、有能力的人，然後再去為社會提供優質的服務。這樣的人生觀並非西方社會所獨有，孔子的「修己以安人」，王安石的「學者為己

[21] 江勇振《舍我其誰：胡適》第一部：《璞玉成璧：1891-1917》，新星出版社，2011年，第249頁。

而後可以為人」的主張，都是如此。[22]

　　同樣是在1959年1月，《自由中國》第20卷第2期刊登署名「陳懷琪」的「讀者投書」《軍人也贊成反對黨》、《革命軍人為何要以「狗」自居》。文章發表之後，陸軍工兵基地勤務處製造廠中校行政課長陳懷琪，在用同樣的筆跡送來的書信中否認自己投遞過前面的兩篇文章，並且在官方控制的黨報、軍報上大登廣告，還向地方法院控告雷震「偽造文書」、「誹謗」和「有利於叛徒之宣傳」。

　　3月3日，臺北地方法院第一次開庭傳訊雷震。

　　3月4日，胡適在日記中記錄了此事，並且粘貼了兩份剪報。

　　3月5日下午，雷震來到胡適寓所商談對策，胡適交給雷震一封寫給編輯委員會的公開書信，建議《自由中國》檢討編輯方法之不完善：

　　　（1）讀者投書必須用真姓名，真地址，否則不給發表。其
　　　　　　有不得不用假名者，原信必須用真姓名與真地址。
　　　（2）社論須署名，不發表不署名的社論。
　　　（3）不登不署真姓名的文字。
　　　（4）停止「短評」，如做短評，每條尾應署名。[23]

　　《自由中國》編委會收到胡適的建議信之後，專門進行了內部討論。雷震夫人宋英以及宋文明不贊成公開發表，胡適為此把雷震、夏道平叫到南港寓所專門面談。雷震擔心殷海光、戴杜衡

---

22 胡適：《一個人生觀》，臺北《中央日報》，1959年1月8日。
23 曹伯言整理《胡適日記全編》第8冊，安徽教育出版社，2001年，第564-566頁。

反對此事，特意登門拜訪請求諒解。

　　陳懷琪一案，是由蔣經國控制的情治部門幕後操縱的一樁誘人入罪、釣魚執法的典型案列。為了化解此案對《自由中國》雜誌造成的致命威脅，1959年3月16日，《自由中國》第20卷第6期在刊登胡適來信的同時，還發表了胡適匆忙之中「勉強成文」的《容忍與自由》。[24]

　　胡適在《容忍與自由》一文中，藉著「母校康耐兒大學的史學大師」布林先生（George Lincoln Burr）晚年說過的「我年紀越大，越感覺到容忍（tolerance）比自由更重要」一句話，針對包括他自己在內的《新青年》同人不民主、不科學、不文明、不理性的相關表現反思說：

　　　　現在在四十年之後，我還忘不了獨秀這一句話，我覺得這種「必以吾輩所主張者為絕對之是」的態度是很不容忍的態度，是最容易引起別人的惡感，是最容易引起反對的。……我曾說過，我應該用容忍的態度來報答社會對我的容忍。我現在常常想我們還得戒律自己：我們若想別人容忍諒解我們的見解，我們必須先養成能夠容忍諒解別人的見解的度量。至少至少我們應該戒約自己決不可「以吾輩所主張者為絕對之是」。我們受過實驗主義的訓練的人，本來就不承認有「絕對之是」，更不可以「以吾輩所主張者為絕對之是」。[25]

---

[24] 曹伯言整理《胡適日記全編》第8冊，第568頁。這篇文章起初的標題是《自由與容忍》。

[25] 胡適：《容忍與自由》，文載臺北《自由中國》第20卷第6期，1959年3月16日。見歐陽哲生編《胡適文集》第11冊，第827-828頁。按照江勇振《舍我其

胡適在這篇文章中談到自己1908年17歲時，曾經引用《禮記‧王制》中的一句經典語錄——「假於鬼神時日卜筮以疑眾，殺」——痛罵過白話小說《西遊記》和《封神榜》，等到他在北大講壇上提倡白話文的時候，卻恰恰處在被「殺」的位置上。他因此採用「正義的火氣」的概念解釋說：「不容忍的態度是基於『我的信念不會錯』的心理習慣，所以容忍『異己』是最難得，最不輕易養成的雅量。」

　　應該說，「五四運動」以來盛極一時的「必不容反對者有討論之餘地，必以吾輩所主張者為絕對之是，而不容他人之匡正」的非正常現象的癥結病灶，並不是朱學勤教授所說的民粹主義和民族主義之類的外來文化；[26]反而是前文明的中國社會以所謂天道天理及家國天下為本體本位，一方面在剛性的政權架構之制度設計層面獨尊君權、一方面在柔性的文化思想之意識形態層面獨尊儒術的政教合謀之神聖道統；以及由此而來的在公天下、打天下、坐天下、平天下、家天下、私天下的怪圈魔咒和思想牢籠之中格物、致知、誠意、正心、修身、齊家、治國、平天下的貌似全能全知卻從來分不清楚公私群己之權利邊界的人生價值觀；連同與其相配套的天地君親師、仁義禮智信、忠孝貞節廉恥之類神道設教、君權神授、奉天承運、天命流轉、替天行道、弔民伐罪、天下為公、天誅地滅、改朝換代、一統江山、獨尊儒術、「存天理，去人欲」的禮教綱常、道德規範、行為準則。

　　換言之，《新青年》同人以及「五四」新文化運動的真正盲

誰：胡適（第四部）國師策士1932－1962》一書的考證，布林教授的原意是「容忍比起義重要」，限於篇幅，本書不予展開討論。
[26] 朱學勤：《「五四」以來的兩個精神「病灶」》，朱學勤著《書齋裡的革命》，長春出版社，1999年，第462-469頁。

區，並不在於借助西方現代文明反傳統、反儒學、反孔教，而是在於陳獨秀、錢玄同、周作人、劉半農等人，從來沒有走出過中國傳統社會以絕對神聖化的天道天理及家國天下為本體本位的公天下、打天下、坐天下、平天下、家天下、私天下的怪圈魔咒和思想牢籠。他們所標榜的極端反傳統的所謂「民主」、「科學」的「新文化」，其實是林紓所說的「學不新而唯詞之新」的以舊反舊、以儒反儒的舊文化。[27]來自西方社會的有法度、有邊界、重實證、可質疑的民主與科學，一旦被陳獨秀等人極端絕對化，就被扭曲轉換成了中國傳統特色的打著絕對神聖正確的天道天理的旗號「存天理，去人欲」的反民主、反科學。

　　胡適的《容忍與自由》發表後，在《自由中國》內部引起一些爭議。北大畢業後長期追隨胡適的臺灣大學教授毛子水，在下一期的《自由中國》雜誌中以創刊編委身分發表《〈容忍與自由〉書後》，認為胡適所說的「容忍」代表「克己」的功夫和「守法」的精神，有宋儒呂伯恭所謂「善未易明、理未易察」的哲學基礎，同時也依據於十九世紀末葉的實驗主義，所有這些東西是胡適長久以來的修養和思想。胡適「對於壓制言論自由的人固不以為然，對於偏激失平的言論亦所不取」。[28]

　　「善未易明，理未易察」是南宋理學家呂祖謙（字伯恭）提出的一個著名論斷，同時代的朱熹也比較認同這種看法。1937年4月19日，胡適把這兩句話與《論語》中的「仰之彌高，鑽之彌堅」結合起來，湊成一副對聯，認為這四句話「頗寫得科學家的

---

[27] 林紓：《論古文之不宜廢》，原載1917年2月8日上海《民國日報》，見曹伯言整理《胡適日記全編》第2冊，安徽教育出版社，2001年，第566－568頁。

[28] 毛子水：《〈容忍與自由〉書後》，《自由中國》第20卷第7期，1949年4月1日，第14頁。

態度」。1946年10月10日，胡適在北京大學開學典禮的致辭裡，又用「善未易明，理未易察」八個字勉勵學生做人做事做學問。

殷海光在同一期的《自由中國》裡也發表了一篇《胡適論〈容忍與自由〉讀後》，其中先把胡適高調恭維一番，說是他非常贊成胡適所主張的容忍，胡適的《容忍與自由》是「近四十年來中國思想史上的一個偉大的文獻」，它的義蘊是「中國人應走的大方向的指南針」。接下來，殷海光曲曲折折地把胡適逼到了牆角——「適之先生是歷史大家。他一定知道，就咱們中國而論，自古而今，容忍的總是老百姓，被容忍的總是統治者。」——進而要求胡適充當耶穌基督式的「應以使千千萬萬人不因任何『思想問題』而遭到監禁甚至殺害為己任」的大救星。[29]

而在事實上，自古而今的中國歷史上，容忍的並不總是老百姓，被容忍的也並不總是統治者。關於這一點，五四運動時期的魯迅就有過一番經典描述：

> 我還記得第一次五四以後，軍警們很客氣地只用槍托，亂打那手無寸鐵的教員和學生，威武到很像一隊鐵騎在苗田上馳騁；學生們則驚叫奔避，正如遇見虎狼的羊群。但是，當學生們成了大群，襲擊他們的敵人時，不是遇見孩子也要推他摔幾個筋斗麼？在學校裡，不是還唾罵敵人的兒子，使他非逃回家去不可麼？這和古代暴君的滅族的意見，有什麼區分！[30]

---

[29] 殷海光：《胡適論〈容忍與自由〉讀後》，《殷海光選集》，第487-493頁。
[30] 魯迅：《忽然想到（七）》，《魯迅全集》，人民文學出版社，1981年，第3卷，第60頁。

應該說，「容忍比自由更重要」作為一個學術命題，確實是不能成立的。具備了以私有財產為前置條件的自由自主、意思自治、自食其力、自願選擇、自限權利、自我健全的主體意識，以及充分世界化的甲乙雙方契約平等、公共領域法治民主、制度建設限權憲政、國際交往大同博愛、人欲自然生態和諧的自由個人及其社會群體，自然會表現出比較容忍的大境界和大格局；前文明的不自由甚至於動不動就要反對什麼自由化的個人及其社會，無論如何是不會容忍其他人的自由自主的主體權利的。同為漢語文化圈的相對自由民主的臺灣、香港、日本、韓國，較好地保守了源自中國大陸的文化傳統和風俗習慣；英、法、美、日等國的博物館較好地保存了敦煌文物並且發展出一門敦煌學；在權力當局公然反對所謂「自由化」的中國大陸，直到今天依然在大規模地毀壞滅失各種各樣的文化遺產，就是最好的事實證據。

　　儘管如此，胡適當年煞費苦心提出「容忍比自由更重要」的口號，還是有切合實際的導向意義的，其直接目的就在於勸說相關人等盡可能避免中國歷史上一直在輪回反復的「不是東風壓倒西風，就是西風壓倒東風」的兩敗俱傷的困境死局，同時也不再期待任何個人挺身而出去充當耶穌基督式的「應以使千千萬萬人不因任何『思想問題』而遭到監禁甚至殺害為己任」的大救星。應該說，曾經一再高調讚美胡適的殷海光，對於胡適所提倡的自由主義也就是「充分世界化」的「健全的個人主義」價值觀念，從來沒有像寫作《播種者胡適》的李敖那樣踏實認真地加以研究和領悟。

　　1959年11月20日是《自由中國》半月刊的十周年紀念日。《自由中國》雜誌社把第21卷第11期辦成了創刊十周年紀念特刊，其中有毛子水的《〈自由中國〉十周年感言》，特別提到了

言論策略和言論態度問題：

> 我以為要使說話有力量，當使順耳。《禮記》上說，
> 「情欲信，辭欲巧。」這個「巧」字下得最好。（古人有
> 讀「巧」為「考」的，似可不必。）所謂「巧」，當然不
> 是花言巧語，乃是說出來的話令人聽得進。

胡適顯然是贊同毛子水的這種觀點的，他專門在1959年11月
20日的日記裡粘貼了這篇文章的剪報，連同他自己當天的演講詞
《容忍與自由——〈自由中國〉十周年紀念會上講詞》。這篇演
講詞經過毛子水認真修改後刊登在該刊第21卷第11期，其中記錄
有胡適針對殷海光的當面回應：

> 殷先生這番話，我也仔細想過。我今天想提出一個問
> 題來，就是：究竟誰是有權有勢的人？還是有兵力、有政
> 權的人才可以算是有權有勢呢？或者我們這班窮書生、拿
> 筆桿的人也有一點權，也有一點勢呢？[31]

胡適的意見是：第一，不要把「我們自己」看成是弱者。
「有權有勢」的人當中，也包括「我們這一班拿筆桿的窮書生」，
「我們」也是強者。第二，正因為「我們」也是強者，「我們」也
是「有權有勢」的人，所以「我們」絕對不可以濫用「我們」的權
力：「我們」的權力要善用之，要用得恰當，要「情欲信，辭欲

---

[31] 曹伯言整理《胡適日記全編》第8冊，第595-610頁。

巧」，要「巧言令色」，有話要盡可能地好好說。「巧言令色」的目的，主要不是討好有兵力、有政權的蔣介石父子，而是首先要保全《自由中國》雜誌：

> 我們只應該用負責任的態度，說有分際的話。所謂「有分際」，就是「有幾分證據，說幾分話」。如果我們大家都能自己勉勵自己，做到我們幾個朋友在困難中想出來的話，如「容忍」、「克己」、「自我訓練」等；我們自己來管束自己，再加上朋友的誠勉，我相信我們可以做到「說話有分際」的地步。同時我相信，今後十年的《自由中國》，一定比以前十年的《自由中國》更可以做到這個地步。

胡適所謂「我們幾個朋友在困難中想出來的話」，可以直接追溯到1954年的蔣介石連任總統、陳誠出任副總統。1954年3月25日，胡適在「國大」會議上代表大會向蔣介石致送「總統」連任證書。胡適當時勸說蔣介石把國民黨一分為二，奠定兩黨政治的基礎，蔣介石沒有同意。胡適便建議民社黨與青年黨合併為一個較大的在野黨，沒有想到民社黨反而與青年黨一樣在內鬥內訌中一分為二了，胡適的兩黨政治的設想因此落空。[32]

胡適和他比較親近的「幾位朋友」，從此便把「自由中國」的美好理想，寄託在了副總統陳誠接任下一任總統的權力交接和文明轉型方面。1954年4月4日，蔣廷黻在日記裡記錄說，顧維鈞

---

[32] 蔣勻田：《淚如泉湧悼念胡適之先生》，引自耿雲志著《胡適年譜》（修訂本），福州：福建教育出版社，2012年5月，第327頁。

告訴他，胡適要推遲兩個星期回美國，因為他「要幫忙陳誠組閣」。

　　胡適事實上是1954年4月5日離開臺灣返回美國的，到了1958年10月27日，即將回到臺灣就任中央研究院院長的胡適，與蔣廷黻之間進行了一次長談，蔣廷黻在當天日記裡記錄說：

> 他擔心《蔣介石─杜勒斯公報》裡提到了中國文化，可能會造成不好的影響。【我】告訴他說，在這種新環境之下，他發展科學的計畫應該會更有成功的機會。我們都同意我們必須低調地增強陳誠的力量，以幫助他可以順利接蔣介石的班。我們也同時同意《自由中國》的雷震要改變其雜誌的基調，從帶有敵意轉為善意的批評。[33]

　　張忠棟曾經依據1959年2、3月份的雷震日記以及《雷震回憶錄》，提出過這樣的一種說法：雷震被陳懷琪告上法庭之後，「胡適和王世杰以及許多文化界的人士，都認為官司不能再打下去，大家應設法從中化解，胡適在這時候，便寫了一封要求《自由中國》改變編輯方針的信，希望給官方一點面子，好讓官方容易下臺，同時發表《容忍與自由》，希望朝野都能多用容忍，以達成更大的自由。」[34]

　　也就是說，兩邊都能夠說上話的胡適，在這次事件當中充當

---

[33] 蔣廷黻日記，1954年4月4日、1958年10月27日，引自江勇振著《舍我其誰：胡適（第四部）國師策士1932－1962》，臺灣聯經出版事業股份有限公司，2018年2月，第783頁。

[34] 張忠棟著《胡適‧雷震‧殷海光──自由主義人物畫像》，臺北自立晚報社文化出版部，1990年12月，第28頁。

的並不單純是《自由中國》創始編委的角色，而主要是調解人或者說是《自由中國》庇護人的角色。假如陳懷琪事件惡性演化下去，將會出現兩敗俱傷的結果：一方面是雷震判刑入獄，《自由中國》雜誌停刊，希望「低調地增強陳誠的力量，以幫助他可以順利接蔣介石的班」的胡適和他比較親近的「幾位朋友」，從此喪失發言的平臺和發言的權利；另一方面是躲在陳懷琪中校背後策劃「釣魚」文章的軍情機關被爆料出醜。在強弱極其懸殊的情況之下，沒有能力正面抗衡的《自由中國》，只能選擇有條件、有限度地認輸服軟，以謀求甲乙雙方各退一步的妥協諒解。

不幸的是，《自由中國》在一年之後就走到了盡頭。究其原因，大局方面當然要歸咎於蔣介石、蔣經國父子一心要鐵腕推行蔣家王朝家天下的政治圖謀，容不得胡適以及《自由中國》即使是「巧言令色」的言論批評和憲政博弈。具體到《自由中國》內部，身為主持者的雷震比較明顯的角色錯位，也是一個重要原因。

簡單說來，已經成為臺灣社會的言論自由風向標的《自由中國》，可以沒有胡適、殷海光等撰稿人中間的某一個，卻是不能沒有雷震這個主事之人的。吃奶的嘴巴不能唱歌，雷震要是像胡適所希望的那樣把《自由中國》再辦上十年，臺灣社會應該會是另一番景象的。挺身而出組織民間反對黨派的人選當中，雷震並不是最為合適的一個，李萬居、高玉樹、齊世英，以及青年黨的夏濤聲、民社黨的楊毓滋等人，都具備一部分的辦黨資歷和條件。更何況已經打定主意要鐵腕推行蔣家王朝家天下的蔣介石父子，容不得任何反對黨派的公開挑戰。曾經充當過蔣介石身邊的親信之人的雷震公開站出來組織反對黨派，在標榜禮義廉恥的蔣

介石眼裡，會被視為忘恩負義的嚴重背叛而罪加一等。

到了1950年9月4日，在蔣介石親自佈置下，臺灣警備總司令部武裝抓捕雷震及《自由中國》雜誌社的三名工作人員，查抄了新黨即將完成的綱領政策及宣言底稿，宣佈雷震（儆寰）等人「涉嫌叛亂」，將由軍事法庭審判。

9月11日，臺灣《公論報》刊登對於雷震夫人宋英的專訪，宋英介紹說：

> 雷震是個忠誠愛國的人，對朋友很熱心坦白，做人處事絕不敷衍苟且，做錯了事也勇於認過。我與他在民國十五年相識，彼此甚為相契。後來我到日本，他也隨之而來。民國二十一年我們在北平結婚，結褵三十年，從未為任何問題爭論過，只是時常勸他應當適應環境，別心裡想什麼就說出來，寫出來。國家是大家的，憑一個人的力量也救不了。他聽了我的這番話後，每每笑一笑說：如是大家都怕事，都抱著明哲保身的觀念，國家怎能強盛？他的個性很剛強，我知道一時是勸不醒他的這個以「救國救世為己任」的夢！[35]

應該說，宋英女士的「國家是大家的，憑一個人的力量也救不了」的「明哲保身的觀念」，更加貼近於以人為本的現代工商契約及民主憲政社會所普遍信仰的個人自由、甲乙平等、法治民主、限權憲政的價值要素和價值譜系。在現代工商契約及民主憲政社會裡，無論是民選總統還是納稅個人，對於整個社會、整

---

[35] 臺灣《公論報》，1960年9月11日。

個民族、整個國家、整個人類，都只能承擔權為民所賦、權由法所定的一份有限責任。涉及國計民生的重大公共課題和公共決策，在一時間無法解決的情況下，是應該而且必須懸置起來，交由水到渠成的時光推移以及人類共同體不斷整合變遷的社會合力和國際形勢來加以化解的。雷震這種動不動就要逾越個人能力和權利邊界去「救國救世」的權力野心和道德衝動，明顯屬於中國傳統社會以所謂天道天理及家國天下為本體本位的格物、致知、誠意、正心、修身、齊家、治國、平天下的全知全能人生觀的範疇，與胡適長期提倡並且加以實踐的公權與私權、群體與個體之間邊界明確、適可而止的自由主義——也就是「充分世界化」的「健全的個人主義」——的價值觀念和價值譜系之間，還存在很長的一段距離。

第四節　頌聖傳統與限權憲政

在中國社會有史以來的制度文化之傳統當中，從來不存在依據地方自治、三權分立之類的憲法條款和制度框架來限定和懲戒最高權力者的限權憲政；只有以所謂天道天理及家國天下為本體本位，一方面在剛性的政權架構之制度設計層面獨尊君權、一方面在柔性的文化思想之意識形態層面獨尊儒術的政教合謀之神聖道統。在這樣的神聖道統當中，留給皓首窮經死讀書的儒教書生的最佳選項，就是打著奉天承運、神道設教、天下為公、替天行道、「存天理，去人欲」的神聖旗號依附於最高權力的歌功頌德、敬天頌聖。能夠初步走出以所謂天道天理及家國天下為本體本位的公天下、打天下、坐天下、平天下、家天下、私天下的怪

圈魔咒和思想牢籠，進而在以人為本的「充分世界化」的「健全的個人主義」的現代文明價值觀念之層面上，與掌握最高權力的蔣介石展開正大光明的憲政博弈的第一人，就是胡適。

關於這一點，與蔣介石和胡適關係密切的行政院政務委員王世杰，在1960年1月1日的日記中評論說：「在臺灣惟有胡適之曾直率託張岳軍（張群）向蔣先生建言，反對蔣先生作第三任總統。」

在同年2月11日的日記中，王世杰就胡適公開反對蔣介石違憲連任總統一事評論道：「向蔣先生當面喊過萬歲的人，後來做了他的第一個叛徒（張治中），而反對他的人，卻不一定是他的敵人。」[36]

關於胡適與蔣介石之間正大光明的憲政博弈，余英時在《從〈日記〉看胡適的一生》的長文中評價說：

> 胡適從1949年到1958年雖在美國住了九年，然而他的真正關懷卻在臺灣。他口中和筆下往往用「自由中國」四個字作為臺灣的代號，但這是他的期待和嚮往，不是指實際的現狀。他的真正想法是：國民黨既已接受了憲法體制，雖然出於萬般無奈，民主和自由終於有逐漸實現的可能，而且也只有臺灣成為名副其實的「自由中國」之後，民主和自由才有可能推廣到整個中國。他對臺灣的一切關懷都環繞這一主題而展開，……

> 1954年3月臺灣的總統副總統即依此修正的組織法選了出來，國民黨政權又取得了「合法性」，但胡適所期待

---

36 周質平：《張弛在自由與威權之間：胡適、林語堂與蔣介石》，香港中文大學中國文化研究所《二十一世紀》雙月刊，2014年12月號。

的多黨政治、言論自由則完全落空了。不過今天從長程回溯以往，憲法的法統畢竟延續了下來，這才有以後一步一步地弄假成真。個人的生命無論如何長，總比不上基礎鞏固的制度。胡適在這一方面的關懷和努力，用他自己的話說，可謂「功不唐捐」。[37]

周質平的《張弛在自由與威權之間：胡適、林語堂與蔣介石》一文，對於胡適與蔣介石之間韌性抗衡的憲政博弈另有評述：

> 胡在面對蔣時，有他溫和持重的一面，不能讓看客痛快地叫好。但試問在同時代的知識份子當中，還有誰能如此不卑不亢地向蔣進言，向國民黨抗議？還有誰能讓蔣徹夜難眠，讓他覺得當眾受辱？除了胡適，還真想不出第二人來。胡是溫和的，但溫和未必軟弱，更未必無能。胡有他堅持的原則，他從不做「政府的尾巴」，從不隨聲附和，也從不歌功頌德。
>
> 論胡蔣關係，如不和其他人進行比較，則不免失之片面和主觀。在比較蔣介石——林語堂關係之後，不難看出，胡適和他同時代的人相比，在面對政治威權時，表現了中國知識份子少有的獨立和尊嚴，在中國近代史上堪稱第一人。[38]

接下來，周質平敘述了林語堂對蔣介石感恩戴德的頌聖表現：

---

[37] 余英時著《重尋胡適歷程：胡適生平與思想再認識》，第116-119頁。
[38] 周質平：《張弛在自由與威權之間：胡適、林語堂與蔣介石》。香港中文大學中國文化研究所《二十一世紀》雙月刊，2014年12月號。

1932年10月，林語堂在自己主編的雜文刊物《論語》中，曾經發表幽默調侃的小文章《蔣介石亦論語派中人》，認為蔣介石說話平實，不高談主義，平日也還看些王陽明、曾國藩的書，「若再多看看《資治通鑒》，《定盦文集》，《小倉山房尺牘》，《論語半月刊》，我們認為很有希望的。」

　　在同一期《論語》的《一國三公》中，林語堂又認為蔣介石擅長的是「手段」、「機斷」和「會打機關槍」，其所短則是「讀書太少」。話語之間沒有太多敬意，也沒有什麼惡感。

　　到了1939年，林語堂的《吾國吾民》修訂版刪掉了1935年版的《結語》，代之以《中日戰爭之我見》（A Personal Story of the Sino-Japanese War），其中把「意志堅定、掌控全域、頭腦清楚、富於遠見、果斷、頑強、冷靜、殘酷、工算計、聰明、具野心，並真正愛國」的蔣介石，認定為中國復興最關鍵的人物：「中國最有希望的一點是有一位領袖，他有常人所不及的冷靜和頑強，他深知這場戰爭就如一場二十回合的拳擊比賽，勝負取決於最後一擊。」

　　林語堂給宋美齡的書信都是用英文書寫的，1945年11月26日，林語堂在信中寫道：「長久以來，我一直想請您幫我一個忙，就是向委員長求幾個字。如您所知，在我們國家和政府遭到親共宣傳誣衊的時候，我曾為我們國家和政府仗義執言，我自己也遭到了他們的詆謗。……我所要的只是委員長『文章報國』四個字，有了這四個字，我死而無憾。這也是我畢生最大的榮幸，無論我身在何處，這四個字都將高懸在我家裡。」

　　1965年，一直請林語堂供稿的「中央通訊社」社長馬星野等人，在林語堂七十歲壽宴上做詩祝壽，林語堂在答詩中透露出回台定居的打算：「論語翻新人間世，幽默媲美蕭翁，吾土吾民揚

天聲，瞬息京華去，奔向自由城。椽筆揮來老益健，玄言翊贊中興，河山光復賊氛平，仙槎迎回國，傳杯慶長生。」

林語堂在寫給總統府秘書長張群（岳軍）的答詩中，把回台定居的願望表達得更加明白：「從此是，無牽掛，不逾矩，文章瀉。是還鄉年紀應還鄉呀！故國哀鴻猶遍野，人民倒懸何時赦。願河山收復共歸來，歸來吧。」

1966年4月5日，71歲的林語堂到香港看望二女兒林太乙期間，給香港移民局局長柯樂德（W.E.Collard）寫信，諮詢申請香港永久居留的可能，沒有得到積極回應。臺灣方面聞訊後給出了最高禮遇：蔣介石親自為林語堂在臺北近郊風景秀麗的陽明山麓劃撥一塊土地，用來建造適宜於閒居遠眺的樓房。新居落成之後，林語堂於1967年9月15日給蔣介石寫了感謝函：「語堂回國定居，備承眷顧，兼賜居宅，以為終老之所，不勝惶愧感激之至。」

林語堂回台初期，蔣介石有意請他出任考試院副院長。1967年12月22日，林語堂寫下了一封沒有遞交的親筆信稿：

> 語堂才疏學淺，不足以匡輔時世，惟好學不倦，日補不足。回國以來，專寫中文，與國內讀者相見，以補前怨而符我公文化復興之至意。誠以國內學界，或專重考據，而忽略文化之大本大經；或抱殘守闕，與時代脫節。青年學子旁皇歧途，茫無所歸。是以著書立論，思以救正其失，由中央社分發全世界華文日報，讀者當有三四十萬。不無少補。[39]

---

39 引自周質平：《張弛在自由與威權之間：胡適、林語堂與蔣介石》。

林語堂定居臺灣之後，恢復了中斷多年的中文寫作，供臺灣中央社專欄「無所不談」定期發表，其他報刊更是爭相轉載。表面上看，林語堂開始了中文寫作的第二次輝煌，比起他1930年代主編發行的《論語》、《人間世》、《宇宙風》，卻少了許多的真是非、真性情。

　　1966年10月31日是蔣介石八十虛歲的生日。自以為掌握著「文化之大本大經」的林語堂，在報刊上發表《總統華誕與友人書》，以傳統小文人敬天頌聖的老舊腔調歌頌蔣介石是「睿智天縱」，同時還在祝壽詩歌中吹捧蔣介石是「北斗居其所，高山景行止」。

　　十年之前的1956年，在胡適正大光明地以一篇《述艾森豪總統的兩個故事給蔣總統祝壽》要求蔣介石自限權力、遵法守憲的同時，以新儒家自居的錢穆，也在《蔣先生七十壽言》中寫下了赤裸裸的敬天頌聖之辭：「論蔣先生之所遇，實開中國歷史元首偉人曠古未有之一格；而蔣先生之堅毅剛決，百折不回之精神，誠亦中國曠古偉人之所少匹也。」[40]

　　比較出真知，針對胡適、林語堂、錢穆三個人的相關表現，周質平給出的評價是：

　　　　最值得注意的是，蔣介石在胡適的眼裡，始終只是一個民選的總統，而不是「明君聖主」。民選的總統必須受憲法的約束，這是胡適對民主法制理念的堅持。林語堂和錢穆祝壽的文字，未必不誠懇，但他們對蔣始終有種崇

---

[40] 周質平：《張弛在自由與威權之間：胡適、林語堂與蔣介石》。

拜，有些仰望，這在胡是絕不存在的。林、錢二人將中國
之希望多少寄託在「明君聖主澄清天下」，如錢穆在《蔣
公八秩華誕祝壽文》中有「如公者，誠吾國歷史人物中最
具貞德之一人。貞德而蹈貞運，斯以見天心之所屬；而吾
國家民族此一時代貞下起元之大任，所以必由公勝之也」
之言。一國之興亡系乎一人之身，這在胡看來，正是民
主制度中不該有的現象，絕不是一件值得歌頌的事。胡
將中國之希望寄託在民主法治的建立上，而不是放在某
一個個人的身上。此其所以對蔣之三度連任總統，期期
以為不可。

　　需要特別指出的是，周質平所謂「胡適把蔣介石『婉辭祝
壽，提示問題，虛懷納言』的客套當了真，並『坦直發表意見』
了……」，其實是過分低估胡適的智商情商的明顯誤讀。胡適的
這篇祝壽文章，與他1934年12月11日發表的回應汪精衛、蔣介石
聯名通電的《中國無獨裁的必要與可能》一樣，是順勢而為、借
題發揮的「趁火打劫」。[41]這種「趁火打劫」式的意見表達，正
是基於胡適長期提倡的只忠誠於現代文明的國家理念而不肯效忠
於某個掌權者的「充分世界化」的「健全的個人主義」的價值
追求。

　　另外，周質平在文章當中牽強附會地採用中國傳統社會的
奉天承運、神道設教、天下為公、替天行道的神聖道統觀念，說

---

[41] 1935年1月2日，胡適在長篇日記《一九三四年的回憶》中介紹說，12月28日，丁
　　文江「忽然發表了一篇《民主與獨裁》，專駁我的一篇有意利用汪蔣感電來『趁
　　火打劫』的文字」。曹伯言整理《胡適日記》第6冊，第427頁。

什麼胡適代表的是中國知識份子「以道抗勢」的優良傳統，林語堂晚年則較偏向於「以道輔政」，也是明顯缺乏說服力和解釋力的。胡適理想中的「充分世界化」的「自由中國」，雖然不排除傳統文化裡具有生命活力的一些因素，其總體上是中國歷史上從來沒有存在過的、被他稱之為「健全的個人主義」的現代文明價值觀念之結晶。周質平採用「以道抗勢」的概念加以解釋，與林語堂、錢穆採用敬天頌聖的腔調為蔣介石歌功頌德一樣，是與現代文明價值觀念格格不入的。

在中華民國的大學校長裡面，梅貽琦的教育思想是與胡適、蔡元培、傅斯年、王世杰、朱經農等人比較接近的一位。1959年12月，梅貽琦以教育部長兼臺灣清華大學校長的身份組織召開全體大專院校校長會議，秉承蔣介石的旨意發起組織弘揚正統儒教文化的「孔孟學會」。1960年1月29日，胡適給梅貽琦（月涵）回信說：「我在四十多年前，就提倡思想自由，思想平等，就希望打破任何一個學派獨尊的傳統，我現在老了，不能改變四十多年前的思想習慣。所以不能擔任『孔孟學會』發起人之一。千萬請老兄原諒。」[42]

「四十多年前」，指的就是1917年前後的《新青年》時期。胡適雖然在給《吳虞文存》所寫的序言中說過「只手打孔家店」的玩笑話，他其實並不是一個極端反對儒教文化的一個人，他所主張的只是反對獨尊儒術，或者說是用更高層級的「思想自由，思想平等」的現代文明，來重新整理和審視儒教文化。

由此可知，雖然在「思想自由，思想平等」的「相容並包」

---

[42] 耿雲志、歐陽哲生編《胡適書信集》下冊，北京大學出版社，1996年，第1494頁。

方面，梅貽琦與蔡元培（孑民）、胡適是基本一致的，但是，梅貽琦的相關表現，遠遠沒有蔡元培尤其是胡適那麼光明磊落、敢作敢當。

第五節　「健全的個人主義」之價值譜系

從2010年開始，我在《陳胡的聯合戰線與核心價值》、《胡適的以人為本與自我健全》等多篇論文，以及《民國紅粉》、《北大教授與〈新青年〉》、《喋血梟雄：改變歷史的民國大案》、《民初命案：陳其美黑道傳奇》、《伊斯蘭與基督教的大同神話》等多部專著當中，反復申述了現代工商契約及民主憲政社會以人為本的文明價值六要素，以及由此而來的多層次、多元化、多維度的價值譜系：

其一是個人自由，也就是主體個人以私有財產和財富創造為前置條件的自由自主、意思自治、自願選擇、自限權利、自食其力、自我健全。

其二是甲乙平等，也就是現代工商契約社會裡甲乙雙方自然人及實體法人在權利義務量化細分的合同契約面前意識自治、自願選擇、雙向合作、相互平等、誠實守信、違約受罰的平等交易和公平競爭。男女情愛的婚戀約定，同樣遵守契約合同面前的自願選擇、相互平等。

其三是法治民主，也就是公共領域和公民社會當中依法納稅的各種自然人以及公民自組織的實體法人，以個人自由、甲乙平等的私權保障為基本前提的法律面前人人平等、程序正義優先於實體正義的充分制度化的民主參與、民主選舉、民主授權、民主

自治。在現代化的少數服從多數的法治民主社會裡，法治民主的制度性力量必須著眼於充分保障公共生活領域之市場交易的自由平等、新聞出版的自由平等、組黨結社的自由平等、地方自治和行業自治的自由平等，一人一票之民主選舉的自由平等、宗教信仰的自由平等、少數族裔與多數族裔在享受義務教育和各種社會福利方面的自由平等。

其四是限權憲政，也就是制度建設層面以個人自由、甲乙平等、法治民主為基本前提的地方自治、三權分立、依法限權、治官安民、濟貧救弱的多元共和。限權憲政的主要內涵，是依法運作的地方政府及聯邦或邦聯政府之公共權力，必須嚴格遵守立法、行政、司法三大領域之間三權分離、分權制衡的制度原則，不允許任何個人及黨派組織凌駕於憲政法律之上成為專權獨斷、極端絕對的特殊材料或特殊勢力。

其五是大同博愛，這是主體個人在人類共同體超越族群和國界的國際性交往過程中，全方位實現以人為本的個人自由、甲乙平等、法治民主、限權憲政的主體權利而達成的一種理想狀態。

其六是自然和諧，也就是對大自然的各種不以人類意志為轉移的不可抗力保持一種理性敬畏的主體個人，自覺自願地把人類社會的大同博愛擴展延伸到自然界的動物、植物以及自然風光方面；從而在力所能及的時空及地域範圍裡，最大限度地實現人與自然和諧共處的生態平衡。

在這六個層級的價值要素當中，前四個層級的個人自由、甲乙平等、法治民主、限權憲政，是必不可少的相輔相成、環環相扣的基礎要素；後兩個層級的大同博愛、生態和諧，是前四個要素順理成章、水到渠成的必然結果。這六個層級的相輔相成、環

環相扣的價值要素，都是有限的而不是無限的、相對的而不是絕對的。

　　所謂自由主義或個人主義，應該是主體個人的自由自治優先於甲乙平等、法治民主、限權憲政的一種有限相對的理論體系。所謂的契約平等主義、法治民主主義、限權憲政主義、大同博愛主義、生態和諧主義，以及由此衍生出來的方方面面的主義，都是比自由主義或個人主義更低層級的一種相對專業化的理論體系。對於以人為本的文明正常人來說，任何性質的主義都是相對的、有著明確的邊界範疇的；任何性質的宗教神聖化的無限絕對，都是一種前文明甚至於反文明的原始情緒和蠻性遺留。

　　必須特別強調的是：一人一票、少數服從多數的民主參與，是公共領域的公共行為，任何個人和組織都不可以藉著所謂「少數服從多數」的民主旗號，超越凌駕於平等契約和法律條款之上，採取恐怖暴力的國家強權以及民間造反的方式強制剝奪某個人或某些人的人身自由和私有財產。從法理上講，個人自由、甲乙平等主要屬於私法即民商法的受理保障範疇；法治民主、限權憲政主要屬於公法尤其是剛性的刑法及制度性懲戒條款的受理保障範疇。真正意義上的法治民主和限權憲政，歸根到底是用來切實有效地保障以人為本的個人自由和私人權利的，而不是用來侵犯剝奪個人自由和私人權利的。

　　筆者所總結的六個層級的多層級、多元化、多維度的價值要素、價值譜系、價值信仰，並不是出於自己的憑空捏造，而是源於多年來對於胡適所提出的「充分世界化」的「健全的個人主義」價值觀念的深入研究，以及對於西方歷史文獻尤其是哈耶克的《通往奴役之路》、《自由憲章》等多部著作的反復研讀。

在《通往奴役之路》第一章中，哈耶克著重介紹了作為西方現代文明社會之成長根基的個人主義：

> 由基督教與古典哲學提供基本原則的個人主義，在文藝復興時代第一次得到充分發展，此後逐漸成長和發展為我們所瞭解的西方文明。這種個人主義的基本特徵，就是把個人當作人來尊重；就是在他自己的範圍內承認他的看法和趣味是至高無上的——縱然這個範圍可能被限制得很狹隘——也就是相信人應該發展自己的天賦和愛好。……個人活力解放的最大結果，可能就是科學的驚人發展，它隨著個人自由從義大利向英國和更遠的地方進軍。[43]

對於個人自由來說，最為切實可靠的支撐保障，就是以主體個人為本體本位的私有產權和財富創造。用哈耶克的話說：

> 我們這一代已經忘記，私有財產制度是自由的最重要的保障，這不僅對有產者來說是這樣，而且對無產者來說一點也不少。只是由於生產資料掌握在許許多多的獨立行動的人的手裡，才沒有人有控制我們的全權，我們方能以個人的身分來決定做我們要做的事情。如果所有的生產資料都掌控在一個人手中，不管這是在名義上是屬於整個「社會」的，還是屬於一個獨裁者的，誰行使這個管理權，誰就有全權控制我們。

---

[43] 《通往奴役之路》修訂版，（英）哈耶克著，王明毅等譯，中國社會科學出版社，1997年，第41-42頁。

現代工商契約及民主憲政社會個人自治、甲乙平等、法治民主、限權憲政的良性秩序，正是以財產私有、意思自治的個人自由為第一要素的。

　　哈耶克認為，當年許多以進步自居的社會主義者，希望通過消滅私有財產來縮小收入差距、實現社會財富的平等均衡，是一種莫大的誤識：「雖然在競爭社會中，窮人致富的可能性比擁有遺產的人的可能性要小得多，然而，只有在競爭制度下，前者才有可能致富，且才能單憑自己的努力而不是靠掌權者的恩惠致富，才沒有任何人阻撓個人致富的努力。」

　　這段話所著眼的主要是個人與個人以及自然人與企業法人之間在權利義務量化細分的合同契約面前意識自治、自願選擇、雙向合作、相互平等、誠實守信、違約受罰的平等交易和公平競爭。就三人以上或當事多方的公共領域來說，「如果『資本主義』在這裡是指一個以自由處置私有財產為基礎的一個競爭體制的話，那麼，更要認識到，只有在這種體制中，民主才有可能。」

　　哈耶克所說的民主，顯然是嚴格限定在法治框架和法律程序之中的法律面前人人平等、程序正義優先於實體正義的有限民主。公民社會是不可以撇開正常的經濟文化生活而無休無止地從事投票選舉、全民公決、示威集會之類群體運動和集體狂歡的。

　　尤其重要的是，民主投票、全民公決、示威集會的目標對象，只能是公共權力和公共利益，而不能是私人領域內天然正當的人身自由、思想自由、財產自由以及人與人之間契約平等的自由戀愛和自由交易。任何針對私人權利加以越權干預甚至於強制剝奪的所謂「民主」，都是公然踐踏正當人權的偽民主和反民主。

即使在公共政治領域中，通過民主選舉取得勝利的一方，所爭取到的只能是微弱多數；而不是壓倒消滅競爭對手及反對黨派的全票通過和全體同意。民主選舉的失敗一方所要尋求的，是下一輪民主選舉中的微弱多數，而不是通過暴力革命的極端手段顛覆推翻正在執政掌權的敵對黨派，進而通過趕盡殺絕的武裝征服來實現你非我是、你死我活的天命流轉、改朝換代。

著眼於政府公權力層級上的憲政制度建設，哈耶克進一步論證道：「國家一旦負起為整個經濟生活制定計劃的任務，不同個人和集團的應處地位（the due station），就必不可免地成為政治的中心問題。由於在計劃經濟中只有國家的強制權力決定誰擁有什麼，唯一值得掌握的權力，就是參與行使這種命令權。」

在《通向奴役之路》第六章「計畫與法治」中，哈耶克指出：「撇開所有的技術細節不論，法治的意思就是指政府在一切行動中均受到事前規定並宣佈的規則約束——這種規則使得一切個人有可能確定地預見到當權者（the authority）在給定情況中會如何使用其強制權力，並據此知識來規劃自己的個人事務。」

從古希臘和古羅馬開始，西方社會一直時強時弱、時斷時續地保持著「王在法下」的法治傳統。除了羅馬帝國時期的帝王意志高於法律之外，其他時期的政府首長都要接受法律制度的強力約束，不具有凌駕於法律之上的特殊權力。在歐洲中世紀，除了16、17世紀的君主專制時期之外，在貴族君主制和君主等級制時期，王權也是要承受「王在法下」的嚴格約束的。哈耶克宣導維護的「the Rule of Law」的法治憲政社會，就是這樣一種政府公權力必須與公民個人一樣遵守法律程序和憲政制度的「王在法下」的良序社會。

在「王在法下」的法治憲政社會裡，股票市場儘管會遭遇各種各樣的商業風險，在公債交易中血本無歸、澈底破產的商業悲劇，是不太可能發生的。而只有在工商企業家得到充分尊重和依法保護的情況下，整個社會的財富創造和經濟發展，才有可能走上健康軌道。貧窮失業者，也才有可能通過工商企業家創造的工作崗位而實現就業；沒有生活和工作能力的弱勢者，也才有可能通過工商企業家的依法納稅而享受到有限的社會救濟和福利保障。

對於某些人鼓吹通過廢除私有財產來實現一種烏托邦式的天下為公、無私大同的無限自由，哈耶克在《通向奴役之路》第二章給出的結論是：「毫無疑問，對更大自由的允諾已經成為社會主義宣傳最有效的武器之一，而且，對社會主義將會帶來自由的信念是真心實意的。但是，倘若允諾給我們通往自由的道路一旦事實上被證明是一條通往奴役的大路的話，悲劇豈不更慘。」

可以這樣說，早在中國的周公及孔子宣講以所謂天道天理及家國天下為本體本位的公天下、打天下、坐天下、平天下、家天下、私天下的怪圈魔咒和思想牢籠；以及隨之而來的格物、致知、誠意、正心、修身、齊家、治國、平天下的全知全能人生價值觀的那個時代；古希臘、古羅馬社會已經初步確立了人類共同體最為基本的另一套價值要素、價值譜系、價值信仰。經過14至16世紀的文藝復興、宗教改革和羅馬法復興，以人為本的西方現代工商契約及民主憲政社會，逐步形成了包含六個層級的環環相扣、相輔相成的價值要素——個人自由、甲乙平等、法治民主、限權憲政、大同博愛、自然和諧——的價值譜系和價值信仰。

第六節　關於胡適罪錯的初步思考

綜上所述，胡適曾經把他所提倡的「充分世界化」的「健全的個人主義」的文化源頭，分別追溯到三個主要方位：其一是挪威戲劇家易卜生的戲劇作品；其二是歐洲十九世紀維多利亞時代的「個人主義」的「自由思想獨立精神」；其三是現實生活中的蔡元培、杜威以及中國傳統社會的孔子和王安石。胡適把這幾個方位的文化資源歸納整合的時代背景，是他生活於其中的兩個大國之間的文明落差。第一個國度，是為胡適所癡情迷戀的在整體上處於前文明的家族農耕加君權專制的古老中國；第二個國度，是胡適留學八年之後又先後生活過十八年時間並且在那裡收穫了許多充分世界化的真知灼見的美國新大陸。

限於當時的歷史條件，胡適在提倡「充分世界化」的「健全的個人主義」的同時，對於已經在以美國為代表的以人為本的現代工商契約及民主憲政社會裡完整呈現的個人自由、甲乙平等、法治民主、限權憲政的價值觀念的移植引進和歸納概括方面，一直缺乏多層級、多維度、多元化的譜系概念。胡適自己在以人為本的「健全的個人主義」與「最大多數人的最大的幸福」的集體功利主義之間，一直存在著自相矛盾的左右搖擺。關於這一點，江勇振在《舍我其誰：胡適》第二部「日正當午，1917－1927」中有較為翔實的論證，此處從略。

回顧歷史，蔣介石用前文明時代連主語、謂語、賓語、定語、狀語、補語都不能夠完整表述的天地君親師、仁義禮智信、忠孝貞節廉恥之類的儒教教條，來提倡愚民奴化教育的所謂「新

生活運動」，是無論如何都不可能挽救其失敗命運的。蔣介石能夠挽救其失敗命運的唯一選項，是積極主動、完整全面地向唯一可以抗衡遏制蘇俄國際共產主義的世界第一強國即美國靠攏，並且誠實認真地學習引進美國社會的先進文明和先進制度，進而完全澈底地放棄蔣家王朝家天下的個人圖謀。但是，蔣介石個人是沒有這種文明境界和覺悟程度的，整個中國社會同樣沒有這種文明境界和覺悟程度。初步擁有這種文明境界和覺悟程度的胡適，既沒有堅定明確的思想意志引領整個中國社會，更沒有足夠的社會資源和剛性實力與蔣介石展開針鋒相對的正面對決；留給他的僅有的選擇，就是不以推翻取代蔣介石為前提條件的依法護憲、韌性博弈。

在憲政或者准憲政的反復博弈過程中，眼前不能解決的問題是只能交給時間來解決的。長遠看來，時間是屬於堅持不懈、持之以恆地追求「自由中國」之文明理想的胡適一派人的；而不是屬於極力維護蔣家王朝家天下的蔣介石、蔣經國父子的。正是胡適堅持不懈、持之以恆的憲政博弈，為臺灣社會二十年後的制度轉型保守了初步成型的憲法條款和制度框架。臺灣社會時至今日的歷史演變充分說明，宣導「充分世界化」的「健全的個人主義」的胡適，是站在時間和歷史一邊的真正贏家，蔣介石父子在臺灣孤島所打造的蔣家王朝家天下的偏安局面，終究是不可持續的。

胡適與蔣介石之間韌性限權的憲政博弈之所以能夠持續展開，一方面是手無寸鐵的胡適於無形之中激發整合了臺灣以及國際社會幾乎所有的優質資源和輿論力量，尤其是美國方面直接決定臺灣孤島生死存亡的強大實力；另一方面，一心想搞蔣家王朝

家天下的蔣介石受儒教文化和基督教文化的雙重約束，雖然內心深處對於以美國為首的現代文明社會充滿戒心和敵意，卻並沒有像大陸方面的毛澤東那樣，心狠手辣到動輒致人於死地的殘暴程度。1947年在中國大陸初步確立的憲法條款和憲政框架，和日據時代為臺灣地區所確立的地方自治，都沒有被蔣介石父子澈底敗壞和廢棄。

隨著牽頭組織反對黨派的雷震等人遭到打壓，尤其是胡適本人的突然去世，臺灣社會逐步滑入長達20多年的黑暗時期。蔣介石、蔣經國父子的蔣家王朝家天下的所謂中華民國，也因為倒行逆施的種種惡行而被國際社會所疏遠拋棄。到了1971年10月25日，阿爾巴尼亞、阿爾及利亞等22國「關於恢復中華人民共和國在聯合國一切合法權利並驅逐臺灣」的提案，在第26屆聯合國大會上獲得通過。假如臺灣沒有付出被驅逐出聯合國而四面楚歌的慘重代價，作為蔣家王朝繼承人的蔣經國，最後是不大可能斷然選擇現代化轉型的。被驅逐出聯合國大門的臺灣社會，雖然在蔣經國去世前後被迫選擇了與國際主流社會接軌轉型的文明選項，所謂的中華民國至今依然是一個沒有完整意義上的國家主權的世界孤兒。

本書所引用的蔣介石晚年日記，大多出自陳紅民教授及其博士生段智峰的《差異何其大》一文。按照陳紅民的解釋：胡適有個著名的命題「容忍比自由更重要」，蔣對胡適採取「容忍」態度，似乎是這個命題的踐行者。如果說蔣介石在公開場合「尊崇」胡適是姿態，是要利用胡適，而在日記中大罵胡適，多是他的「心理活動」，是「私下洩憤」。那麼蔣對「公」與「私」、感情與理智的把握真是到位，能十多年掩飾個人感情而不外露，在公開場合「壓抑」與「偽裝」，把戲演得如此逼真，讓胡適長

期產生錯覺，「演技」到了爐火純青的地步。真可用「成熟」、「冷靜」、與「理智」來形容蔣介石，這與以往論著對他的描繪大不相同。蔣介石日記裡，相同的例子還有不少，他對一些國民黨軍政要員一面責罵一面重用。如陳誠為蔣在臺灣所倚重，但蔣日記中多處對陳誠表示不滿，用詞尖刻，包括「氣量狹小」、「心理病態」、「不智與懦弱」等。

在我看來，蔣介石所尊崇和奉行的價值觀念當中從來沒有「自由」二字，蔣介石日記裡一再重複的就是對於胡適等人所尊崇信仰的來自西方社會的「自由」、「民主」、「憲政」等文明觀念的深惡痛絕。陳紅民所謂蔣介石踐行了胡適的「容忍比自由更重要」的說法，顯然是不能成立的。

關於胡適，陳紅民評論說：「他雖有些書生氣，卻也有著豐富的經歷、閱歷與成熟的處世之道。他對於蔣長時期的厭惡感，難道真的毫無察覺，還是感覺到後卻裝成渾然不知，而刻意維持與蔣的關係？連蔣介石都感歎，胡『不知他人對之如何討厭也，可憐實甚』。筆者認為，胡適1930年代就將自傳《四十自述》、日記《藏暉室箚記》（即《胡適留學日記》）公開出版，晚年的他更自知日記等文字必被人所關注，故在下筆時可能會『有選擇地』記載。」[44]

陳紅民和他的博士生段智峰在寫這篇文章時，顯然沒有認真翻閱胡適的留學日記《藏暉室箚記》的原文。

早在1916年，經過同鄉好友許怡蓀整理的《藏暉室箚記》的部分內容，就已經在陳獨秀主編的《新青年》雜誌上公開連載。

---

[44] 陳紅民、段智峰：《差異何其大──臺灣時代蔣介石與胡適對彼此間交往的記錄》，《近代史研究》，2011年第2期，32-33頁。

胡適晚年介紹說，1916年6月9日他正在美國留學，在日記中記錄了與自己早年的老師、在德國柏林大學獲得工學博士學位的馬君武久別重逢，認為馬君武「十年以來似無甚進步」。留學日記《藏暉室箚記》沒有把這段話刪掉就出版了。「君武先生當然有介意」。清華大學前校長周詒春到美國時，在美國的同學開會歡迎。胡適在日記中「記他的話近於細碎，也不曾刪掉，也得罪了他了」。[45]

依據我個人將近二十年來堅持寫日記的體會，日記中的「有選擇」記載，主要是限於此情此景的記憶力和關注點，而不在於所謂「自知日記等文字必被人所關注」。與胡適一樣「自知日記等文字必被人所關注」的蔣介石，不是也沒有隱瞞對幾乎所有至親好友的惡毒詛咒和肆意詆毀麼?!

胡適在蔣介石面前的個人定位是「諍友」而不是下屬或「諍臣」，他從來不貪圖自己得不到或不能得到的東西，也從來不用依賴蔣介石的「尊崇」而生活。他的中央研究院院長的位置並不是向蔣介石邀寵得來的，而是首先由學術界同人選舉出來的。在臺灣的立法院和國民大會不能夠針對蔣介石的最高權力實施依法限權、強力監督的情況下，胡適憑藉自己的個人擔當和社會影響力與蔣介石展開局部範圍內的限權監督、憲政博弈，顯然不是為了取悅蔣介石，而是為了整個國家民族的長遠利益，尤其是對於其理想之中的「自由中國」的公共忠誠。陳紅民所謂胡適「裝成渾然不知，而刻意維持與蔣的關係」的猜想，所暴露的是他自己對於胡適的「充分世界化」的「健全的個人主義」的價值觀念和

---

[45] 胡頌平著《胡適先生晚年談話錄》，第129頁。

理想追求的不能理解。

2006年，我和丁東先生一起去美國訪友，見到了遇羅克先生的弟弟遇羅文。遇羅文一直喜歡機械發明，出國之前辦過一家機械廠，他委託丁東先生給他一起開工廠的老朋友帶一把大卡鉗回國。

我當時很是不屑地問了一句：現在是什麼時候了，國內什麼樣的卡鉗買不到呢？

遇羅文回答說：這個你就不知道了。國產的大卡鉗看外表和美國的沒有什麼區別，但是，一旦到了關鍵時刻，最需要強硬度的卡口處就是不能給力。一個原因是偷工減料節省成本，另一個原因是新材料的發明創造跟不上。

遇羅文所說的大卡鉗的例證，同樣可以移用坐實到胡適所謂「充分世界化」的「健全的個人主義」的價值觀念，在自我健全的世界化方面不夠充分過硬的相關表現。

蔡元培、胡適應該算是中國社會中品質最為優秀的人物標本。但是，在「五四運動」的關鍵時期，偏偏是作為中流砥柱的北京大學校長蔡元培不辭而別，導致一場意外的學潮蔓延全國並且持續了幾個月的時間，為中國教育史開了一個不好的先例，胡適為此事一直耿耿於懷。

到了1930年11月10日清晨，胡適還沒有起床就收到蔡元培的來信：「弟昨夜自常熟回，今晨赴京，因北大同學會今晚開會也。中公事請公與于君商妥，弟並無成見。」

胡適閱信後在日記中寫道：「床上得蔡先生一信，不禁大笑。此老又跑了！」[46]

---

[46] 胡適日記，1930年11月10日。曹伯言整理《胡適日記全編》第5卷，第848頁。

胡適的意思是，作為上海私立中國公學的董事長，蔡元培在中國公學鬧學潮的關鍵時刻，像「五四運動」時期一樣臨陣脫逃，是很不恰當的一種表現。但是，胡適自己同樣是每次遇到臨門一腳的關鍵時刻，就會疲軟退縮敗下陣來。

　　1947年3月，蔣介石邀請胡適出任國府委員兼考試院長，胡適當時有所動心，關鍵時刻是在傅斯年極力阻止之下才下定決心加以拒絕的。

　　1948年3月第一屆國民大會開會期間，蔣介石有意推薦胡適充當總統候選人，一直鼓吹限權憲政的胡適再次動心，但是，他並沒有勇氣依據相關的憲法條款積極主動地開展競選活動，反而把自己的政治命運拱手交到了蔣介石手裡。

　　1948年11月，行政院長翁文灝辭職，蔣介石委派陶希聖到北京請胡適出任行政院長，一向標榜公忠愛國的胡適對於行政院長的官位再次動心，卻依然在整個國家最為危險的時刻束手退縮。

　　1950年，蔣廷黻在美國發起組建中國自由黨，胡適起初答應要擔任黨魁，等到蔣廷黻宣佈公開組黨的時候，胡適又一次怯場退縮。

　　到了1957年，雷震等人出面組黨，眾望所歸的胡適一方面表示贊同，另一方面還是堅持拒絕出任黨魁。

　　總起來說，持續提倡「充分世界化」的「健全的個人主義」人生價值觀的胡適胡適，在與蔣介石之間長達30多年的以自由、平等、民主、憲政為理想目標的政治博弈過程中，雖然有一部分的盲目樂觀、委曲求全的瑕疵罪錯，從而沒有能夠在國家民族的危難關頭，發揮出足夠「充分」和「健全」的立異求同、引領時代的領導作用，他所選擇的方向和路徑肯定是正確的；是為了堅

持獨裁專制而抵制抗拒以人為本的個人自由、甲乙平等、法治民主、限權憲政的先進文明價值觀念的蔣介石父子，憑藉手中的軍政強權，阻礙滯後了整個中華民國全方位實現個人自由、契約平等、法治民主、限權憲政的普世性的價值追求、人權保障和制度文明。在沒有個人自由、契約平等、法治民主、限權憲政之制度保障的情況下，提倡「充分世界化」的「健全的個人主義」現代文明價值觀念的胡適，只能算得上是半個文明人，其他所有的中國人加在一起，也湊不夠另外半個文明人。本書所說的「胡適罪錯」，其實就是整個中華民族積累沉澱了幾千年的嚴重罪錯：這個民族從來沒有在大陸地區出產過一個能夠奠定現代化文明制度的健全個人。

著眼未來，中國大陸最需要的思想家，不是打著愛國旗號動不動就要為政府當局充當過河卒子或者諍臣諍友的胡適，而是像日本思想家福澤諭吉那樣站在更加超然獨立的「充分世界化」的立場上，專心致志地講解傳播人類社會最為完整全面的歷史事實和最為普世的價值譜系及人文常識的健全個人。包括中國大陸和彼岸臺灣在內的中國社會，最需要的掌握有軍政實力的大人物或者說是大救星，也不是袁世凱、孫中山、蔣介石、蔣經國之類的中國特色的集權人物，而是像麥克亞瑟將軍那樣來自於國際社會並且整合了全人類的文明智慧和軍政資源的注重於設計制訂文明憲法進而打造奠定憲政制度的軍政強人。

後記
從江勇振之胡適研究談起[1]

美籍華人江勇振，繼64萬字的《舍我其誰：胡適》第一部
《璞玉成璧，1891-1917》之後，又於2013年推出83萬字的同名傳
記第二部《日正當午，1917-1927》。書中發掘研判了許多鮮為
人知的文獻資料，充實豐富了胡適研究的相關內容；美中不足的
是，自稱擁有足以成為學術典範的「舍我其誰」方法論的江勇
振，並沒有真正領悟到胡適「充分世界化」的「健全的個人主
義」的文明觀念和價值追求。

1.胡適自我健全的立異求同

作為書名的「舍我其誰」四個字，來源於胡適1917年3月8日
記錄在留學日記中的一句英文：「You shall know the difference now
that we are back again!」這句英文脫胎於荷馬史詩《伊利亞特》，
英國19世紀的宗教改良運動即「牛津運動」的領袖人物紐曼，是
把這句英文當作座右銘加以引用的。1917年的胡適，用白話文在

---

[1] 本文是應《新京報》讀書編輯臨時邀約寫作的一篇急就章的讀書評論，經刪改
之後以《資料翔實，誤讀胡適》為標題，發表於《新京報》2013年10月5日讀書
版。錄入本書時重新進行了增補改寫。

日記中翻譯道：「如今我們已回來，你們請看分曉罷！」[2]

四個月後，胡適從美國學成回國。兩年後的1919年3月22日，已經成為北京大學知名教授和新文化運動靈魂人物的胡適，在少年中國學會籌備會議上發表標題為〈少年中國之精神〉的演講，再次引用了這句英文格言，並且給出了更加準確的中文翻譯：「如今我們回來了，你們看便不同了！」

1921年4月30日，胡適到天津演講〈個人與他的環境〉時，又一次引用這句英文格言，所闡述的是他正在形成之中的自我健全、立異求同的「健全的個人主義」價值觀：

> 個人應尊重自己良心上的判斷，不可苟且附和社會。今日我一個人的主張，明日或可變成三個人的主張；不久或可變成少數黨的主張；不久或可變成多數黨的主張。……社會的改造不是一天早上大家睡醒來時世界忽然改良了。須自個人「不苟同」做起。須是先有一人或少數人的「不同」，然後可望大多數人的漸漸「不同」。[3]

在中國文化史上，像黑格爾所說的表現「自由的個人的動作的實現」的西方經典戲劇的正式引進，是從1918年6月出版的《新青年》「易卜生號」開始的。負責編輯這期刊物的胡適，並沒有採用黑格爾「自由的個人」的概念，而是採用了一個中國化的通俗概念：「健全的個人」。1930年12月，《胡適文選》由亞

---

2 曹伯言整理《胡適日記全編》第2卷，安徽教育出版社，2001年，第555-556頁。參見江勇振著《舍我其誰：胡適（第二部 日正當中，1917-1927）》下篇，浙江人民出版社，2013年，第430-441頁。

3 曹伯言整理《胡適日記全編》第3卷，第232-233頁。

東圖書館出版發行，胡適在為該書所寫自序《介紹我自己的思想》中指出，《易卜生主義》一文「代表我的人生觀，代表我的宗教。」「易卜生最可代表19世紀歐洲的個人主義的精華，故我這篇文章只寫得一種健全的個人主義的人生觀。……這個個人主義的人生觀一面教我們學習娜拉，要努力把自己鑄造成個人；一面教我們學斯鐸曼醫生，要特立獨行，敢說老實話，敢向惡勢力作戰。」

陳獨秀主編的《新青年》雜誌，只是一份新舊雜陳的地域性刊物，是正在美國留學的胡適，為該雜誌注入了「充分世界化」的「健全的個人主義」的現代精神和文化靈魂。這種現代精神和文化靈魂表現在形而下的工具論層面上，主要是最具可操作性的白話文寫作及推廣；表現在形而上的價值觀念方面，就是大力輸入現代工商契約及民主憲政社會的「充分世界化」的價值觀念和價值譜系。具體落實到中國社會的文化語境之中，胡適用自我健全、立異求同的「健全的個人主義」，來概括這種「充分世界化」的價值觀念和價值譜系。

就在胡適借助易卜生戲劇向中國社會輸入引進「易卜生主義」即「健全的個人主義」的1918年8月，他在寫給錢玄同的書信中，腳踏實地實踐了這樣一種價值觀念：

> 我所有的主張，目的並不止於「主張」，乃在「實行這主張」。故我不屑「立異以為高」。我「立異」並不「以為高」。我要人知道我為什麼要「立異」。換言之，我的「立異」的目的在於使人「同」於我的「異」。（老兄的目的，惟恐人「同」於我們的「異」；老兄以為凡贊

成我們的都是「假意」而非「真心」的。）故老兄便疑心我「低首下心去受他們的氣」。[4]

胡適把創新立異的大目標限定於造福全社會以至全人類的使人「同」於我的「異」；而不是像《新青年》同人團隊中極具攻擊性和戰鬥力的錢玄同、陳獨秀、劉半衣等人那樣，基於「存天理，去人欲」的天理在我、惟我獨尊、替天行道、黨同伐異的老舊思維，惟恐他人「同」於我們的「異」；以為凡贊成我們的都是「假意」而非「真心」。

江勇振顯然沒有意識到胡適這種「充分世界化」的「健全的個人主義」價值觀，在中國歷史上所具有的劃時代的創新意義。他在書中所要糾纏的，是更低層次的所謂「五十步笑百步」的本質相同：

> 退一步來說，即使胡適在《新青年》的編輯群裡表示異議，他自己的做法跟「王敬軒」之計比較起來，只不過是五十步笑百步而已。他要錢玄同等人不要因為不同意宋春舫對戲劇的看法，就肆意謾罵他。理由是《新青年》可以把他收為己用，不要一下子就把他逐出門牆。[5]

為了在理論上壓倒胡適以證明自己比胡適更加高明和高尚，江勇振寫道：「胡適1915年1月在信上告訴韋蓮司，到美國留學四年以來，他所服膺的是康德的道德律令，那就是說，必須把每

---

[4] 耿雲志、歐陽哲生編《胡適書信集》上冊，北京大學出版社，1996年，第197頁。
[5] 江勇振著《舍我其誰：胡適（第二部 日正當中，1917-1927）》上篇，第230-231。

一個人都當成目的，而不只是手段。」

　　無論康德如何解釋他的道德律令，現代文明人應該具備的常識理性是：每一個人既是目的，也是實現某種目的之第一載體和第一手段。人與人之間之所以能夠通過平等契約以及由此而來的法律程序和憲政制度在立異求同中相互合作、相互利用，就在於每個人既歸屬於人性相通的大同人類，又擁有屬於自己的一份可供利用交換的智力及體力資源。完全不利用別人也不被別人所利用的個人，幾乎是不存在的。

2.江勇振所謂「文化霸權」

　　錢玄同的黨同伐異與胡適的立異求同之間究竟是不是「五十步笑百步」，作為當事人的錢玄同，當然比江勇振更有發言權。1920年9月25日，鑒於周作人一再替遠在上海的《新青年》主編陳獨秀催討稿件，錢玄同在回信中反省道：

> 　　仔細想來，我們實在中孔老爹「學術思想專制」之毒太深，所以對於主張不同的論調，往往有孔老爹罵宰我，孟二哥罵楊、墨，罵盆成括之風。其實我們對於主張不同之論調，如其對方所主張，也是20世紀所可有，我們總該平心靜氣和他辯論。我近來很覺得拿王敬軒的態度來罵人，縱使所主張新到極點，終不脫「聖人之徒」的惡習，所以頗憚於下筆撰文。[6]

---

[6]　《中國現代文藝資料叢刊》第5輯，上海文藝出版社，1980年，第322頁。

江勇振在書中一再強調，只有他自己才找到了研究胡適的「唯一的法門」，他的如此表態就像當年「務以吾輩所主張者為絕對之是而不容他人之匡正」的陳獨秀一樣，完全沒有能力領悟胡適、錢玄同等人在中國文化思想史上曾經達到的精神高度。於是乎，他在《舍我其誰：胡適》第二部的「幕間小結」中，雖然翔實羅列了胡適對於「You shall know the difference now that we are back again!」的反復引用，卻偏偏得出一個曲解誤讀胡適的低級結論：「他的科學的人生觀、對近代西洋文明的禮贊、東方物質西方精神以及『吾輩已返，爾等且拭目以待』的舍我其誰的氣概，都淋漓盡致地展現在這篇演講裡。」[7]

　　這裡的「吾輩已返，爾等且拭目以待」，是江勇振對於胡適已經有了恰當貼切的漢語譯文「如今我們回來了，你們看便不同了！」的英語原文「You shall know the difference now that we are back again!」的生硬篡改。他所說的「這篇演講」，指的是胡適1926年10月9日晚上在英國的「大不列顛中國學生總聯盟」的年度宴會上的英文演講。

　　比起「這篇演講」，江勇振所謂「舍我其誰」的氣概的更加突出表現，是該書第三章的大標題「過關斬將，爭文化霸權」。正是在這一章裡，胡適1921年1月寫給陳獨秀的私人信件，被江勇振斷章取義地定性為「中國近代思想史上絕無僅有的一篇文化霸權爭權戰的自白書」：

　　　　你真是一個魯莽的人！……你難道不知我們在北京也

---

[7]　江勇振著《舍我其誰：胡適（第二部 日正當中，1917-1927）》下篇，第438頁。

時時刻刻在敵人包圍之中？你難道不知他們辦共學社是在
《世界叢書》之後，他們改造《改造》是有意的？他們拉
出他們的領袖來「講學」──講中國哲學史──是專對我
們的？⋯⋯你難道不知他們現在已收回從前主張白話詩文
的主張？（任公有一篇大駁白話詩的文章，尚未發表，曾
把稿子給我看，我逐條駁了，送還他⋯⋯）[8]

　　這裡的「任公」，就是「研究系」的精神領袖、前輩學者
梁啟超。1920年12月16日，陳獨秀應陳炯明邀請赴廣州主持廣東
省教育委員會。臨行之前，他以《新青年》同人團隊大家長的身
分，給胡適、高一涵寄來黨同伐異的警告信：「南方頗傳適之兄
與孟和兄與研究系接近，且有惡評，此次高師事，南方對孟和很
冷淡，也就是這個原因，我很盼望諸君宜注意此事。」[9]
　　為了避免《新青年》同人團隊的分裂解散，胡適啟動他在
美國反復嘗試過的民主議事程序，邀請北京同人就他提出的三條
建議進行表決。陳獨秀收到表決信後大為惱怒，再一次以《新青
年》同人團隊大家長的身分，分別給李大釗、陶孟和寫信。他一
方面表示要與倡議《新青年》停刊的陶孟和絕交；另一方面指責
胡適「另創一個哲學文學的雜誌」的倡議，是「反對他個人」。
　　在這種情況，胡適委曲求全、言不由衷地寫下了勸告陳獨秀
不要「魯莽」的上述信件。假如非要認定這封信件是所謂「文化
霸權爭權戰的自白書」，極力展現「文化霸權」的也不是胡適，

8　胡適致陳獨秀，《胡適來往書信選》上冊，第119-120頁。參見江勇振著《舍我
　　其誰：胡適（第二部 日正當中，1917-1927）》上篇，第209-212頁。
9　《關於新青年問題的幾封信》，張靜廬輯注《中國現代出版史料甲編》，中華書
　　局，1954年，第7頁。

而是既要對外黨同伐異又要對內禁止反對意見的陳獨秀。

單就胡適來說，他當年確實有過像陳獨秀、錢玄同一樣粗暴武斷的文化表現。關於這一點，胡適在《中國新文學大系‧建設理論集‧導言》中反省說：

> 我在民國七年四月發表《建設的文學革命論》，把文學革命的目標化零為整，歸結到「國語的文學，文學的國語」……我們一班朋友聚在一處，獨秀、玄同、半農諸人都和我站在一條路線上，我們的自信心更強了。……我受了他們的「悍」化，也更自信了。在那篇文章裡，我也武斷地說：「這二千年的文人所做的文學都是死的，都是用已經死了的語言文字做的。死文字決不能產出活文學。所以中國這二千年只有死文學，只有些沒有價值的死文學。……中國若想有活文學，必須用白話，必須用國語，必須做國語的文學。」[10]

胡適所說的「悍」化，就是極端絕對化、強悍粗暴化。他基於西方文藝復興的成功經驗而提倡白話文寫作，是符合人類共同體文明進步之大趨勢的。但是，他與陳獨秀、錢玄同、劉半農、周作人、魯迅等人一起，採用全盤否定文言文甚至於還要廢漢字的極端絕對態度來提倡白話文，卻是既不民主也不科學的。胡適、陳獨秀、錢玄同等人把白話文標榜為「正宗」的「活文

---

10 胡適：《中國新文學大系‧建設理論集導言》，上海良友圖書印刷公司，1935年10月，第23頁。另見姜義華主編《胡適學術文集‧新文學運動》，中華書局，1993年，第249-250頁。

學」，把文言文否定為非正宗的「死文學」，本身就是中國傳統孔學儒教以所謂天道天理及家國天下為本體本位，一方面在剛性的政權架構之制度設計層面獨尊君權、一方面在柔性的文化思想之意識形態層面獨尊儒術的典型表現。白話文的真實價值和生命活力，應該在與文言文公平競爭、相互促進中體現出來，而不應該在獨尊君權加獨尊儒術的非此即彼、勢不兩立之「正宗」地位中體現出來。

胡適、錢玄同的難能可貴之處，是他們逐漸意識到了自己的「悍化」謬誤，並且通過自我反省、自我健全來糾偏校正。江勇振顯然沒有認真區分胡適、錢玄同在五四運動之後與陳獨秀的路徑歧異，反而沿著陳獨秀「務以吾輩所主張者為絕對之是而不容他人之匡正」——或者說是「存天理，去人欲」——的傳統思路，「舍我其誰」地表白說：「顧名思義，論戰的目的當然不是讓真理越辯越明，而是要打倒對方，爭取或鞏固自己的文化霸權。」

正是基於與胡適率先引入中國社會的「充分世界化」的「健全的個人主義」之價值觀念完全背離的「打倒對方，爭取或鞏固自己的文化霸權」的荒誕邏輯，江勇振採用唐德剛在《胡適口述自傳》中已經把玩過的把胡適先捧上天堂再打入地獄的學術套路，在《舍我其誰：胡適》第一部的前言中，賦予胡適一個「莫須有」的「文化霸權」式的歷史地位：「二十世紀前半葉的中國，能帶領一代風騷、叱吒風雲、臧否進黜人物者，除了胡適以外，沒有第二人。」[11]接下來，江勇振在其一套四部的《舍我其誰：胡適》當中針對胡適的夾纏不清、詞不達意的「臧否進

---

[11] 江勇振著《舍我其誰：胡適（第一部：璞玉成碧，1891-1917）》，新星出版社，2011年，第5頁。

黜」，所要展現的無非是他自己想要充當「二十一世紀前半葉的中國，能帶領一代風騷、叱吒風雲、臧否進黜人物」之第一人的癡心妄想。

3.走偏誤讀的胡適研究

在《舍我其誰：胡適》第二部前言中，江勇振憑藉著在美國方便查閱各種文獻資料的學術優勢，極力表現他自己「舍我其誰」的「文化霸權」：

> 當前胡適研究最大的一個盲點，就是迷信只有在新資料出現的情況之下，才可能會有胡適研究的新典範出現。……然而，要突破當前胡適研究的瓶頸、要開創出新的典範，新的觀點才是法門。……惟一的法門，就是去讀杜威和赫胥黎的著作，然後再回過頭來審視胡適的文字，看胡適【是】如何挪用、誤用，乃至濫用杜威和赫胥黎的。[12]

僅就1949年之前的歷史事實而言，蔡元培、梁啟超、嚴復、丁文江、王雲五、林紓、章太炎、吳稚暉、王國維、陳寅恪、趙元任、陳獨秀、魯迅、周作人、錢玄同、劉半衣、梁漱溟、張君勱、徐志摩、林語堂、王世杰、陳源、錢穆、熊十力、顧頡剛、陶希聖、曾琦、郭沫若、田漢、郁達夫、老舍、曹禺、沈從文、張愛玲、胡風、路翎等諸多文化思想界之知名人士，都各有自己的讀者群和影響力。掌握軍政實力的袁世凱、徐世昌、段祺瑞、

---

[12] 江勇振著《舍我其誰：胡適（第二部 日正當中，1917-1927）》上篇，第1-5頁。

曹錕、吳佩孚、孫中山、黃興、陳其美、陶成章、宋教仁、馮玉祥、閻錫山、胡漢民、汪精衛、蔣介石、張作霖、張學良、孫傳芳、李宗仁等軍政人物，在某一時間區間內對於中國社會的現實影響力，更是手握筆桿子的胡適所不能企及的。

至於江勇振所謂胡適「如何挪用、誤用，乃至濫用杜威和赫胥黎」，說到底是在用複讀機的機器械標準來苛責作為活人的胡適。即使是杜威、赫胥黎本人，在不同的情景、面對不同的聽眾，對於自己的思想觀念的表述也會有細微的變通和調整。

按照席雲舒博士發表在《社會科學論壇》2016年第6期的長篇論文《胡適的哲學方法論及其來源》的翔實論證，胡適總體上並沒有像江勇振所說的那樣「挪用、誤用，乃至濫用杜威和赫胥黎」，反而是創造性地發展完善、整合貫通了杜威、赫胥黎等人的思想方法：

> 胡適對杜威實驗主義哲學的「效果論」及其方法是充分認同的，他並沒有誤讀杜威的思想，也沒有必要拋開杜威的哲學再去另建一套哲學體系，況且這個工作也未必是他的擅長。……但胡適對杜威的「實驗的方法」又是有所發展、有所完善的，並且往往有創造性的運用。他沒有使用皮爾士和詹姆士的「實用主義」（Pragmatism）概念，也沒有使用杜威的「工具主義」（Instrumentalism）概念，而是另用「實驗主義」概念來做杜威一派哲學的總名，亦可見出他的創造性所在。……
>
> 他對杜威哲學方法論的發展表現在，他把中國傳統的考證學方法、赫胥黎的「沙狄的方法」和杜威的「實驗

的方法」結合起來，如果說「制因以求果」的「實驗的方法」是杜威方法論的要旨，那麼「循果以推因」的「沙狄的方法」則是赫胥黎方法的精髓，胡適把兩者結合起來，不僅將其運用於古典學術考證等科學研究方面，也運用於對中國如何走向現代化的研究方面，一方面「循果以推因」，從中國古典傳統中尋找出人本主義、理性主義、自由精神等歷史發展的內在動因，以及阻礙中國走向現代化的原因，一方面又「制因以求果」，通過「文學革命」、「白話文運動」等實驗，從思想文化上為中國的現代化奠定一個基礎。正是他對這種「實驗的方法」的發展、完善和創造性的運用，為中國現代學術研究和思想文化現代化進程開闢了道路。

　　時間已經推移到21世紀，一位嚴謹負責的歷史文化學者，研究胡適的目的應該是從既有的歷史事實當中汲取教訓、尋找路徑，而不是在並不波瀾壯闊的胡適研究領域開創典範、實現霸權。更何況能不能夠成為典範，是個人能力之外的社會合力的結果，同時也是一代甚至幾代人反復驗證、事後追認的結果。

　　像江勇振這樣的海外華人學者，僅僅通過研究胡適就異想天開地要在漢語言文化圈裡實現所謂的文化霸權，本身就是很不健全的一種學術態度，同時也是對於胡適終生提倡的「充分世界化」的「健全的個人主義」之文明價值觀的走偏誤讀。像江勇振這樣只能充當胡適傳記資料長編的半成品學術著作，還沒有上市就打出「學界公認最權威最翔實的胡適傳記」的賣書廣告，更是對於學術共同體的公然侵權。

作為長年從事胡適研究的一名學界中人，我從來沒有聽說過「學界公認」之類的事情；儘管我對於江勇振嘔心瀝血地挖掘整理與胡適相關的一些中英文資料，確實抱有一份有限之敬意。

4.關於本書的補充說明

　　以上文字是我應《新京報》的臨時邀約寫作的一篇急就章的讀書評論，經編輯刪改之後以《資料翔實，誤讀胡適》為標題，發表於《新京報》2013年10月5日之讀書版。該文發表之後，《晶報》刊登記者劉憶斯的採訪錄《江勇振談胡適：應打破「胡適說過就算主義」》，說是採訪中江勇振還就近來張耀杰等一些內地學者批評自己結論先行、嚴重地誤讀曲解胡適，用「文化霸權」這種陳獨秀式的黨同伐異、不容忍的手法把板子錯打在胡適身上進行了回應。江勇振說，「事實上，有多少認為我筆下的胡適跟他們所瞭解的胡適不同的人，曾經反問過他們自己是不是結論先行？」江勇振認為，在不少胡適擁躉的心目中，胡適似乎是終生奉行「溫和」、「容忍」、「立異求同」、「以人為本、自由自治、契約平等、民主授權、憲政限權、博愛大同的現代文明價值觀念和價值譜系」的，他們就是「胡適說過就算主義者」的踐行者。

　　我的這部《胡適評議——政學兩界人和事》的上、中、下三卷殺青交稿之後，雲南昆明的書友唐斌先生藉著春節期間去臺灣自由行的機會，幫我買到了江勇振剛剛出版的《舍我其誰：胡適》的第三、第四部，並於2018年2月28日快遞到我的手中。打開該書第三部的前言，便看到江勇振對於我和饒佳榮等人的惡毒謾罵。

江勇振說是「張耀杰的《資料翔實，誤讀胡適》是一篇貌似前進，其實極其反動的怪文。……張耀杰的書評所反映出來的，是其不知學術為何物的事實。……張耀杰不懂『文化霸權』──不管是葛蘭西的hegemony，還是研究英國維多利亞時代的文化研究者所說的cultural authority。他一聽到『文化霸權』，就不但駁以為是『黨同伐異』，而且驚恐那是『洋名詞』、『洋主義』……」[13]

　　我雖然英文口語缺乏訓練，畢竟在1980年代當過幾年的衣村中學英語教員。江勇振自稱「我使用的『文化霸權』的概念是取自於研究英國維多利亞時代的文化研究學者……所說的cultural authority的概念」；事實上，cultural authority在漢語方塊字裡面比較匹配的詞語是相對中性的文化權威，而不是具有排他性、侵佔性、戰鬥性、殺伐性的文化霸權。江勇振恣意曲解cultural authority為「文化霸權」，然後又把所謂「文化霸權」、「舍我其誰」之類的充滿殺伐排他之惡意的聳人字眼，扣到與「文化霸權」、「舍我其誰」相差最遠的胡適頭上，像這樣的煌煌四大部、洋洋灑灑數百萬言的《舍我其誰：胡適》，就只能用詞不達意、夾纏不清、泥沙俱下、嘩眾取寵來加以形容了。

　　行文至此，我有必要再做兩點補充說明：

　　其一，胡適只是我研究學習和爭取超越的對象，而不是我盲目崇拜的對象。我既不崇拜宗教的上帝，也不崇拜紅塵世俗當中的任何個人。我對方塊字文化最大的不認同，就是缺乏罪錯意識，這當中就包括自以為是「少數中的少數」卻並沒有在1949年

---

[13] 江勇振著《舍我其誰：胡適（第三部）為學論1927-1932》，臺灣聯經出版事業股份有限公司，2018年2月，第16-18頁。

前後的歷史拐點上充分發揮其洞察力和影響力的胡適。我嘔心瀝血寫作這部三卷本的書稿,就是要反思包括胡適在內的相關人等的人性缺失和歷史罪錯的。

其二,江勇振在他的書中挑起了許多爭端,我只是相對理性克制地回應了他的部分謬論。無論是歷史事件的真相還是人文學術的真理,都是在討論爭辯和碰撞比對中逐步顯現的,我個人是希望被江勇振點名攻擊的相關學者,都能夠站出來有所應對的。

2018年1月30日改稿殺青於北京家中
2018年6月21日補充改寫與南京旅途之中

史地傳記類　PC0753　讀歷史75

胡適評議　卷三：
胡適與蔣介石之憲政博弈

作　　者／張耀杰
責任編輯／杜國維
圖文排版／莊皓云
封面設計／楊廣榕

發 行 人／宋政坤
法律顧問／毛國樑　律師
出版發行／秀威資訊科技股份有限公司
　　　　　114台北市內湖區瑞光路76巷65號1樓
　　　　　電話：+886-2-2796-3638　傳真：+886-2-2796-1377
　　　　　http://www.showwe.com.tw
劃撥帳號／19563868　戶名：秀威資訊科技股份有限公司
　　　　　讀者服務信箱：service@showwe.com.tw
展售門市／國家書店（松江門市）
　　　　　104台北市中山區松江路209號1樓
　　　　　電話：+886-2-2518-0207　傳真：+886-2-2518-0778
網路訂購／秀威網路書店：https://store.showwe.tw
　　　　　國家網路書店：https://www.govbooks.com.tw

2018年8月　BOD一版
定價：430元
版權所有　翻印必究
本書如有缺頁、破損或裝訂錯誤，請寄回更換

國家圖書館出版品預行編目

胡適評議. 卷三, 胡適與蔣介石之憲政博弈 / 張耀
杰著. -- 一版. -- 臺北市：秀威資訊科技,
2018.08
　　　面；　公分. -- (史地傳記類；PC0753)(讀
歷史；75)
　　BOD版
　　ISBN 978-986-326-572-6(平裝)

　1. 胡適　2. 臺灣傳記

783.3886　　　　　　　　　　107009382

讀者回函卡

感謝您購買本書，為提升服務品質，請填妥以下資料，將讀者回函卡直接寄回或傳真本公司，收到您的寶貴意見後，我們會收藏記錄及檢討，謝謝！

如您需要了解本公司最新出版書目、購書優惠或企劃活動，歡迎您上網查詢或下載相關資料：http:// www.showwe.com.tw

您購買的書名：＿＿＿＿＿＿＿＿＿＿＿＿＿＿＿＿＿＿＿＿＿＿

出生日期：＿＿＿＿＿年＿＿＿＿＿月＿＿＿＿日

學歷：□高中 (含) 以下　　□大專　　□研究所 (含) 以上

職業：□製造業　□金融業　□資訊業　□軍警　□傳播業　□自由業

　　　□服務業　□公務員　□教職　　□學生　□家管　　□其它＿＿＿

購書地點：□網路書店　□實體書店　□書展　□郵購　□贈閱　□其他

您從何得知本書的消息？

　□網路書店　□實體書店　□網路搜尋　□電子報　□書訊　□雜誌

　□傳播媒體　□親友推薦　□網站推薦　□部落格　□其他＿＿＿＿＿

您對本書的評價：（請填代號　1.非常滿意　2.滿意　3.尚可　4.再改進）

　封面設計＿＿＿　版面編排＿＿＿　內容＿＿＿　文／譯筆＿＿＿　價格＿＿＿

讀完書後您覺得：

　□很有收穫　□有收穫　□收穫不多　□沒收穫

對我們的建議：＿＿＿＿＿＿＿＿＿＿＿＿＿＿＿＿＿＿＿＿＿＿

＿＿＿＿＿＿＿＿＿＿＿＿＿＿＿＿＿＿＿＿＿＿＿＿＿＿＿＿＿＿＿＿

＿＿＿＿＿＿＿＿＿＿＿＿＿＿＿＿＿＿＿＿＿＿＿＿＿＿＿＿＿＿＿＿

＿＿＿＿＿＿＿＿＿＿＿＿＿＿＿＿＿＿＿＿＿＿＿＿＿＿＿＿＿＿＿＿

11466
台北市內湖區瑞光路 76 巷 65 號 1 樓

秀威資訊科技股份有限公司　　　　收
BOD 數位出版事業部

⋯⋯⋯⋯⋯⋯⋯⋯⋯⋯⋯⋯⋯⋯⋯⋯⋯⋯⋯⋯⋯⋯⋯⋯⋯⋯⋯⋯⋯⋯⋯

（請沿線對折寄回，謝謝！）

姓　　名：＿＿＿＿＿＿＿＿＿　年齡：＿＿＿　性別：□女　□男

郵遞區號：□□□□□

地　　址：＿＿＿＿＿＿＿＿＿＿＿＿＿＿＿＿＿＿＿＿＿＿＿＿＿

聯絡電話：(日) ＿＿＿＿＿＿＿＿＿＿＿　(夜) ＿＿＿＿＿＿＿＿＿＿＿

E-mail：＿＿＿＿＿＿＿＿＿＿＿＿＿＿＿＿＿＿＿＿＿＿＿＿＿＿